AF555318

NOUVEAU VOYAGE DE FRANCE.

AVEC

UN ITINERAIRE, ET DES CARTES faites exprès, qui marquent exactement les routes qu'il faut suivre pour voyager dans toutes les Provinces de ce Royaume.

Ouvrage également utile aux François, & aux Etrangers.

Nouvelle Edition, revûe, corrigée & augmentée.

TOME PREMIER.

A PARIS, AU PALAIS,
Chez THEODORE LEGRAS, au troisiéme Pillier de la Grand'Salle, à l'L couronnée.

M. DCCXL.

Avec Approbation & Privilege du Roi.

AVERTISSEMENT.

Les Voyages ont été les premieres Ecoles, & les Voyageurs les premiers Sçavans. C'est à eux qu'on est redevable de la circulation & du progrès des Sciences & des Arts. Les hommes avides d'apprendre voyageoient pour voir les Sçavans, & pour faire avec eux une espece de commerce & d'échange de connoissances. Revenus chez eux, ils ramassoient les lumieres qu'ils en avoient tirées ; & c'est de ces courses instructives que sont venues ces expressions, encore en usage parmi nous : *Faire un cours de Philosophie, un cours de Medecine, &c.*

Le grand nombre de Livres

aufquels l'Imprimerie a donné le jour, a rendu cette communication des hommes prefque inutile pour les Sciences : mais les Voyages en font devenus moins pénibles, & plus propres à orner l'efprit & à former les mœurs. Les Rélations qui font éxactes font des guides fideles, qui non-feulement conduifent les Voyageurs par les routes les plus curieufes ou les plus sûres, mais encore qui les préviennent fur les mœurs & fur les coutumes : leur indiquent ce qu'il y a de plus fingulier : les occupent à les vérifier ou a les contredire : leur épargnent la peine de mettre par écrit ce qu'ils rencontrent de remarquable, & les défabufent fouvent fur des chofes qui doivent tout leur mérite à la prévention des gens du pays, ou à la crédulité, & au peu de difcernement de ceux qui en ont écrit.

L'embarras de porter plufieurs

Volumes de la *Deſcription de la France*, lorſqu'on parçourt différentes Provinces de ce Royaume, a fait naître le deſſein de raſſembler les deſcriptions des Villes & des lieux qui ſe rencontrent ſur les grandes routes, & d'y ajoûter des Itineraires & des Cartes faites exprès, afin que les Voyageurs euſſent dans un ſeul Volume de quoi s'amuſer & s'inſtruire. Pour peu qu'on ſoit initié dans l'Hiſtoire & dans la Géographie ancienne, l'on ſçait par *l'Itineraire d'Antonin* de quelle utilité deviennent *les Itineraires* dans la ſuite des tems. Ceux qui ſont les mêmes que la route de la poſte, ſont ici imprimez en caractere Romain, & ceux des voitures ordinaires en Italique.

Toutes les routes décrites dans ce Livre, hormis une ſeule, commencent à Paris, & conduiſent à la frontiere du Royaume. Il faut avoir bien mauvaiſe opinion de l'esprit des Etrangers, pour croire qu'ils ne sçauront point rétrograder, ni se servir des mêmes routes pour venir de leur pays à Paris.

Je fais partir tous mes Voyageurs de Paris, moins pour suivre l'exemple de *Justus Zinzerlingius* qui nous a donné un Voyage de France sous le nom de *Jodocus Sincerus*, & celui de quelques autres Ecrivains, qu'à cause que pour se former le goût & pour bien connoître les mœurs, les Coutumes, & le Gouvernement d'un Etat, l'on doit commencer par étudier la Capitale & la Cour. On juge ensuite bien plus sûrement de ce que les Provinces offrent de curieux. D'ailleurs le séjour que l'on fait à Paris donne occasion de se ménager des connoissances dans les Provinces, & fait même qu'on y est reçu avec plus d'agrément.

Il ne faut cependant point abuser des avantages que donne ce séjour. Les jeunes gens s'entêtent aisément des beautez de cette superbe Ville, & affectent ordinairement de mépriser tout ce qu'on vante dans les Provinces. *Non omnis fert omnia tellus.* Les Provinces de France ont des curiositez de la Nature & de l'Art, qui méritent fort d'être vûes ; & un bon esprit sans prodiguer son admiration, la donne à tout ce qui en est digne.

J'ai parlé des mœurs des François & du Gouvernement général du Royaume dans le premier Tome de la *Description de la France* ; cette raison, & les bornes d'une Préface me dispensent d'en parler encore ici.

Je finis cet Avertissement par quelques Tables Chronologiques qui sont d'autant plus nécessaires, que les Voyageurs curieux en ont souvent besoin, & qu'ils n'ont pas sous leurs mains les Livres qui pourroient les instruire de ce qu'ils souhaitent.

TABLE CHRONOLOGIQUE des Rois de France.

LE Royaume de France eſt la Monarchie la plus ancienne & la plus illuſtre de celles qui ſubſiſtent aujourd'hui en Europe. Elle a commencé, ſelon l'opinion commune, en 420. & depuis ce tems-là a été toujours ſucceſſive de mâle en mâle, & gouvernée depuis Pharamond juſqu'à Louis XV. qui regne aujourd'hui, par ſoixante-ſix Rois. Comme *Eude* & *Raoul* n'étoient point du Sang Royal, il ſemble qu'on n'en devroit compter que ſoixante-quatre; cependant l'on en compte ſoixante-ſix, parce que *Eude* & *Raoul* ont été couronnez, & que tous le Hiſtoriens les mettent unanimement au rang des Rois de France.

L'on range ces ſoixante-ſix Rois ſous trois races. *La Mero-*

vingienne renferme vingt-deux Rois, & a duré trois cens trente-un ans. L'on ne met dans cette Race que les ſeuls Rois de Paris; car ſi l'on y comprenoit les Rois d'Auſtraſie & ceux de Neuſtrie, il y en auroit trente-ſix au lieu de vingt-deux. La Race *Carlovingienne* a eu treize Rois, & a duré environ deux cens trente-cinq ans. *La Capetienne* a commencé en 987. & durera autant que le monde, ſi les vœux des François ſont exaucez.

Race Merovingienne.

Pharamond en 420. a regné	7. ou	8. ans.	
Clodion . . .	427. ou 428.	17.	
Merovée . . .	447. ou 448.	10.	
Childeric I. . .	457.	24.	
Clovis. . . .	481.	30.	
Childebert I. . .	511.	47.	
Clotaire I. . . .	558.	2.	quelq. [illegible]
Cherebert ou Charibert .	561.	9.	
Chilperic I. . .	570.	14.	
Clotaire II. . .	584.	44.	
Dagobert I. . . .	628.	10.	
Clovis II. . .	638.	18.	
Clotaire III. . .	656.	14.	
Childeric II. . .	670.	5.	
Thierri I. . .	674.	17.	
Clovis III. . .	691.	4.	
Childebert II. .	695.	17.	

Dagobert II. . . .	712.	3. ou 4. ans.	
Chilperic II. ou Daniel.	715. ou 16.	5.	
Clotaire IV. . .	720.	1. & 5. m.	
Thierri II. . . .	721. ou 22.	17	Interregne de 5. ou 6. ans.
Childeric III.	743. .	9	

Race Carlovingienne.

		ans.
Pepin le Bref.	752.	16. 4. m. 24. j.
Charles I surnommé le Grand.	768.	45. 4. m. 4. j.
Louis I. dit le Débonnaire.	814.	26. 4. m. 24 j.
Charles II. dit le Chauve.	840.	37. 3. m. 16. j.
Louis II. dit le Begue.	877.	1. 6. m. 3. j.
Louis III & Charloman.	878.	3. & 5. m.
Charles le Gros ou le Gras.	883.	4.
Eude.	888.	10. quelq. m.
Charles le Simple. . .	898.	27.
Raoul. . . .	923.	12. 6. m. 3. j.
Louis IV. dit d'Outremer.	936.	18. 3. m. 26 j.
Lotaire. . . .	954.	31. 4. m. 18. j.
Louis V. dit le Fainéant.	986.	1. 3. m. 20. j.

Race Captienne.

		ans.
Hugues Capet. . .	987.	10.
Robert le Dévôt. . . .	997.	33. 9. m. 4. j.
Henry I. . .	1031.	29. 15. j.
Philippe I. . .	1060.	48. 2. m. 6. j.
Louis VI. dit le Gros.	1108	29. 3. j.
Louis VII. dit le Jeune.	1137.	43. 1. m. 17. j.
Philippe I. surnommé Auguste.	1180.	42 9. m. 26. j.
Louis VIII. . . .	1223.	3. 3. m. 24. j.
S. Louis. . . .	1226.	43 9. m. 16. j.
Philippe III. dit le Hardi.	1270.	15. 1 m. 10. j.
Philippe IV. dit le Bel.	1285.	29 2. m. 22. j.
Louis X. dit Hutin.	1314.	1. 6. m. 6. j.
Philippe V dit le Long.	1316.	5. 1. m. 14 j.
Charles IV. dit le Bel.	1322.	6.
Philippe VI. dit de Valois.	1328.	22. 5. m. 21. j.

	ans.
Jean dit le Bon. . .	1350. 13. 7. m. 17. j.
Charles V. dit le Sage.	1364. 16. 5. m. 8. j.
Charles VI. . . .	1380. 42. 1. m. 6. j.
Charles VII. . . .	1422. 38. 9. m. 3. j.
Louis XI. . .	1461. 22. 1. m. 8. j.
Charles VIII. . .	1483. 14. 7. m. 9. j.
Louis XII. . .	1498. 16. 8. m. 23. j.
François I. . .	1514. 32. 3. m. 1. j.
Henry II. . .	1546. 12. 3. m. 10. j.
François II. . .	1559. 1. 4. m. 16. j.
Charles III. . .	1560. 13. 5. m. 25. j.
Henry III. . .	1574. 15. 2. m. 3. j.
Henry IV. dit le Grand.	1589. 20. 9. m. 12. j.
Louis XIII. . .	1610. 33.
Louis XIV. . .	1643. 72.
Louis XV. à présent régnant.	1715.

Ce seroit ici l'endroit où je devrois mettre une Table des dix-huit Archevêchez qui sont dans ce Royaume, & les noms des Evêchez qui en sont suffragans : mais comme cette Liste se trouve jusques dans les Almanachs, il seroit inutile de la repéter.

Anciens Pairs du Royaume.

Ces anciens Pairs étoient les plus grands Seigneurs du Royaume, & au nombre de douze, six Ecclésiastiques & six Séculiers.

Leur principale fonction étoit d'assister au Sacre du Roi. Les Pairies Ecclésiastiques subsistent encore, mais les Séculieres sont éteintes, & en leur place nos Rois en ont créé un grand nombre d'autres.

De ces douze Pairs il y avoit six Ducs & six Comtes.

PAIRS ECCLESIASTIQUES.

L'Archevêque Duc de Reims. Il sacre le Roi.

L'Evêque Duc de Laon. Il tient au Sacre la sainte Ampoule.

L'Evêque Duc de Langres. Il porte le Septre Royal.

L'Evêque Comte de Beauvais. Il porte le Manteau Royal.

L'Evêque Comte de Châlons. Il porte l'Anneau Royal.

L'Evêque Comte de Noyon. Il porte le Baudrier du Roi.

Anciens Pairs Séculiers.

Le Duc de Bourgogne.
Le Duc de Normandie.
Le Duc de Guyenne.
Le Comte de Flandre.
Le Comte de Champagne.
Le Comte de Toulouse.

Les douze Parlemens.

Paris institué par Philippe le Bel vers l'an 1304.
Toulouse institué par le même Prince.
Grenoble institué par Louis XI. en 1453.
Bourdeaux par le même Prince en 1462.
Dijon par le même en 1476.
Rouen par Louis XII. en 1499.
Aix par Louis XII. en 1501.
Rennes par Henry II. en 1553.
Pau par Louis XIII. en 1620.
Metz par le même Prince en 1633.

Douay par Louis XIV. en 1686.

Besançon par le même Prince en 1668. & 1674.

Outre ces Parlemens il y a trois Conseils Supérieurs.

Colmar établi en 1657. & 1679.

Perpignan en 1660.

Arras en 1641.

Chambres des Comptes.

Paris.

Dijon.

Grenoble.

Aix.

Montpellier.

Pau unie au Parlement de la même Ville.

Nantes.

Rouen.

Blois.

Aire en Artois.

Lisle en Flandre.

Besançon en Franche-Comté.

Cours des Aides.

Paris.
Dijon, unie à la Chambre des Comptes de la même Ville.
Grenoble, unie au Parlement.
Montpellier, unie à la Chambre des Comptes.
Aix, unie à la Chambre des Comptes.
Montauban.
Pau, unie au Parlement.
Bourdeaux.
Clermont.
Rennes, unie au Parlement.
Rouen, unie à la Chambre des Comptes.
Metz, unie au Parlement.

UNIVERSITEZ.

Paris.
Toulouse en 1228.
Montpellier en 1289.
Orléans, Faculté de Droit en 1321.

Cahors en 1338.

Perpignan en 1349.

Angers en 1364.

Orange en 1365.

Aix en 1409.

Besançon. Cette Université fut fondée à Dole en 1422. & 1423. & transferée à Besançon l'an 1691.

Poitiers en 1431.

Caën en 1452.

Valence en 1452.

Nantes en 1460.

Bourges en 1465.

Bourdeaux en 1473.

Reims en 1548.

Douay en 1562.

Dijon, Faculté de Droit, en 1723.

Académies Françoises.

Il y a quinze de ces Académies, dont les trois premieres sont à Paris. La plus ancienne porte le nom d'Académie Françoise, & a été particulierement établie pour travailler à l'embelliſſement & à la pureté de nôtre Langue. Les autres ſont pour les Belles-Lettres ou pour les Sciences.

L'Académie Françoiſe fut fondée en 1635. & les Lettres Patentes furent vérifiées en 1637.

L'Académie des Inſcriptions & Belles-Lettres commença en 1663. fut reglée par le Roi en 1701. confirmée par des Lettres Patentes en 1713.

Celle des Sciences fut formée en 1666. fut reglée par le Roi en 1699. & confirmée par Lettres Patentes en 1713.

Celle *d'Arles* fut établie au mois de Juin 1669. pour vingt Gentilshommes originaires & habitans de la même Ville. Peu de tems après elle fut augmentée de dix autres Academiciens.

Celle de *Soiſſons* fut établie en 1675.

Villefranche en Beaujolois, en 1679.

Nismes en 1682.
Angers en 1685.
Toulouse en 1694.
Caën en 1706.
Montpellier en 1706
Lyon en 1710.
Bourdeaux en 1713.
Marseille en 1726.
La Rochelle en 1734.

FIN.

TABLE

DES VOYAGES OU ROUTES différentes qu'on trouve dans ce tome premier.

APPROBATION

De Monsieur l'Abbé Richard, Doyen des Chanoines de l'Eglise Royale & Collégiale de Ste Opportune à Paris, Prieur Seigneur de l'Hôpital, Censeur Royal.

J'ai lû par ordre de Monseigneur le Garde des Sceaux, un Manuscrit qui a pour titre *Nouveau Voyage de France, avec un Itineraire & des Cartes faites exprès, qui marquent exactement les routes qu'il faut suivre pour voyager dans toutes les Provinces du Royaume ; ouvrage également utile aux François & aux Etrangers, par Monsieur Pigagniol de la Force.*

Quand j'ai porté mon jugement sur la nouvelle Description de la France, dont Monsieur Piganiol de la Force a enrichi la République des Lettres, j'ai prevû que les Etrangers aussi-bien que nos François, ne se contenteroient pas du récit qu'il y fait des merveilles de ce Royaume. J'ai presque assuré qu'ils viendroient eux-mêmes les parcourir & les admirer. Et c'est pour rendre leur voyage utile & agréable, que Monsieur de la Force rappelle en abrégé dans un petit Volume tout ce qu'il a écrit en huit Tomes. Il conduit si bien les Voyageurs dans tous les endroits où il y a quelque chose de rare, que rien n'échapera à l'envie de satisfaire leur curiosité, pourvû qu'ils ayent ce Livre entre les mains. Il mérite donc d'être rendu public par l'impression, s'il plaît à Monseigneur le Garde des Sceaux en accorder le Privilege sur le témoignage que j'en rends à sa Grandeur. A Paris ce 17. Juin 1723.

L'Abbé RICHARD, Censeur Royal.

APPROBATION.

J'Ai lû par ordre de Monseigneur le Chancelier la *Description & Voyage de la France*, cet Ouvrage m'a paru si instructif, & si utile pour le Public, que j'ai joint volontiers mon approbation à celles de Messieurs Rassicod & Richard. A Paris, ce 8. Avril 1738.

SIMON.

PRIVILEGE DU ROI.

LOUIS, par la grace de Dieu, Roi de France & de Navarre, à nos Amez & feaux Conseillers, les Gens tenans nos Cours de Parlement, Maîtres des Requêtes ordinaires de nôtre Hôtel, Grand Conseil, Prevôt de Paris, Baillifs, Sénechaux, leurs Lieutenans Civils, & autres nos Justiciers qu'il appartiendra: SALUT: Nôtre bien amé Theodore le Gras, Libraire à Paris, ancien Adjoint de sa Communauté, Nous ayant fait remontrer qu'il souhaiteroit continuer à faire réimprimer & donner au Public *les Hommes Illustres de la France*, *Description & Voyage de la France*, *Oeuvres de Pitaval*; s'il Nous plaisoit lui accorder nos Lettres de continuation de Privilege sur ce nécessaires; offrant pour cet effet de les faire réimprimer en bon papier & beaux caracteres, suivant la feüille imprimée & attachée pour modele sous le contre-scel des Présentes; A CES CAUSES, voulant traiter favorablement ledit Exposant, Nous lui avons permis & permettons par ces Présentes de faire réimprimer lesdits Livres cy-dessus specifiez, en un ou plusieurs Volumes, conjointement ou séparément, & autant de fois que bon lui ſemblera, & de les vendre, faire vendre & débiter par tout nôtre Royaume pendant le tems de neuf années conſecutives, à compter du jour de la datte deſdites Préſentes; Faiſons défenſes à toutes ſortes de perſonnes de quelque qualité & condition qu'elles ſoient, d'en introduire d'impreſſion étrangere dans aucun lieu de nôtre obéiſſance; comme auſſi à tous Libraires, Imprimeurs & autres, d'imprimer, faire imprimer, vendre, faire vendre, débiter ni contrefaire leſdits Livres ci-deſſus expoſez, en tout ni en partie, ni d'en faire aucuns extraits ſous quelque prétexte que ce ſoit, d'augmentation, correction, changement de titre ou autrement, ſans la permiſſion expreſſe & par écrit dudit Expoſant ou de ceux qui auront droit de lui, à peine de confiſcation des exemplaires contrefaits, de ſix mille livres d'amende contre chacun des contrevenans, dont un tiers à Nous, un tiers à l'Hôtel-Dieu de Paris, l'autre tiers audit Expoſant, & de tous dépens, dommages & interêts: A la charge que ces Préſentes ſeront enregiſtrées tout au long ſur le Regiſtre de la Communauté des Libraires & Imprimeurs de Paris, dans trois mois de la datte d'icelles. Que l'impreſſion de ces Livres ſera faite dans nôtre Royaume & non ailleurs, & que l'Impetrant ſe conformera en tout aux Reglemens de la Librairie, & notamment à celui du dix Avril 1725. Et qu'avant que de les expoſer en vente, les Manuſcrits ou Imprimez, qui auront ſervi de copie à l'impreſſion deſdits Livres, ſeront remis dans le même état où l'Approbation y aura été donnée, ès mains de nôtre très-cher & féal Chevalier le Sieur DAGUESSEAU, Chancellier de France, Commandeur de nos Ordres, & qu'il en sera ensuite remis deux exemplaires de chacun dans nôtre Bibliothéque publique, un dans celle de nôtre Château du Louvre, & un dans celle de nôtre très-cher & féal Chevalier le Sieur Daguesseau, Chancelier de France, Commandeur de nos Ordres, le tout à peine de nullité des Présentes. Du contenu desquelles Vous mandons & enjoignons de faire joüir l'Exposant ou ses Ayans cause, pleinement & paisiblement, sans souffrir qu'il leur soit fait aucun troûble ou empêchement. Voulons que la copie desdites Présentes qui sera imprimée tout au long au commencement ou à la fin de chacun desdits Livres, soit tenuë pour duëment signifiée, & qu'aux copies collationnées par l'un de nos amez & feaux Conseillers & Secretaires, foy soit ajoûtée comme à l'Original. Commandons au premier nôtre Huissier ou Sergent, de faire pour l'exécution d'icelles tous actes requis & nécessaires, sans demander autre permission, & nonobstant clameur de Haro, Charte Normande, & Lettres à ce contraires. Car tel est nôtre plaisir. DONNÉ à Paris le dix-huitiéme jour du mois d'Avril l'an de grace mil sept cens trente-huit, & de nôtre Regne le vingt-troisiéme. Par le Roy en son Conseil.

SAINSON.

Registré, sur le Registre X. de la Chambre Royale des Libraires & Imprimeurs de Paris, num. 32. fol. 29. conformément aux anciens Reglemens, confirmés par celui du 28. Février 1723. A Paris, le 20. Avril 1738.

LANGLOIS, Syndic.

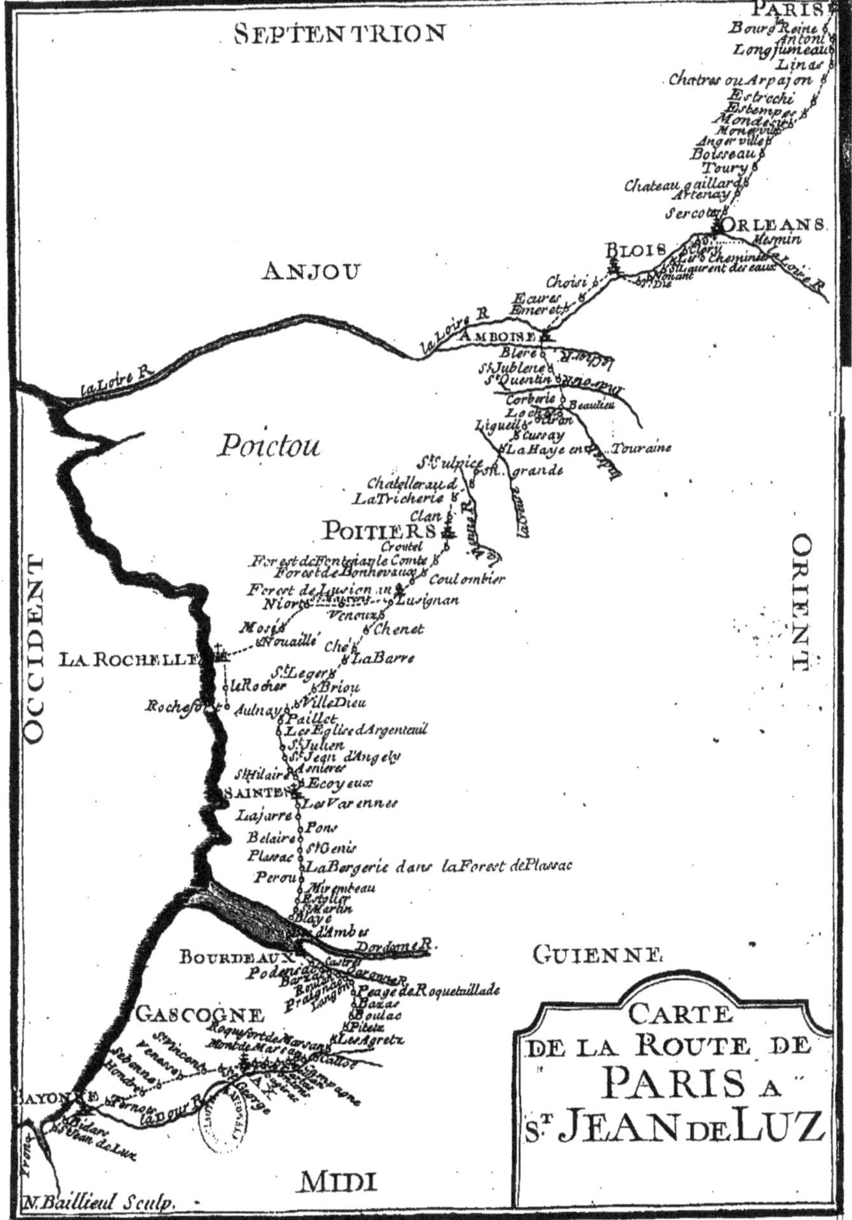

SEPTENTRION
PARIS
Bourg Reine
Antoni
Longjumeau
Linas
Chatres ou Arpajon
Estrechi
Estampes
Mondesir
Angerville
Boisseau
Toury
Chateau gaillard
Artenay
Sercotes
ORLEANS
BLOIS
Choisi
Escures
Emeret
ANJOU
la Loire R.
AMBOISE
Blere
St Jublene
St Quentin
Corberie
Beaulieu
Loches
Liguell
Cussay
La Haye en Touraine
Poictou
St Sulpice
grande
Chatelleraud
La Tricherie
Clan
POITIERS
Croutel
Forest de Fontenay le Comte
Forest de Bonnevaux
Coulombier
Forest de Lusignan
Niort
Lusignan
Venoux
Chenet
Mosés
Nouaillé
Chê
La Barre
LA ROCHELLE
St Leger
Le Rocher
Briou
Rochefort
Aulnay
Ville Dieu
Paillet
Les Eglise d'Argenteuil
St Julien
St Jean d'Angely
St Hilaire
Asnieres
SAINTES
Ecoyeux
Les Varennes
Lajarre
Pons
Belaire
St Genis
Plassac
La Bergerie dans la Forest de Plassac
Perou
Mirembeau
St Martin
Blaye
d'Ambes
Dordone R.
BOURDEAUX
Castres
Podensac
Garonne R.
Peage de Roquetaillade
Langon
Bazas
Poulac
Les Agretz
GUIENNE
GASCOGNE
Roquefort de Marsan
Mont de Marsan
St Vincent
Venesse
Sebenne
Hondres
St George
BAYONNE
la Dour R.
St Jean de Luz
MIDI
OCCIDENT
ORIENT
N. Baillieul Sculp.
CARTE DE LA ROUTE DE PARIS A St JEAN DE LUZ

NOUVEAU VOYAGE DE FRANCE.

****

Voyage de Paris à Saint-Jean de Luz.

Voici un Voyage des plus longs, des plus curieux & des plus commodes qu'on puisse faire en france ; car on traverse ce Royaume pendant l'espace d'environ cent soixante-dix lieues, presque par tout par des chemins d'une beauté & d'une sûreté sans égales. D'ailleurs on ne voit de tous côtez que Campagnes fertiles, que Bourgades & Villes peuplées, qu'habitans laborieux, industrieux, & affables ; par tout enfin on trouve de bonnes hôtelleries dont la bonne chere &

la propreté font oublier les fatigues inséparables des longs voyages.

Le Bourg-la-Reime.	2. lieues.
Longjumeau.	3. l.
Linas.	2. l.
Châtres ou Arpajon.	2. l.
Estrechi.	4. l.
Estempes.	2. l.

Le Bourg-la-Reine, *Burgus Reginæ*, est un petit Bourg entre Montrouge & Antoni, qui s'appelloit anciennement *Briquet*, parce qu'il y avoit un pont de brique, ou bien à cause d'une briqueterie ou four à briques. Quant au nom qu'il porte aujourd'hui, l'on ignore la raison qui le lui a fait donner. Quelques-uns disent que c'est pour avoir appartenu à la Reine Adelaïde femme de Louis le Gros, qui donna le Bourg aux Religieuses de Montmartre, mais tout cela est assez incertain.

Longjumeau, *Mons Gemellus*, est un Bourg de l'Isle de France, situé sur la Petite riviere d'*Yvette* qui se jette dans celle d'*Orge* un peu plus bas. Il y a ici un Prieuré de Chanoines Réguliers de saint Augustin de la Congrégation de Ste. Génevieve; le Prieur est Commendataire, & le fameux Theodore de Beze étoit revêtu de ce Benefice, lorsqu'il quitta la religion de ses peres pour embrasser celle de Calvin.

Linas est un Bourg sous Montleheri & sur la petite riviere de Salmouille.

MONTLEHERI, *Mons Lethericus*, *Mons Letherici*, petite Ville située sur une colline. Thibaud surnommé *File-étoupes*, Forestier du Roi Robert, & fils de Bouchart premier Baron de Montmorenci, fit bâtir un Château à Montleheri & s'y établit en 1015. & donna commencement à cette branche de la Maison de Montmorenci. Ses descendans à la faveur de ce Château firent bien de la peine à Philippe I. & à Louis le Gros. Ce dernier le fit démolir à la reserve de la Tour que l'on y voit encore; il s'y donna une sanglante bataille le 16. de Juillet 1465. entre le Roi Louis XI. & Charles de France Duc de Berry son frere, dont les Ducs de Bourgogne & de Bretagne, & plusieurs autres Seigneurs suivoient le parti. Montleheri a titre de Comté, Prévôté & Châtellenie.

CHATRES, *Castra*, aujourd'hui *Arpajon*, est une petite Ville située sur un ruisseau appellé l'Orge. Elle fut érigée en Marquiſat ſous le non d'*Arpajon* par Lettres Patentes du Roi données au mois d'Octobre 1720. en faveur de Meſſire Louis Marquis d'Arpajon, Lieutenant Général des Armées du Roi, Chevalier de la Toiſon d'or & de S. Louis, Gouverneur de Berry

Eſtrechi, *Stripiniacum*, eſt un Bourg entre Bonnes, & Eſtempes, ſur la petite riviere de Juine. Il eſt dit dans la Chronique de Morigny qu'*Aſel*, & *Haimon* donnerent l'Egliſe d'Eſtrechi au Monaſtere de Morigny.

ESTEMPES, *Stampæ caſtrum*, ſur la riviere de *Juine* qu'on nomme auſſi la riviere d'Eſtempes. Cette petite Ville eſt à quatorze lieues de Paris, & à vingt d'Orléans. Elle a Préſidial, Election, Grenier à ſel, & étoit anciennement du Domaine du Roi; elle en a été déſunie pluſieurs fois, & a appartenu en dernier lieu au feu Duc de Vendôme mort à Vinaros en Catalogne l'an 1712. Il s'y eſt tenu trois Conciles Provinciaux & deux Nationaux, l'un en 1130. & l'autre en 1160. On y compte cinq Paroiſſes, deux Chapitres, un Couvent de Mathurins, un de Cordeliers, un de Capucins, un de Barnabites, un de Filles de la Congrégation de Nôtre-Dame, & un de Religieuſes Hoſpitalieres qui ont ſoin de l'Hôpital. L'un des Chapitres eſt dans l'Egliſe Paroiſſiale de Nôtre-Dame, & a été fondé par le Roi Robert pour un Chantre & dix Chanoines. L'autre eſt celui de Sainte Croix fondé en 1183, & composé d'un Doyen, d'un Chantre, & de dix-neuf Chanoines. Le Doyen & le Chantre ſont élus par le Chapitre, & confirmez par l'Archevêque de Sens. Quant aux Canonicats, ils ſont à la collation de cet Archevêque.

Mondeſir.	2. l.
Monerville.	2. l.
Angerville.	2. l.
Boiſſeau.	2. l.
Toury.	2. l.
Châteaugaillard.	2. l.
Artenay.	2. l.
Sercottes.	3. l.
Orléans.	3. l.

Angerville, & *Artenay*, ſon deux Bourgs & deux ſi mauvais gîtes du tems de Paſſerat, que ce Poëte finit ainſi un de ſes ſonnets :

Qui a rompu l'humaine & la divine Loi :
Qui a trahi ſa foi, ſon pays & ſon Roi :

Et allumé les feus d'une guerre Civille :
Quiconque est celui-là, s'il veut que ses péches,
Ne lui soient à la fin devant Dieu reprochés,
qu'il disne à Artenay, *& soupe à* Angerville.

ORLEANS. *Cenabum*, *Genabum*, *Aurelianum*, *Aureliana civitas*, est situé sur la rive droite de la Loire. Quelques Ecrivains ont soûtenu que *Genabum* étoit *Gien*, mais il est aisé de faire voir qu'ils se trompent : l'étimologie d'*Aurelianum* est fort incertaine ; le sentiment le plus suivi veut que ce nom ait été donné à cette Ville par l'Empereur Aurelien qui en fut le restaurateur. Glaber Rodolfe dit que la Ville d'Orléans a pris son nom de sa situation sur la Loire : *Diciturque Aureliana quasi ora Ligeriana, quod in ora ejusdem fluminis ripa sit constituta.* Nonseulement cette étymologie est ridicule, mais même elle est tout-à-fait contraire à l'analogie. Cette Ville a été autrefois la Capitale d'un Royaume de son nom, mais aujourd'hui ce n'est qu'un Duché-Pairie qui fait partie de l'appanage de Monseigneur le Duc d'Orléans. Il y a dans Orléans Evêché, Généralité, Présidial, Election, Grenier à sel & Prévôté. On y compte vingt-deux Paroisses & six portes sans parler de quatre posternes qui ne servent que pour aller à la Riviere, ni de celles de l'Evangile & de S. Euverte qui ont été bouchées. L'Eglise Cathedrale est une des plus belles qu'il y ait dans le Royaume ; on en mit la premiere pierre le 11. de Septembre de l'an 1287. Il y a au jambage de la tour des cloches à main droite en entrant, une inscription qui est l'Acte de manumission ou d'affranchissement d'un esclave nommé *Letbert* par *Albert* son maître. Cette inscription est conçûe en ces termes : *Ex beneficio sanctæ Crucis per Joannem Episcopum & per Albertum sanctæ Crucis Casatum factus est liber Letbertus, teste hac sancta Ecclesia.* Le Séminaire est un assez beau bâtiment qui a été fondé par le feu Cardinal de Coislin. Dans l'Eglise de S. Pierre les curieux doivent voir l'épitaphe du *Baron de Vitaux* Gentilhomme Bourguignon qui avoit eu un honneur que je ne crois pas avoir jamais été accordé à aucun autre Gentilhomme ; car il s'étoit battu en duel successivement contre trois Rois, celui de Boheme, celui de Pologne, & celui de Suede. Dans le Monaſtere de Nôtre-Dame de Bonne-Nouvelle il a une Bibliotheque qui eſt publique, & qui a été donnée à cette Maiſon par un Profeſſeur de Droit appellé *Guillaume Prouſteau.* Le Mail eſt dans le foſſé de la Ville, & a quatre cens cinquante toiſes de long. Un pont de pierre large & long traverſe la Loire, & conduit à un faubourg appellé *le Portereau.* La longueur de ce pont eſt de cent ſoixante & dix toiſes : l'on y remarque trois ſtatues de bronze que Charles VII. y fit mettre l'an 1458; l'une repréſente la Vierge aſſiſe au pied de la Croix, tenant entre ſes bras le corps de ſon Fils; d'un côté eſt le Roi Charles VII. armé & à genoux; & de l'autre eſt Jeanne d'Arc ſurnommée la Pucelle d'Orléans, auſſi armée & à genoux. Il y a ſous ce pont une petite Iſle avec quelques bâtimens & une petite Egliſe : une partie de cette Iſle eſt nommée *la Mote ſaint Antoine*, & l'autre partie *la Mote des Poiſſonniers.* La Ville d'Orléans a été pluſieurs fois aſſiégée : l'an 701. de la fondation de Rome, Jules Ceſar la prit : Attila Roi des Huns l'aſſiégea en 451. les Normands la prirent par deux fois, l'an 855. & en 865. elle fut aſſiégée par les Anglois l'an 1429; mais Jeanne d'Arc leur en fit lever le siege. Cette Ville souffrit beaucoup pendant les guerres des Calvinistes.

On a assemblé cinq Conciles à Orléans ; le premier en 511. sous le Regne de Clovis, le second en 533. ou 536. le troisiéme en 538. le quatriéme en 541. le cinquiéme en 549. &c.

La Ville d'Orléans porte pour armes de gueules à trois quintes feuilles d'argent 2. & 1. au chef d'azur chargé d'une fleur de lys d'or.

S. Mesmin.	2. l.
Cléry.	2. l.
Les trois Cheminées.	2. l.
S. Laurent des Eaux.	2. l.
Nouant.	2. l.
S. Dié.	2. l.
Blois.	4. l.

S. Mesmin est un Bourg sur la rive droite du Loiret, & non pas sur la Loire comme on le dit dans le Voyage de la France imprimé chez Saugrin. Ce Bourg est connu par une Abbaye de l'Ordre de S. Benoît, qui est aujourd'hui occupée par les Feuillans, & plus encore par son terroir qui produit les vains de *Genetin*.

CLERY est une petite Ville qui a

une Eglise Collégiale dédiée à Nôtre-Dame, & que Louis XI fit rebâtir telle qu'elle est. Ce Roi y voulut être enterré, & son mausolée en marbre blanc est dans la nef : l'on vient par dévotion à cette Eglise de tous les côtez de l'Europe. Duchesne rapporte qu'il y a un fort gros cierge attaché avec une chaine de fer devant l'Image de Nôtre-Dame, & que lorsque quelqu'un est en peril de mort sur mer ou sur terre, & qu'il fait vœu de venir en pélerinage à Nôtre-Dame de Clery, ce cierge fait un tour ou deux avec un tel bruit que le peuple qui l'entend accourt à l'Eglise, & le voit tourner sans aide, ce que dix hommes auroient peine à lui faire faire, en se servant de toutes leurs forces. On écrit alors le jour & l'heure de ce mouvement, & celui qui a été délivré du peril où il étoit, venant ensuite à accomplir son vœu, on lui lit ce qu'on a écrit, par où il connoît qu'il doit à la protection de la Vierge le secours qu'il a reçû de Dieu.

BLOIS sur la riviere de Loire qu'on y passe sur un beau pont de pierre nouvellement bâti, & l'on va à un grand faubourg appellé *de Vienne*. Grégoire de Tours est le premier qui ait parlé de la Ville de Blois, & l'on voit dans les Capitulaires de Charles le Chauve que du tems de ce Prince elle étoit déja considérable. Sous les Rois de la seconde race on y battoit une espece de monnoye d'argent différente de celle qu'on y a battue depuis du tems de Guy de Châtillon Comte de Blois, premier du nom, en ce que cette derniere a pour légende d'un côté *Castro Blesis*, & de l'autre *Guido Comes*; au lieu que la premiere a d'un côté *Blesianis Castro*, & de l'autre *Misericordiâ Dei*. Le Château est l'ornement le plus remarquable de cette Ville; au coup d'œil il en paroit séparé : cependant il y est joint par un chemin pratiqué dans le roc : cette Maison Royale est l'ouvrage de plusieurs Seigneurs & de plusieurs Princes; les Seigneurs de la Maison de Champagne, & ceux de la Maison de Châtillon avoient fait bâtir le corps qui étoit vers l'Occident, & dont il ne restoit plus qu'un grosse tour. Louis XII. a fait bâtir la face qui regarde l'Orient, comme aussi celle qui regarde le Midi, & cette derniere communiquoit aux deux autres. Parmi les ornemens qui embellissent ce bâtiment, on y remarque les armoiries du Roi Louis XII. & celles de la Reine Anne de Bretagne sa femme, leurs chiffres

& devises, &c. Mais ce qui frappe davantage, est la Statue équestre de Louis XII. que l'on voit sur la grande porte de ce Château : la face du côté du Nord est l ouvrage de François I. quoique ce bâtiment soit gothique, il ne laisse pas d'être magnifique. Les devises de ce Roi s'y voyent en plusieurs endroits du dedans & du dehors : il y a plusieurs chambres & cabinets qui font ressouvenir des Rois Henri II. Charles IX. & Henri III. c'est en une des chambres de ce bâtiment que fut tué Henri Duc de Guise premier du nom, qui sous prétexte de Religion voulut détrôner son Roi & son bienfaicteur : l'on a crû voir longtems des caracteres formez par le sang de ce Rebelle audacieux. C'est joignant ce bâtiment en allant du côté du Couchant qu'est une Tour appellée *la Tour de Château Regnaud*, parce que du haut de cette Tour on voit cette Seigneurie, quoiqu'elle en soit éloignée de sept lieues : l'on emprisonna le Cardinal de Guise, & l'Archevêque de Lion dans cette Tour, à la porte de laquelle le Cardinal fut tué à coups de pertuisanne. A l'extrémité de ce bâtiment du côté du Levant il y en a un petit qui est en partie ancien & en partie moderne : l'arcien s'appelle la Salle des Etats, & a pris ce nom des Assemblées générales qui y furent tenues en 1576. & 1588. quant au moderne, il est du Roi Henri III. qui sur la fin de son Regne y fit commencer un appartement. Le bâtiment que Gaston Jean-Baptiste de France Duc d'Orléans fit faire en la place de celui qu'il fit démolir du côté d'Occident l'an 1635. est un ouvrage digne de ce grand Prince, & de François Mansard un des plus grands Architectes que la France ait eus : cet Architecte y fit travailler pendant trois ans, & y fit employer trois cens trente mille livres ; il assuroit qu'avec les matereaux qui restoient, il ne faloit plus que cent mille livres pour rendre ce bâtiment logeable, lorsque des affaires plus importantes survinrent au Prince, & l'obligerent de laisser l'ouvrage imparfait & tel qu'on le voit aujourd'hui. Ce qu'on admire le plus dans ce superbe édifice, est le grand escalier qui est de figure quarrée, tout en l'air, & décoré d'ornemens qui sont d'un grand goût. L'avant-cour de ce Château où l'Eglise Collegiale de S. Sauveur est bâtie, est une des plus grandes qu'il y ait en France ; on y fit un beau Tournoy pour l'arrivée du

Prince de Castille promis à Claude de France, & celui du mariage du Marquis de Montferrat avec la Princesse sœur du Duc d'Alençon.

Les Jardins répondoient à la beauté & à la magnificence du Château. Une gallerie de charpente appellée *la Gallerie des Cerfs*, parce qu'il y en avoit plusieurs figures à mi corps, séparoit ces Jardins en hauts & bas; mais en la place de celle-là le Roi Henri IV. en fit bâtir une de pierre de taille l'an 1600. qui subsiste encore, & a quatre-vingt-dix-sept toises de long sur plus de trois de large, avec de belles croisées des deux côtez. Dans le Jardin haut on remarque un puits d'une largeur & d'une profondeur extraordinaires que le Roi Louis XII. fit bâtir pour fournir de l'eau au Jardin bas.

Je reviens à la Ville, & je remarque qu'on voit l'Image de la sainte Vierge sur toutes ses portes depuis l'an 1631. que cette Ville ayant été désolée d'une cruelle peste, elle en fut miraculeusement délivrée dès que ses habitans eurent fait un vœu à cette Reine du Ciel.

Il y a dans la Ville de Blois un Evêché érigé en 1697. par le Pape Innocent XII. plusieurs Chapitres, plusieurs

Paroiſſes & pluſieurs Maiſons Religieuſes. La Paroiſſe de S. Solenne étoit la plus grande de Blois ; ſon Egliſe fut preſque entierement détruite par un orage le 6. de Juin de l'an 1678. mais Louis XIV. la fit rebâtir ; & comme c'eſt la plus belle Egliſe de la Ville, on y a établi le Siege de l'Evêque, & le Chapitre Cathédral.

Le College fut fondé en 581. par Henri III. pour des Régens ſéculiers, mais en 1624. on lui donna un nouveau luſtre en y introduiſant des Jeſuites : les fondemens de leur Egliſe furent jettez peu de tems après, mais elle ne fut achevée qu'en 1671. Le frontiſpice eſt décoré de trois ordres d'architecture, du dorique, du ïonique & du corinthien : mais le ſeul dorique orne le dedans ; aux côtez du grand Autel on a élevé deux monumens, l'un pour Gaſton de France Duc d'Orléans, & l'autre pour Mademoiſelle de Montpencier ſa fille.

Le Palais où l'on rend la Juſtice a été bâti par les Comtes de Blois, Ducs d'Orléans, & par les Rois Louis XII. Henri II. & Henri III. En bas ſont les Halles, & en haut la grande Salle & les Chambres du Préſidial, de l'Election, des Eaux & Forêts, & des Comptes. La Ville de Blois porte pour armes d'azur à la fleur de lys d'or.

Avant que d'arriver à Blois, ou pendant le séjour que les Voyageurs y feront, je leur conseille d'aller voir le Château de Chambor, Maison Royale qui n'est qu'à quatre lieues de cette Ville.

CHAMBOR, *Camborium*, Maison Royale bâtie dans un fond où coule la petite riviere du Cosson, & au milieu d'un parc de sept lieues de tour, fermé de murailles & rempli de bêtes fauves. Dès l'an 1190. les Comtes de Blois avoient une maison de plaisance & de chasse à Chambor. François Premier à son retour d'Espagne, fit démolir ce Château pour élever celui que je vais décrire : on dit qu'il y employa dix-huit cens ouvriers pendant douze années. Les Connoisseurs assûrent qu'entre les bâtimens gothiques, la France n'a rien de plus beau que le Château de Chambor, quoiqu'il ne soit pas achevé; quatre gros pavillons forment le corps du bâtiment, qui a au milieu un escalier d'une structure singuliere : il est fait en coquille, percé à jour, & est composé de deux montées au-dedans l'une de l'autre, pratiquées de telle sorte qu'un grand nombre de personnes peuvent monter & descendre en même tems ſans s'entrevoir, l'un des côtez étant dérobé de l'autre avec beaucoup d'art; chaque rempe a deux cens ſoixante & quatorze marches : ce Château eſt enfermé par un large foſſé & par des murailles de pierre de taille, avec quatre hautes tours rondes; une grande cour tourne preſque tout autour de ce Royal édifice : il paroît tout-à-fait beau à ceux qui le voyent de loin, à cauſe de pluſieurs petites tourelles qui ſont les cheminées, enjolivées de pluſieurs petites figures. Ce qui reſte à bâtir de ce Château, n'eſt en quelques endroits qu'à environ vingt pieds de terre; il n'y a point de Village auprès de ce Château, mais ſeulement cinq ou ſix maiſons & une Chapelle. Les antichambres, chambres, ſales, garderobes, cabinets, galleries, &c. ſont d'une très-belle architecture; on voit ſur un des carreaux de vitre d'un des cabinets cette rime écrite avec un diamant de la propre main de François I.

Souvent femme varie,
Mal habil qui s'y fie.

Les Jardins répondent au bâtiment : celui que l'on nomme *de la Reine*, a cinq arpens d'étendue, & au bout vers la forêt de Blois on trouve une allée large de six toises, & longue de plus d'une demi-lieue : elle a quatre rangs d'ormes plantés à six pieds l'un de l'autre, & tirés à la ligne.

De Blois à *Choisi*, ou *Chousi*, sur la Loire	3. l.
Ecures.	2. l.
Emeret.	2. l.
Amboise.	3. l.

AMBOISE, *Ambœcia*, *Castrum Ambiacum*, est une Ville située sur la rive gauche de la Loire, & au confluent de l'Amasse dans cette riviere : quelques-uns ont crû que c'est de sa situation que cette Ville a pris son nom* mais M. de Valois croit que c'est de la riviere d'Amasse qu'il dit avoir été nommée autrefois *Ambacia*. La tradition du pays veut qu'Amboise ait été un Fort bâti par César, mais ce sentiment n'est fondé sur l'autorité d'aucun Ecrivain. Sulpice Severe dans la Vie de S. Martin, est le premier qui ait parlé d'Amboise. Gregoire de Tours l'appelle *Vicus Ambaciensis*, & dit qu'il y avoit un pont de batteaux sur la Loire : aujourd'hui il y en a un de pierre qui passe pardessus une Isle dans laquelle sont plusieurs maisons.

* *Ab ambientibus aquis.*

Cette Ville n'a proprement que deux rues & le Château ; ce dernier a été bâti par un Seigneur d'Amboiſe appellé *Ingelger*, en la place de celui qui fut ruiné par les Normands vers l'an 882. Ce Château eſt élevé ſur un rocher du côté qui regarde la ville, & eſt fortifié de pluſieurs tours rondes ; du côté de la campagne il y a une grande place de laquelle il eſt ſéparé par un large foſſé taillé dans le roc, avec un pont levis qui donne entrée dans une grande cour. Dans une des Chapelles de ce Château, nommée *la Cathédrale*, eſt un bois de cerf d'une grandeur prodigieuſe, & dont chaque ramure a plus de dix pieds & demi de longueur : on y voit auſſi des côtes du même cerf, & un tronçon d'os qui a plus de dix à onze pieds de diamêtre, & qu'on dit être un os du col de ce cerf ; on ne peut pas diſconvenir que ce ne ſoient véritablement des os ; mais quant au bois, bien des gens aſſûrent que c'eſt un ouvrage de main d'homme. C'eſt dans ce Château que Louis XI. inſtitua l'Ordre de S. Michel, le premier jour d'Août de l'an 1469. Le Roi Charles VIII. y étoit né, & y mourut le 7. d'Avril de l'an 1498. Pour revenir à la Ville, je remarquerai qu'il y a deux Paroiſſes, l'une pour les Gentilshommes, ceux qui possedent des Fiefs, les Officiers, les nouveaux venus, & leurs domestiques pour la premiere année seulement, après laquelle s'ils ne sont point Gentilshommes, ou possedans des Fiefs, ou Officiers, ils sont de l'autre Paroisse, qui est celle des Bourgeois & du Peuple. Cette Ville a été affranchie de taille par Lettres Patentes de Louis XI. données au Plessis-lez-Tours au mois d'Octobre 1482. mais les fauxbourgs y sont sujets. On compte 325. feux dans la Ville, & 475. dans les fauxbourgs, & en tout environ quatre mille ames. Le Cours est une promenade fort agréable qui a cinq cens pas de longueur, & est ornée de quatre rangs d'arbres. J'ai dit ailleurs qu'il y a une Collégiale dans cette Ville sous l'invocation de S. Florentin. Amboise porte pour armes de gueules aux trois pals d'or, au chef d'azur, chargé de trois fleurs de lys d'or.

Au sortir d'Amboise en continuant toujours sa route vers Fontarabie, on passe dans la forêt d'Amboise pendant deux lieues, & à la sortie de ladite forêt on trouve

Bleré.	2. l.
S. Sublenne.	2. l.

S. Quentin.	2. l.
Corberie.	1. l. 3. q.
Beaulieu.	1. demi q. de l.
Loches.	1. d. q. de l.

Bleré, *Bliriacum*, petite Ville ſur la rive gauche du Cher que l'on y paſſe ſur un pont de pierre. Elle étoit autrefois ſi conſiderable, que nos Rois y mettoient un Gouverneur : elle a appartenu fort longtems aux Seigneurs d'Amboiſe; préſentement l'Abbé de S. Julien de Tours eſt Seigneur en partie de cette Ville. On y compte environ 343. feux, & mille quatre cens perſonnes.

Beaulieu, petite Ville ſur l'Indre avec titre de Baronnie. Elle n'eſt ſéparée de Loches que par la riviere qu'on y paſſe ſur un pont de pierre, & par une prairie. Au coup d'œil ces deux Villes paroiſſent n'en faire qu'une.

Loches, *Luccæ*, ſur la rive gauche de l'Indre, eſt conſiderable par ſon Egliſe, par ſon Château & par ſes grandes mouvances; car le Comté de Montreſor en releve, de même que douze Châtellenies & plus de ſoixante Fiefs. Cette Ville eſt ſituée à mi-côte au pied du Château; ce dernier eſt vaſte & fort : le donjon a été commencé il y a environ deux cens cinquante ans, & fut achevé ſous Louis XII. On y remarque deux cages de ſept à huit pieds cubiques, treilliſſées de barreaux de bois, tant pleins que vuides, & toutes couvertes de lames de fer : on dit que ce fut Guillaume d'Haraucourt Evêque de Verdun qui en fut l'inventeur, & le premier qui y fut renfermé l'an 1469. Ludovic Sforce Duc de Milan, le plus infidele & le plus cruel de tous les hommes, ayant été pris à la bataille de Novarre, fut envoyé priſonnier à Loches, & mis dans une de ces cages où il mourut. Le traitement qu'il reçut du Roi Louis XII. le plus clément & le plus juſte de tous les hommes, emporte avec lui l'idée des crimes les plus atroces. Sous Louis XIII. on y enferma un Dominiquain qui y vêcut douze ans. Un Capitaine de ce Château nommé Pontbriant, ayant découvert quelques voûtes ſoûterraines, fermées avec une porte de fer, au bout deſquelles eſt une chambre quarrée; il y trouva un Géant aſſis ſur une pierre, ayant la tête appuyée ſur ſes deux mains comme s'il eut dormi, mais auſſitôt qu'il fut expoſé à l'air, il s'en alla en pouſſiere, excepté la tête & quelques oſſemens qu'on a conſervez aſſez longtems dans l'Egliſe de Loches. Auprès de ce Géant étoit un petit coffre dans lequel il y avoit quantité de beau linge qui se réduisit aussi en poussiere dès qu'on y toucha. L'Eglise Collégiale de Loches est dans l'enceinte du Château & un bâtiment très-remarquable par la hauteur de ses voûtes, par ses deux clochers & par ses trois pyramides. Cette Eglise qui fut fondée par Geoffroy Grisegonelle Duc d'Anjou, a cela de singulier, qu'elle est toute de pierre, & qu'il n'y a aucune charpente dans toute sa construction : dans la nef est le tombeau d'un Seigneur de Preaux, qui porte dans son écusson trois poires de bon-chrétien : autour de ce monument sont douze Chanoines qui ont l'aumusse sur la tête, mais le Doyen ou Prieur a une mitre, comme aussi le Chantre dont le bâton est terminé par une petite pomme. Dans le chœur on remarque un tombeau de marbre noir sur lequel est en marbre blanc, l'effigie de la belle *Agnès Sorel*, Maîtresse de Charles VII. Deux Anges tiennent l'oreiller sur lequel repose sa tête, & à ses pieds sont deux belliers. On lit autour de ce monument cette épitaphe :

Cy gist Noble Damoiselle Agnès Seurelle, en son vivant Dame de beauté, Rochesserie, d'Issoudun, de Vernon sur Seine, pitieuse envers toutes gens, & qui largement donnoit de ses biens aux Eglises & aux poures : laquelle trépassa le neuviéme jour de Février 1449. Priés Dieu pour le repos de l'ame d'elle. Amen.

Cette Maîtresse étoit née au Village de Fromentau en Touraine, & auprès de Loches. Les Chanoines lui accorderent cette sépulture en consideration des libéralités qu'elle leur fit ; car elle leur donna deux mille écus d'or qui furent employez à l'achat des terres de Fromentau & de Bigorre, pour la fondation d'une Messe perpetuelle, qui est appellée *des Enfans de Chœur*, & de quatre anniversaires solemnels. Elle leur fit aussi présent d'une très-belle tapisserie, de plusieurs joyaux, reliquaires & ornemens, entr'autres d'une Image d'argent de la Madeleine & d'une des côtes de cette Sainte. L'ancienne Eglise de Loches est si près de la Collégiale dont je viens de parler, qu'on peut la regarder comme son collateral : l'on prétend qu'elle fut bâtie par le Roi Childebert, & tout y ressent son ancienneté. Les Voyageurs doivent être témoins oculaires d'un miracle qui depuis environ douze cens ans se renouvelle tous les jours à Loches ; qu'ils voyent donc une meule

meule de moulin de S. Ours qui ſubſiſte depuis ce tems-là dans ſon entier, ſans rien perdre de ſon volume, quoique les Meuniers la piquent tous les jours. On compte dans cette Ville une Paroiſſe, ſix Couvens, environ huit cens feux, & mille huit cens habitans. Le Domaine eſt engagé à un Gentilhomme du nom de Braque qui prend la qualité de *Comte de Loches*. Cette Ville porte pour armes de gueules à ſix loches d'argent poſées en face 3. & 2. au chef d'azur chargé de trois fleurs de lys d'or. Il y a Préſidial & Election à Loches.

Ciran.	2. l. 1. q.
Ligueuil.	1. l. 3. q.
Cuſſay.	1. l.
La Haye.	2. l.
S. Sulpice.	1. l.
Ingrande.	2. l.
Chaſtelleraud.	1. l.

Ligueuil eſt une petite Ville avec titre de Baronnie, ſituée ſur un ruiſſeau dans un pays très-fertile & dans l'Election de Loches. Elle appartient au Doyenné de S. Martin de Tours; & la Paroiſſe ne renferme que trois cens quatre feux, & environ mille trois cens perſonnes.

La Haye, *Haga*, Ville & Baronnie

ſur la riviere de Creuſe qui ſépare la Touraine du Poitou, de ſorte que du côté de la Ville de la Haye qui eſt dans la Touraine, le boiſſeau de ſel s'y vend douze livres, pendant que du côté qui eſt du Poitou il n'y vaut que trente ſols. Il y a deux Paroiſſes dans cette Ville; celle de S. Georges eſt remarquable, parce que c'eſt dans ſon Egliſe qu'a été bâtiſé le célebre René Deſcartes qui étoit né dans ce pays. Cette Ville qui eſt du Diocèſe de Tours, n'a qu'environ cent cinquante-trois feux, & ſept cens habitans. Il y a Bailliage & Grenier à ſel de l'Election de Chinon. Outre les Marchés ordinaires, on y tient quatre foires par an.

CHASTELLERAUD, *Caſtrum Heraldi*, ſur la rive gauche de la riviere de Vienne, ſur laquelle il y a un beau pont de pierre qui fait la communication de la Ville à un faubourg. Cette petite Ville eſt décorée d'une Sénéchauſſée, d'une Election, d'un Corps de Ville, d'une Juriſdiction des Eaux & Forêts, d'une Juriſdiction Conſulaire, d'une des Traites & d'un Dépôt de Sel. L'Egliſe de Nôtre-Dame eſt Collégiale: les Cordeliers, les Minimes & les Capucins ont des Couvens dans cette Ville, où l'on en voit un quatriéme pour des

Religieuſes. Chaſtelleraud porte pour armes d'argent au Lion de ſable, armé, lampaſſé de gueules, à la bordure de ſable chargée de huit bezans d'argent au chef de France. On y compte environ mille cinq cens ſoixante-quinze feux; on y travaille beaucoup en Coûtellerie, & il n'y paſſe gueres perſonne qui n'en faſſe emplette.

Au ſortir de Chaſtelleraud on paſſe la fôrêt de ce nom qui a deux lieues, & on va à

La Tricherie.	3. l.
Clain.	2. l.
Poitiers.	2. l.

POITIERS, *Auguſtoritum Pictavium*, eſt ſur une colline à la rive gauche de la petite riviere de Clain, & la Capitale du Poitou. Si l'on jugeoit du mérite d'une Ville par ſon enceinte, Poitiers ſeroit peut-être la premiere du Royaume après Paris; mais elle eſt des plus déſertes & des plus ruinées par les guerres civiles. Les Romains y érigerent des monumens, dont les reſtes lui font encore honneur. L'Amphithéatre étoit un des plus remarquables; il eſt tellement ruiné, qu'on a peine à reconnoître ſa grandeur & ſa figure. Un peu au-dessous on trouve un grand Arc, construit de grosses pierres de taille, qu'on croit avoir été un Arc de Triomphe : il sert actuellement de porte à une grande rue qui va au pont & à la porte de S. Cyprien. Les ruines du Palais Galien sont encore des restes précieux d'Antiquité : il y avoit des aqueducs qui conduisoient l'eau à ce Palais ; l'on en voit encore des restes qu'on appelle aujourd'hui *les Arcenaux de Perigny* : ils sont à un quart de lieue de la Ville du côté de la porte de la Tranchée. Au milieu de la Ville est une grosse tour ronde, construite de grandes pierres, & ornée par les dehors de plusieurs figures. Cette tour est un reste du Palais des anciens Comtes de Poitiers ; & comme les Auditoires publics étoient appellés *Mallobergum*, & que cette tour en étoit un, on la nomme encore aujourd'hui *la Tour de Maubergeon.*

L'Eglise Cathédrale est dédiée à saint Pierre : elle est fort longue & fort large ; si son élevation répondoit aux deux autres dimensions, ce seroit sans contredit une des plus belles du Royaume. Les Antiquaires y remarquent un ancien marbre blanc, long de six à sept pieds, d'un pied & demi ou environ en quarré, & sur lequel est une inscription que l'on peut lire dans le Suplément de la Diplomatique du P. Mabillon. Ce marbre fut tiré il y a quelques années, de l'Eglise de S. Jean, que la plûpart des Antiquaires croyent avoir été un Temple d'Idoles.

Après la Cathédrale, l'Eglise Collegiale de S. Hilaire est la plus considerable : on y remarque le Tombeau de Gilbert de la Porrée qui avoit été Trésorier de cette Eglise, avant que d'être Evêque de Poitiers, & qui voulut y être enterré. Ce Tombeau est de marbre blanc, ayant quatre-ving-trois pouces de long sur trois pieds de large, & autant de profondeur : il est orné de deux rangs de bas reliefs qui représentent la Vie de Jesus-Christ depuis son entrée dans Jerusalem. Ce monument a été brisé en partie par les Calvinistes qui en tirerent le corps du Prélat & le jetterent au feu : il est élevé sur de bas pilastres d'environ deux pieds, lesquels l'exhaussent hors de terre ; du côté opposé derriere le Chœur est le reste d'un ancien Sépulcre, à peu près de la grandeur du précédent & couvert : il est d'une espece de pierre calcinée tirant sur le marbre blanc, & orné de quelques figures en bas relief ; on prétend qu'il a la proprieté de consumer en vingt-quatre heures les cadavres que l'on y renferme. Ce Tombeau eſt rompu en deux endroits.

Dans une chambre qui eſt à côté de l'Orgue, on garde le berceau de S. Hilaire : c'eſt la moitié d'une ſoûche de chêne, ayant environ ſix pieds de long ſur deux pieds & demi de diamêtre, & creuſée en forme d'auge : on y met dedans & on y attache les fols & les inſenſez, & l'on dit qu'après quelques prieres & quelques Meſſes que l'on fait dire, ils en ſortent ſages & raiſonnables.

L'Abbaye de Ste Croïx eſt un monument de la piété de Ste Radegonde Reine de France : l'Egliſe d'aujourd'hui faite en forme de Croix, eſt à ce que l'on prétend, du tems de Charlemagne ; la Nef ſert de Chœur aux Religieuſes, & les ſieges ſont ornez chacun d'un tableau peint ſur cuivre : ces peintures ſont fort belles, & ſont un preſent de Philippe Guillaume de Naſſau Prince d'Orange, qui les envoya à *Charlote Flandrine de Naſſau* ſa ſœur, Abbeſſe de ce Monaſtere. Une des plus ſaintes curioſitez de cette Abbaye eſt la cellule de ſainte Radegonde, laquelle on nomme *le Pas-Dieu*, à cauſe du miracle dont je vais parler. *Bandomine* qui avoit été élevée dès le berceau avec sainte Radegonde, & qui la suivit dans le Cloître, rapporte dans la Vie de cette Reine que le 3. Août de l'an 590. cette Sainte après avoir été comme absorbée dans la priere & dans la contemplation, revint de cette extase; & renduë à elle-même, vit dans sa cellule un beau jeune homme tout resplendissant de gloire : elle fut troublée de cette apparition; mais il la rassûra en lui disant qu'il étoit *le Christ* qui venoit pour la consoler, & qu'elle étoit une des plus belles pierreries de sa couronne. *Jesus-Christ* disparut, mais il laissa l'impression d'un de ses pieds dans cette cellule, & c'est ce qu'on nomme le *Pas-Dieu.*

l'Eglise de *Nôtre-Dame la Grande* fut bâtie à ce qu'on dit, du tems de l'Empereur Constantin. Sur un des murs exterieurs l'on voit la Statue equestre de cet Empereur, accompagnée de ces quatre Vers :

Quam Constantini pietas erexerat olim,
Ast hostis rabies straverat effigiem.
Restituit veteres cupiens imitarier hujus,
Vidus Eques Templi Cœnobiarcha pius.

Cette Eglise fut d'abord dédiée à S. Nicolas Evêque de Mirrhe : mais elle changea de nom à l'occaſion d'un miracle arrivé par l'interceſſion de la Vierge.

Les Jéſuites ont un fort beau College dans cette Ville, mais leur Bibliotheque eſt très-peu de choſe. Celle des Capucins au contraire eſt bonne.

Au milieu de la Place Royale eſt une Statue pedeſtre de Louis le Grand en ſtuc bronzé ſur un piedeſtal cubique, cantonné de termes qui repréſentent des nations : ſur le piedeſtal ſont gravées des Inſcriptions Françoiſes à la gloire de ce Monarque.

L'on compte dans Poitiers quatre Chapitres, outre celui de la Cathédrale ; vingt-deux Paroiſſes, neuf Couvents d'hommes, douze Couvents de filles, ſans compter les Abbayes ; deux Seminaires, trois Hôpitaux, & ſix Portes qui ſont celles de *S. Lazare, de Rocheyeul, du Pont Joubert, de S. Cyprien, de la Tranchée & du Pont-à-char*. Proche de la Porte S. Lazare étoit un vieux Château dont il reſte encore quelques vieilles tours rondes, & des murailles d'une épaiſſeur extraordinaire : on croit que c'eſt un ouvrage des Romains. A mille pas de cette Ville, en ſortant par la Porte du Pont Joubert, on trouve une pierre en forme ovale, qu'on nomme *la pierre levée* : elle a environ vingt pieds de circuit, & est élevée sur cinq pilliers qui ont chacun trois pieds de haut. La tradition du Pays veut que sainte Radegonde l'ait portée sur sa tête dans ce lieu, & les pilliers dans son tablier, & que le diable ramassa le sixiéme pillier que la Sainte laissa tomber : mais les Antiquaires croyent que c'est une sépulture des anciens Pictes. La Ville de Poitiers est décorée d'un Evêché, d'un Bureau des Finances, d'un Présidial qui est un des plus considerables du Royaume, d'une Election, d'une Marêchaussée, d'une Monnoye, d'une Jurisdiction Consulaire, d'une Jurisdiction des Eaux & Forêts, & d'un corps de Ville composé d'un Maire, de vingt-cinq Echevins, & de soixante-quinze Bourgeois. Les armes de la Ville de Poitiers sont d'argent au Lion de gueules, à la bordure de sable chargée de douze bezans d'or, au chef de France.

Croutel. 1. l.

Forest de Fontenay le Comte pendant 1. l.

Forest de Bonnevaux pendant 1. l.

Coulombier. 1. d. l.

Forest de Lusignan pendant 1. l.

Lusignan. 1. d. l.

LUSIGNAN est une petite Ville à cinq lieues à l'Occident de Poitiers, située sur la pente & la cime d'une montagne à fond de roche qui s'éleve dans une prairie & sur la gauche de la *Vonne*, petite riviere qui passe au pied. Il y a ici Siege Royal & Mairie : la Ville n'est pas riche, & le Bourg est ce qu'il y a de meilleur : les Cabarretiers y font bien leurs affaires, à cause des Voitures & des Messagers qui y passent continuellement. Le Château de Lusignan passoit pour imprenable, cependant il fut pris & razé. Les Auteurs Romanesques assûrent qu'il avoit été bâti par une Fée, moitié femme & moitié serpent, appellée *Melusine*; mais il est sûr que ce fut par Hugues II. Seigneur de Lusignan, surnommé le Bien aimé. On a d'ailleurs remarqué qu'il n'y a point eu de femme du nom de Melusine dans les branches de la maison de Lusignan établies en France ; & quant à ce que l'on dit que le nom de Melusine est composé de celui des terres de *Melle* & de *Lusignan*, dont elle étoit Dame, il n'y a rien de plus aisé à réfuter, puisque la terre de *Melle* n'a jamais appartenu à la Maison de *Lusignan*. On doit donc conclure que Jean d'Arras Auteur du Roman de Melusine, Jean Bouchet en ses Annales, & Frere Etienne de Lusignan dans l'Histoire de cette Maison, n'ont pas été plus sorciers que Melusine, dont ils rapportent tant de fables. Brantosme même tout entousiasmé qu'il étoit de Féérie, n'a pû s'empêcher de reconnoître pour des fables la plûpart des choses qu'on disoit de Melusine : *Et bien que ce soient fables*, dit-il, *si ne peut-on dire autrement que tout beau & bon d'elle.* Teligni surprit le Château de Lusignan pour ceux de la Religion Prétendue Réformée l'an 1569. mais Louis de Bourbon second du nom, Duc de Montpencier, l'assiégea l'an 1574. & & s'en étant rendu le maître après quatre mois de siege, le fit razer de fond en comble. Ecoutons un moment Brantosme sur le siege & la prise de ce Château : *Le siege de Lusignan*, dit-il, *fut fort long & de grand combat; j'en parleray possible ailleurs. Il fut pris; & M. de Montpensier, pour éterniser sa memoire, pressa & importuna tant le Roi nouveau venu de Pologne qui le voulut gratifier en cela, qu'il fit razer de fond en comble ce Château ; ce Château, dis-je, si admirable & si ancien, qu'on pouvoit dire que c'étoit la plus belle marque de Forteresse antique, & la plus noble décoration vieille de toute la France.*

J'ignore sur quels Mémoires Corneille a pû avancer dans son Dictionnaire Geographique, que ce Château avoit été démoli par ordre de Louis XIII. puisque constamment il avoit été rasé sous Henri III.

Venoux dans la Forêt du même nom.	1. d. l.
Chenet.	3. l.
Ché.	1. l. & d.
La Barre.	3. q. de l.
S. Leger.	1. l.
Briou.	2. l.
Villedieu.	2. l.
Aulnay.	1. l.
Paillet.	1. l.
Les Eglise d'Argenlieu	1. d. l.
S. Julien.	1. l. 1. q.
S. Jean d'Angely.	1. q. de l.

Briou ou *Brion*, est un Bourg qui n'est remarquable que parce qu'on y passe la Riviere de Boutonne sur un pont de pierre.

Aulnay, que quelques Itineraires appellent *Aulnoy*, eſt un Bourg ſur un ruiſſeau, remarquable par une grande Egliſe qu'on dit avoir été bâtie par Charlemagne dont la figure équeſtre eſt au-deſſus de la porte.

Paillet eſt ſur un ruiſſeau qui ſépare le Poitou de la Saintonge.

S. Julien eſt un Bourg ſur la gauche de la Boutonne qu'on y paſſe ſur un pont de pierre.

S. JEAN D'ANGELY, Ville avec Préſidial, Election, Sénechauſſée, &c. Cette Ville qui eſt ſur la Boutonne, n'étoit autrefois qu'un Château magnifique bâti au milieu d'une forêt, nommé *Engeriacum*, où les anciens Ducs d'Aquitaine avoient établi leur demeure : c'eſt en la place de ce Château que Pepin le Bref fit bâtir un Monaſtere de Bénédictins, après qu'on lui eut envoyé le Chef de S. Jean d'Edeſſe, & non pas celui de S. Jean-Baptiſte que le ſçavant du Cange croit être à Amiens. Cette Relique y attiroit tant de Pelerins, qu'il s'y forma un Bourg qui s'accrut conſiderablement lorſque les Sarrazins ſaccagerent la Ville de Saintes du tems de Charles Martel. Sous Philippe-Auguſte S. Jean d'Angely devoit être déja une Ville conſiderable, puiſque ce Roi y établit en

1204. un Maire & des Echevins, ausquels il accorda le privilége de Noblesse, & à leurs descendans, en considération de ce que les Habitans avoient chassé les Anglois de cette Ville. Dans la suite les Habitans embrasserent presque tous la Religion de Calvin. Leur Ville fut assiegée en 1562. par le Comte de la Rochefoucaud Chef de Calvinistes; mais il fut contraint d'en lever le siege. Quelque tems après ceux de son parti s'en emparerent, & y ajoûterent de nouvelles fortifications. Le Duc d'Anjou qui regna depuis sous le nom d'Henri III. l'assiegea en 1569. Elle étoit défendue par deux mille hommes les plus braves qu'il y eut parmi les Calvinistes, & le Capitaine de Piles de la maison de Clermont y commandoit. Le Roi Charles IX. y vint lorsque le siege fut formé, & deux mois après la place se rendit. Les Catholiques perdirent dix mille hommes à ce siege, parmi lesquels étoit Sebastien de Luxembourg Comte de Martigues qui fut tué à la tranchée d'un coup de mousquet. Les Calvinistes se rendirent encore maîtres de cette Ville, & elle se révolta en 1620. Louis XIII. l'assiegea en 1621. & Benjamin de Soubize qui y commandoit, fut obligé de ſe rendre ſix ſemaines après, le jour de S. Jean-Baptiſte. Le Roi pour la punir de ſa rebellion, non-ſeulement fit razer les fortifications, mais même lui ôta toutes les marques de Ville, & changea ſon nom en celui de Bourg-Louis; mais comme il ne fit point expedier de Déclaration pour ce changement de nom, il n'a point eu lieu. Outre l'Abbaye de Bénédictins dont j'ai parlé, il y a encore dans cette Ville un Couvent de Cordeliers, un de Capucins, un de Religieuſes de ſainte Urſule. Sur la Boutonne hors du fauxbourg de Taillebourg ſont deux moulins à poudre, où ſe fait la plus excellente du Royaume. La Ville de S. Jean-d'Angely porte pour armes ſemé de France au franc quartier de gueules chargé du Chef de S. Jean-Baptiſte d'or dans un baſſin de même.

Aſnieres.	1. l.
S. Hilaire.	1. l.
Ecoyeux.	1. l.
Saintes.	2. l.

SAINTES, *Mediolanum Santonum*, *Santoni*, *Civitas Santona*, *Urbs Santonica*, ſur la Charente, & la Capitale de la Saintonge, eſt une Ville très-ancienne qui du tems d'Amien Marcellin étoit une des plus florissantes de la Guyenne. Il y reste encore un pont du tems des Romains, sur lequel est un Arc de Triomphe que l'on croit avoir été érigé sous Tibere. L'on apperçoit sur ce monument une Inscription latine qui regne le long de la Frise, mais qui étoit si effacée lorsque je passai par Saintes, que je ne pus jamais la lire. Saintes est aujourd'hui une petite Ville dont les rues sont étroites, & mal alignées. La Cathedrale dédiée à S. Pierre a été bâtie par Charlemagne, & ruinée par les Calvinistes, qui n'ont laissé que la tour du clocher. Il y a plusieurs Eglises Paroissiales & plusieurs Maisons Religieuses. Hors de la ville, à l'extrémité d'un des fauxbourgs, sur une éminence, S. Palais fit bâtir l'Eglise de S. Eutrope dans l'endroit où il trouva le corps de ce saint Evêque, qui avoit été son prédecesseur. Elle consiste en deux Chœurs l'un au dessus de l'autre, & en une nef qui communique de l'un à l'autre. Le Chœur, ou l'Eglise basse est Paroissiale, & la supérieure est Collégiale. Dans l'Eglise basse se voyent les restes du tombeau de S. Eutrope. Ce sont quelques quartiers de grosses pierres renfermées par une grille de fer. L'on racle de cette pierre, & l'on met cette raclure dans du vin blanc, dont on prend un doigt pendant neuf matins pour être gueri de toutes ſortes de fievres. Dans un fond au quartier de S. Euſtelle, près de S. Eutrope ſont les reſtes d'un Amphitheatre antique, bâti de petites pierres, & encore aſſez conſervé pour faire juger de ſa figure ovale, & de la hauteur, & ordonnance de ſes étages. On nomme ces reſtes *les Arcs*. L'on a tenu pluſieurs Conciles dans cette Ville, en 563. 1075. 1080. 1088. & 1096. C'eſt dans le dernier que le jeûne des veilles des Apôtres fut ordonné.

Les Varennes ou Arennes.	1. l.
La Jarre.	1. l.
Pons.	2. l.

PONS, ſur le bord gauche de la petite riviere de Sugne ou Suigne, eſt une petite Ville, & une *Sirauté* fort ancienne qui ne releve que du Roi, & qui a dans ſa mouvance cinquante-deux Paroiſſes & deux cens cinquante Fiefs. La maniere dont les Sires de Pons rendoient leur hommage au Roi, eſt aſſez ſinguliere pour mériter d'être rapportée.

Le Sire de Pons armé de toutes pieces, ayant la visiere baissée, se présentoit au Roi, & lui disoit : *Sire, je viens à vous pour vous faire l'hommage de ma Terre de Pons, & vous supplier de me maintenir en la jouissance de mes privileges.* Le Roi le recevoit, & lui devoit donner par gratification l'épée qu'il avoit à son côté.

Il y a dans cette petite Ville trois Paroisses, trois Couvens, trois Hôpitaux, & une Commenderie de l'Ordre de saint Jean de Jerusalem. Toute petite qu'est cette Ville, elle se divise en Ville haute que l'on appelle *S. Vivien*, & en basse que l'on nomme *les Aires* ou *S. Martin.* Cette derniere est encore partagée par la Sugne sur laquelle il y a plusieurs ponts qui probablement ont donné le nom & les armes à la Ville, qui porte de gueule à trois ponts d'or. Le Château étoit bâti sur un roc escarpé, mais il n'en reste plus que le donjon qui est une tour quarrée d'une prodigieuse hauteur, & dont les étages sont distingués par de belles voûtes. C'est aujourd'hui la tour de l'horloge, & le lieu où l'on garde les titres de Pons. Au bas est une espece de plate-forme quarrée, flanquée de petites tourelles de même forme, mais desquelles il ne reste que deux. Cette Seigneurie sortit de la Maison de

Pons par Antoinette Dame de Pons, qui la porta à Henry d'Albret Baron de Miossans son mari. Elle est depuis sortie de la Maison d'Albret par Marie de ce nom, qui la donna à Charles de Lorraine Comte de Marsan, qu'elle épousa en 1662. & duquel la postérité en jouit aujourd'hui.

La Forêt de Sugnac.	
Beluire.	1. d. l.
S. Genis.	1. l.
Plassac.	1. d. l.
La Forêt de Plassac dans laquelle est la Bergerie.	1. l.
Pérou.	3. q. d. l.
Mirambeau.	1. q. d. l.
Estolier.	3. l.
S. Martin.	1. l. 3. q.
Blaye.	1 q. d. l.

BLAYE, *Blavutum*, *Blavium*, *Blavia*, *Promontorium Santonum*, selon quelques-uns, est une petite Ville sur la rive droite de la Gironde, deux lieues au-dessous du bec d'Ambez. Elle a donné son nom à un petit pays appellé *le Blayois* ou *le Blaiguez*, qui avoit le titre de Comté, & appartenoit aux cadets de la Maison d'Angoulême. Blaye est bâtie sur un rocher, & sa citadelle a quatre baſtions ; c'eſt ce qu'on appelle la Ville haute. La Ville baſſe ou le faubourg, eſt ſéparée de la haute par une petite riviere où la marée remonte. C'eſt ici où demeurent les Marchands, & où ſont leurs magazins. La tradition du Pays veut que le Paladin Rolland neveu de Charlemagne, ait été Seigneur de Blaye, & qu'il y ait été inhumé dans l'Egliſe de S. Romain, avec ſon épée durandal, & ſon cors de chaſſe au pied de ſon tombeau. Charibert Roi de Paris, & fils aîné de Clotaire Premier, mourut à Blaye l'an 570. & fut enterré dans l'Egliſe de S. Romain. Les Calviniſtes ayant ſurpris cette Ville en 1568. ruinerent toutes les Egliſes, & n'épargnerent point le tombeau de ce Roi. Ceux du parti de la Ligue s'étant rendus maîtres de Blaye quelque tems après, le Maréchal de Matignon l'aſſiégea pour le Roi en 1593. mais il ne put point la prendre. Les vaiſſeaux qui vont à Bourdeaux, ſont obligez de laiſſer ici leur canon & leurs armes, pour ſe conformer à une Ordonnance de Louis XI. de l'an 1475. La riviere de Gironde a dix-neuf cens toiſes de large vis-à-vis Blaye, & cette grande étendue fut cauſe qu'en 1689. on fit une batterie dans une Iſle qui n'eſt qu'à ſept cens toiſes de cette Ville, afin de pouvoir tirer ſur les vaiſſeaux ennemis s'ils hazardoient d'entrer dans cette riviere, & vouloient la remonter juſqu'à Bourdeaux. Cette Iſle eſt à douze cens toiſes de la côte de Medoc qui eſt vis à-vis de Blaye, & où Louis XIII. a fait conſtruire un Fort de terre & de gazon, à quatre baſtions.

De Blaye à Bourdeaux il n'y a que ſix lieues par eau, & huit par terre : ordinairement l'on fait ce trajet par eau.

Au bec d'Ambez.	2. l. & d.
Bourdeaux.	3. l. & d.

BOURDEAUX, ou BORDEAUX, *Burdegala*, *Burdigala*, Ville des anciens Peuples *Bituriges Vibiſci* dans l'Aquitaine ſeconde, eſt aujourd'hui Capitale de la Guyenne. Les Ecrivains ſenſez & de bonne foi, avouent qu'ils ignorent l'étymologie de ce nom. Ceux qui la dérivent de deux petites rivieres, dont l'une s'appelle *Bourde*, & l'autre *Jale*, ou *Geale*, n'ont point fait attention que ces rivieres ne paſſent point à Bourdeaux. On peut voir M. de Valois dans ſon Livre intitulé, *Notitia Galliarum.* Cette Ville eſt une des grandes du Royaume, & ſa forme eſt à peu près triangulaire. Le côté de la mer représente une espece d'arc dont la riviere de Garonne est la corde, & c'est ce qui l'a fait appeller *Portus Lunæ*, à cause qu'il ressemble au croissant de la Lune. On entre dans cette Ville par douze différentes portes. Les rues sont assez étroites, & il n'y a que celle du Chapeau rouge qui soit considerable. La Place qui est devant l'Hôtel de Ville, celle du marché, & celle qui est devant le Palais, sont les plus remarquables. On compte plus de cinq mille maisons dans la Ville & les fauxbourgs. L'Eglise Métropolitaine porte le nom de S. André, & est une des plus belles de France. La Nef en est spacieuse, & au pourtour regne une large corniche. Le Palais Archiepiscopal est une assez belle maison, où l'on remarque une fort grande & belle salle. L'Eglise de S. Michel est remarquable par son clocher d'où l'on découvre toute la Ville, & une très-belle & très-riche campagne. Le Cimetiere de l'Eglise de S. Surin est fort curieux. On y remarque un tombeau de pierre, élevé sur quatre piliers, du haut duquel il découle des gouttes d'eau qui augmentent, à ce qu'on dit, lorsque la Lune est dans son plein, & diminuent dans son déclin. Le College des Jesuites est agréablement situé, & un beau bâtiment. Celui de Guyenne est fameux par le nombre & l'habileté de ses Professeurs. Marc-Antoine Muret & Buchanam y ont autrefois enseigné. La Chartreuse est belle, & son Eglise magnifique. L'Autel est couvert de très-belles glaces & de très-beaux cristaux, sous lesquels on conserve un grand nombre de Reliques. On y voit aussi l'Oratoire de Paul V. dont ce Pape avoit fait présent au Cardinal de Sourdis qui est le Fondateur de ce Monastere, & qui est enterré dans son Eglise. Le Couvent des Dominiquains est un des beaux de leur Ordre. Dans l'Eglise de celui des Augustins l'on remarque le superbe Mausolée de M. de Candale Evêque d'Aire.

Le Palais où le Parlement tient ses Séances, est l'ancien Château des Ducs de Guyenne.

Les restes d'Antiquité que les Connoisseurs remarquent à Bourdeaux, prouvent suffisamment que cette Ville est ancienne. Le fameux Spon à son retour de Gréce & d'Italie, les jugea dignes de son attention. *La Porte basse* est un bâtiment antique, dont la construction solide ressent le siecle d'Auguste, sous lequel on bâtissoit pour l'éternité. Les Goths, les Vandales, les Sarrazins, lorſqu'ils ont déſolé cette Ville par le fer & par le feu, n'ont point endommagé ce bel Ouvrage.

Bourdeaux, vante ton monument;
Tel de la vieille Rome étoit le fondement;
Plus auguſte eſt la Porte baſſe,
Que le haut portail d'un Palais,
Son antique & ſuperbe maſſe,
Voit les ſiecles couler ſant s'ébranler jamais.

Le Palais *Tutele* étoit un Temple conſacré aux Dieux tutélaires. Sa forme étoit longue, & il avoit huit colonnes en longueur de chaque côté, & quatre en largeur à chaque bout, qui faiſoient le nombre de vingt-quatre, deſquelles il en reſtoit huit lorſqu'on les fit abattre pour agrandir le Château Trompette, & c'eſt à ce ſujet qu'un Poëte anonyme a dit :

Arx nova conſurgit, civis tutela, decuſque.
Nec ſocium patitur nobile Regis opus.

Le Palais Gallien conſerve le nom de l'Empereur ſous lequel il fut bâti. Derriere S. Surin on voit encore des reſtes d'un d'un Amphitheatre que les anciens titres de Bourdeaux nomment *les Arenes*. C'étoit un ovale qui avoit deux cens vingt-ſept pieds de long, ſur cent quarante de large, mais qui n'a pas aujourd'hui le tiers de ſes murs.

La Fontaine qu'on appelle *de Duge*, ou *d'Audege*, eſt à une petite demilieue de cette Ville, & donne une ſi grande quantité d'eau qu'elle forme un ruiſſeau très-utile aux Tanneurs, qui demeurent dans le faubourg où il paſſe. Auſonne a célébré cette Fontaine par ces Vers :

Salve Fons ignote ortu, ſacer, alme, perennis,
Vitree, glauce, profonde, ſonore, illimis, opace,
Salve Urbis genius, medio potabilis hauſtu,
Divona Celtarum lingua, Fons addite divis.

L'Hôtel de Ville n'a rien de fort magnifique. C'eſt ici où s'aſſemblent, le Maire, les Jurats, & les autres Officiers Municipaux. Comme les Ecrivains de Voyages ne parlent pas juſte ſur le nombre de ces Officiers, je remarquerai ici que le Corps de Ville de Bourdeaux eſt compoſé d'un *Maire perpetuel* qui eſt toûjours un Seigneur ; d'un Lieutenant de Maire, qui depuis peu eſt auſſi perpetuel, c'eſt-à-dire à vie ; de *ſix Jurats* ou Echevins ; d'un Procureur Syndic ; & d'un Clerc de Ville. Deux des Jurats ſont pris de l'ordre de la Nobleſſe, deux parmi les Avocats, & deux d'entre les Bourgeois.

L'Arſenal eſt attenant l'Hôtel de Ville, mais c'eſt un chetif bâtiment ſans apparence, & ſans armes.

Bourdeaux n'eſt entouré que d'une vieille muraille avec quelques tours quarrées & rondes çà & là. Les maiſons qui ſont le long du Quay ſont bâties ou appuyées contre ces murs, & l'on s'eſt réſervé de paſſer par les chambres de ces maiſons en cas de neceſſité pour les chemins des rondes. Cette enceinte eſt défendue par le Château *Trompette*, le Château du *Haa*, & le Fort *S. Louis*, ou de *Ste Croix*. *Le Château Trompette* eſt à l'entrée du quay, & commande le port. C'eſt une Citadelle que Charles VII. fit bâtir, mais que le Marêchal de Vauban a réparée, & fort augmentée ſous le Regne de Louis le Grand, y ayant ajoûté un chemin couvert, deux demi-lunes, & une grande contregarde. Cette Citadelle eſt d'ailleurs compoſée de ſix bastions dont il y en a trois du côté de la riviere. Le logement du Gouverneur est dans celui du milieu. Il est embelli d'un parterre à l'Angloise, au milieu duquel est un cabinet qui est un réduit délicieux par sa propreté, son élévation, & la belle vûe. On croit être sur mer, & dans la chambre de poupe d'un vaisseau.

Le Château du Haa est aussi un ouvrage de Charles VII. & que l'on commença à bâtir en même tems que le Château Trompette. Sa forme est un quarré long, flanqué aux quatre angles d'autant de tours rondes, sans compter deux tours quarrées qui donnent du côté de la campagne pour la porte du secours, qui est couverte par un ouvrage en forme de fer à cheval; & sans parler non plus d'une autre tour ronde dans laquelle on passe pour entrer dans la Ville. Au reste ce Château est situé du côté de l'Archevêché, & auprès d'un lieu nommé *l'Ormée*, qui a été fort renommé pendant les guerres civiles sous la minorité de Louis XIV.

Le Fort S. Louis, ou de *Ste Croix*, est aussi du côté de la terre. Louis XIV. le fit élever en 1676.

On remarquera en dehors l'Hôpital neuf, où il y a une Manufacture fameuse, surtout pour les dentelles.

J'ai insinué au commencement de la description de cette Ville, que son port a été formé en Croissant. A l'un des bouts est la Ville, à l'autre bout le faubourg du Chartron, & le Château Trompette est entre la Ville, & le faubourg; ce qui fait une symetrie très-agréable, & offre aux yeux une façade de Ville, qui fait un très-bel effet. Au reste le faubourg du Chartron, ou le faubourg du Port, est certainement un des plus beaux qu'il y ait en Europe par son étendue, & par la magnificence de ses bâtimens.

La Garonne fait sans doute le plus grand ornement & la plus grande richesse de la Ville de Bourdeaux, mais ce n'est pas la seule qui baigne cette Ville. Il y passe encore deux ruisseaux, dont l'un nommé le *Peaugue*, a son cours entre le Château du Haa, & le Palais de l'Archevêque; & l'autre nommé *la Devise*, passe entre l'Hôpital de S. André, & la porte Dijos.

Bourdeaux porte pour armes de gueules à la porte de Ville d'argent hersée & clochée d'or, au lion d'or passant au dessus, au chef de France, & au dessous de la porte au croissant d'argent, au pied ondé.

Castres.	4. l.
Podensac.	2. l.
Barzac.	3. q. de l.
Roulan.	1. d. q. de l.
Praignac.	1. d. q. de l.
Langon.	1. l.
Le Péage de Roquetaillade.	1. l.
Bazas.	1. l.

Podensac est une petite Ville sur la gauche de la Garonne, dans le Comté de Benauges.

Langon est aussi une petite Ville sur la gauche de la Garonne, elle est principalement connue par ses vins, & par le commerce qui s'y en fait. On y trouve quantité de Marchands pour les vins, & les eaux-de-vie.

Bazas est la Capitale du Bazadois, & connue des Latins sous les noms de *Cossio*, *Cossium vazatum*, *Vazata arenosa*. Elle est située sur un rocher à deux lieues & demie de la Garonne. C'est une Ville ancienne, de laquelle il est parlé dans Ausonne, dans Sidonius Apollinaris, & dans Grégoire de Tours. Il y a Evêché, & Présidial.

Boulac, ou *Bolac.*	1. l.
Pitetz.	1. l.

Les Agretz	2. l. & d.
Roquefort de Marſan.	1. l. & d.
Calloe.	2. l.
Mont de Marſan.	1. d. l.

Roquefort, ou Roquehort de Marſan eſt une petite Ville ſur une roche dans un fond. Ses murailles ſont baignées par deux ruiſſeaux nommez l'un *la Douze*, & l'autre *l'Eſtampon*, qui étant réünis en un paſſent au Mont de Marſan où ils ſe joignent au *Midou*. Il y avoit ici un Château fortifié à l'antique, mais qui a été démoli.

Mont de Marſan, ſur la droite de la Midouze qui eſt formée par le confluent du *Midou* & de la *Douze*, & qui commence à porter batteaux, & puis tombe dans l'Adour à Tartas. Cette petite Ville a été bâtie par Pierre Vicomte de Marſan vers l'an 1140. Il y a un Marché qui étoit autrefois très-conſiderable pour la vente des grains; mais il ne s'y en débite plus tant, depuis que celui de Bazas eſt devenu plus fréquenté qu'il n'étoit. Cette Ville eſt du Dioceſe d'Aire.

Campagne.	1. l. & d.
Meillan.	1 d. l.

Tartas V.	2. l.
Pontons.	2. l.
Pougirac ou *Pouchirac.*	1. l.
Dax.	1. l.

Tartas eſt une petite Ville ſur la Midouze & du Dioceſe de Dax, qui a pris ſon nom des anciens *Taruſates*. Elle a eu des Vicomtes, dont l'un appellé Arnaud Raymond engagea Tartas, & Dax à Amanieu d'Albret dont il avoit épouſé la fille, nommée Marthe. Il y avoit un Château qui commandoit la Ville, & qui fut démoli en 1621. Il n'y a dans Tartas qu'une Paroiſſe, un Couvent de filles, & un de Recollets qui eſt dans le faubourg. Il y a un Marché conſiderable pour les ſeigles que l'on y apporte des Landes.

DAX ou ACQS, *Aqua Auguſta*, *Aqua Tarbellica*, *Tarbella Civitas*, *Aquenſis Civitas*, eſt une Ville Epiſcopale, ſituée ſur la gauche de l'Adour qui baigne ſes murailles au pied du Château, laquelle a pris ſon nom d'une fontaine d'eau chaude qui eſt au milieu de la Ville. L'enceinte de Dax eſt un quarré flanqué de tours à l'épreuve du canon, & bâties de même que les courtines de petites pierres quarrées eſpacées de distance en distance par des lits de brique, à la maniere de quelques autres ouvrages des Romains. Il y a à Dax plusieurs Maisons Religieuses, & un College dirigé par les Barnabites. Au reste cette Ville est exemte de tailles, & on y tient le meilleur marché du païs. On y trouve tout ce qu'il faut pour la subsistance de Bayonne. C'est d'ailleurs un poste important pour sa situation, puisqu'on peut venir d'Espagne en France par cet endroit, sans passer par Bayonne qu'on laisse à côté; mais les rivieres qu'on trouve en chemin, avant que d'y arriver, rendent cette route presque impraticable. Au milieu de cette Ville est une fontaine d'eau bouillante dont on ne peut soûtenir la chaleur à plus de dix pas loin de sa source. Cette eau qui bout continuellement, & qui produit une fumée semblable à celle d'un bassin dans lequel on éteindroit de la chaux, est claire, & transparente sur son gravier, & n'a aucune saveur, du moins autant que j'en ai pû juger. On s'en sert pour l'usage ordinaire de la vie, de même que de l'eau d'une autre fontaine. On assûre dans la Ville que lorsque le matin les vapeurs de la fontaine sont grandes c'est une marque de beau tems le long de la journée, & au contraire lorſqu'il s'en exhale peu, c'eſt ſigne de pluye. J'ai éprouvé cette vérité une fois, mais ce n'eſt pas aſſez pour en faire une regle. J'ai experimenté auſſi qu'un œuf ne peut cuire dans le bouillon de cette eau, & j'y en laiſſai un plus d'un quart d'heure ſans y réuſſir. Au reſte cette eau étant refroidie eſt beaucoup plus fraîche que l'autre. Dans les foſſez de Dax, & aux environs, l'on trouve d'autres filets d'eau chaude, mais dont le degré de chaleur eſt bien moins grand que celui de la fontaine dont je viens de parler. La promenade de Dax eſt ſur les remparts du côté de la riviere, & c'eſt une des plus agréables que l'on puiſſe voir.

Sur la droite de l'Adour, & à très-peu de diſtance de Dax ſur une hauteur, eſt l'Egliſe Paroiſſiale de S. Paul derriere laquelle eſt une *ſpelunque*, ou caveau voûté en berceau, d'environ cinq pieds de haut, ſix de large, dix de long, au fond duquel ſont trois tombeaux de marbre antique tirant ſur la couleur d'ardoiſe; poſez à côté l'un de l'autre, découverts, profonds d'environ dix-huit pouces, & larges d'autant. Il y en a deux qui ont cinq pieds de long, mais celui du milieu a un pied & demi pouce de plus que les deux autres. Lorſque je les vis, le premier des deux petits étoit plein d'eau jusqu'au bord, & l'autre environ à la même hauteur, deux pouces près de son bord; mais dans celui du milieu il n'y avoit qu'environ deux pouces d'eau. Les habitans, & les curieux remarquent que l'eau y est ainsi dans le décours de la lune, & qu'au contraire dans la pleine lune les petits tombeaux sont entierement vuides, & le plus grand est entierement rempli. Je ne trouvai dans ces tombeaux aucune ouverture par laquelle l'eau puisse y entrer; outre que l'aire du caveau où ils sont est élevée de plus de six toises par dessus le niveau ordinaire de l'eau de la riviere. Cette eau n'est point claire, mais d'une couleur tirant sur celle du vin paillet. Elle n'a aussi aucune saveur, & l'on ne lui attribue aucune vertu. On raporte qu'en 1699. voulant bâtir une petite Sacristie qui est derriere l'Eglise, & proche des tombeaux que je décris, l'on puisa de cette eau pour faire le mortier dont on avoit besoin, & qu'aussitôt on s'apperçut que les tombeaux se vuiderent entierement, & que l'eau n'y revint point à l'ordinaire. On eut recours aux prieres, & aux processions après lesquelles l'eau revint, & se regla comme auparavant; comme si cette eau avoit été prophanée par l'usage qu'on en avoit fait. Je doute fort qu'on puisse expliquer physiquement un fait aussi singulier que ce dernier. Au reste il ne faut que des yeux, pour s'appercevoir que tous les Ecrivains qui jusqu'ici ont parlé de ces tombeaux ne l'ont fait que fort imparfaitement, & sans avoir vû, ou examiné ces monuments.

La Ville de Dax porte d'azur à la tour donjonnée d'argent, & au lion d'or rempant.

De Dax on peut aller à Bayonne par eau sur l'Adour, & le trajet est de sept lieues. Par terre il y a huit lieues & un quart, & après avoir passé la riviere, voici la route qu'on tient.

S. Georges.		3. l.
S. Vincent.		1. l.
Venesse.		1. l.
Sebenne, ou Labesne.		1. l. 1. q.
Hondre.	3. q.	de l.
Ternots.	1. q.	de l.
Bayonne.		1. l.

BAYONNE, *Lapurdum*. Cette Ville qui est sur la Nive, & l'Adour, a pris le nom qu'elle porte aujourd'hui du mot *Baia*, & de celui d'*Ona*, qui en langue Basque signifient *bonne baye, bon port*. Sanson a crû que c'étoit l'*Aqua Augusta*, & *Tarbellica* de Ptolemée que presque tous les Géographes croyent être Dax. Elle est d'une moyenne grandeur, mais d'une grande importance; éloignée d'environ une lieue de la mer, & partagée en trois parties. La grande est endeça de la Nive, la petite est entre la Nive, & l'Adour; & le faubourg du S. Esprit est audelà de cette derniere riviere. Le grand & le petit Bayonne sont entourrez d'une vieille enceinte, & d'un fossé sec que l'on a conservé. Il y a dans chacune de ces deux Villes un Château. Celui du grand Bayonne est flanqué de quatre tours rondes: c'est dans ce Château que loge le Gouverneur. Le Château neuf est flanqué de quatre tours en forme de bastions. Cette premiere enceinte est couverte d'une nouvelle, composée de huit bastions reparez par le Marêchal de Vauban, qui y a aussi ajoûté un grand ouvrage à corne, & une demi lune, le tout entouré d'un bon fossé, & d'un chemin couvert. Le pont du S. Esprit communique au faubourg de son nom. Cette partie de la Ville est très-peu de chose par elle-même, mais excellente par sa fortification. Elle consiste en une enceinte réparée principalement par le Marêchal de Vauban, & formée par quatre bastion couverts d'un grand ouvrage à corne, le tout défendu par trois demi-lunes de terre, & entouré d'un bon fossé, & d'un chemin couvert. La Citadelle est située audelà de l'Adour du côté du faubourg S. Esprit, sur une hauteur qui commande les trois parties de la Ville, le port, & la campagne. C'est un quarré régulier, fortifié à la maniere du Maréchal de Vauban, accompagné de trois demi-lunes, une du côté du faubourg du S. Esprit, & les deux autres du côté de la campagne, le tout entouré d'un bon fossé sec, & d'un chemin couvert. L'Eglise Cathédrale, ni les autres édifices publics, n'ont rien de remarquable. Il n'en est pas de même du commerce qui se fait dans cette Ville; car c'est un des plus considérables du Royaume, ainsi que je l'ai fait voir ailleurs. Bayonne est la seule Ville du Royaume qui ait l'avantage d'avoir deux rivieres qui ont flux & reflux. La Nive la traverse, l'Adour baigne ses murailles, & elles se joignent ensuite au pied du Château neuf. Les habitans de cette Ville ont conservé le privilege de garder deux des trois portes de la Ville, & celle qui est dans le réduit S. Esprit est la seule qui soit gardée par les troupes du Roi.

La Ville de Bayonne porte pour armes d'azur à la tour crenelée, & taluſée d'argent, ondée au naturel ſous le pied, ſommée d'une fleur de lys d'or, & qui a pour tenans deux lions rampans contournez d'or, avec deux arbres de ſinople chargez chacun de ſept fruits d'or, & poſez en pal derriere les lions. Au deſſus du tout, & en chef, ſont ces paroles *Nunquam polluta.*

Bidars.	1. l. & d.
S. Jean de Luz.	1. l. & d.
Beobid.	1. l. 3. q.

S. JEAN DE LUZ eſt à cent ſoixante-dix lieues de Paris, & le plus grand Bourg de l'Europe. Il eſt ſitué ſur le bord de la mer, à l'emboucheure de la riviere d'Urdacuri qui forme ici un baſſin & un port aſſez vaſte.

De S. Jean de Luz, on va au pas de *Beobid* Hameau qui n'a qu'une ſeule maiſon, & qui eſt ſitué ſur le bord de la riviere de *Bidaſſoa*, qui ſépare la France de l'Eſpagne. *Yron* eſt un Village de l'autre côté de la riviere, & à un quart de lieue en Eſpagne.

Yron.	2. l. & d.

Comme la route ci-deſſus eſt plus ordinaire, & qu'elle n'eſt celle de la poſ-

te que jusqu'à Blois, j'ai jugé à propos afin de satisfaire à toutes sortes de Voyageurs, d'ajoûter ici la route de la poste depuis Blois jusqu'à S. Jean de Luz. De Blois aux Montils, poste & demie. Sambin, poste. Pontlevoy, p. Montrichard, p. Senelle, p. Liege, p. S. Quentin, p. Loches, p. Varennes, p. Cyran, p. Ligueuil, p. La Sigogne, p. La Haye, p. Dangers, p. Ingrande, p. Chatelleraud, p. Les Barres de Nintré, p. La Tricherie, p. Clan, p. Le Grand Pont, p. Poitiers, p. Ruffini, p. & d. Vivonne, p. les Minieres, p. Coué, p. Chaunay, p. Sauzay, p. & d. Bannieres, p. Villefagnan, p. Fond des Marais, p. Aigre, p. Gourville, p. S. Cibardeau, p. Villars Marangé, p. & d. Châteauneuf, p. & d. Nonaville, p. Barbezieux, p. & d. Raygnac, p. & d. La Grolle, p. Chenonceau, p. Montlieu, p. Cherzac, p. Pierrebrune, p. Cavignac, p. Boismartin, p. Cubsac, p. Carbon blanc, p. Bourdeaux, p. Gradignan, p. Lestaule, p. Pust la Gubatte, p. Barcoy, ou Barc, p. L'Hospitalet, p. Belain, p. Muret, p. L'Hispostey, p. & d. La Bouhaire, p. & d. Janquillet, p. La Herie, deux p. L'Esperon, p. & d. Castet, p. & d. Magese p. & d. Mons, p. S. Vincent, p. La Cabanne, p. Ondres, p. & d. Bayonne, p. & d.

Bidars, p. & d. S. Jean de Luz, p. & d.

Dans cette route il n'y a que cinq ou six petites Villes qui ſoient remarquables, & deſquelles j'ai parlé dans la précedente, à la réſerve de *Vivonne* & de *Barbezieux*.

Vivonne eſt un Bourg du Poitou, qui a le titre de Comté, & qui eſt ſitué ſur le Clain, & a la jonction de deux petites rivieres qui lui donnent ſon nom, deſquelles l'une ſe nomme *la Vive*, & vient de Meſle; & l'autre *la Vonne* qui vient de l'Abbaye de Chaſteliers.

Barbeſieux eſt dans l'Angoumois, & étoit autrefois entouré de murailles, ce qui fait qu'il porte le titre de Ville. Il y a deux Paroiſſes, & un Couvent de Cordeliers. Cette Seigneurie eſt un Marquiſat qui a longtems appartenu à la Maiſon de la Rochefoucaud, & qui appartient aujourd'hui au Marquis de Louvois, du nom de Le Tellier. Elie Vinet fameux Critique du ſeiziéme ſiecle, étoit né à Barbeſieux.

De S. Jean de Luz l'on peut ou aller en Eſpagne, ou revenir à Paris. Ceux qui prennent ce dernier parti peuvent ou revenir ſur leurs pas par la route qu'ils ont déja tenue, ou paſſer par le Languedoc, la Provence, le Dauphiné, le Lionnois, la Bourgogne, &c. & c'eſt cette derniere route que suivirent en 1701. le Duc de Bourgogne & le Duc de Berry, en revenant de conduire Philippe de France Duc d'Anjou leur frere, lorsqu'il alla prendre possession du Royaume d'Espagne. Je parlerai ailleurs du Voyage de Paris en Espagne par le Languedoc.

Voyage de Paris à la Rochelle, & à Rochefort, Ports de mer.

O*N doit suivre la route du Voyage précédent jusqu'à Lusignan, mais au sortir de cette Ville, au lieu de la continuer, l'on va à*

S. Maixent.	5. l.
Niort.	4. l.
Mozay.	4. l.
Nouaillé.	4. l.
La Rochelle.	3. l.
Le Rocher.	3. l.
Rochefort.	2. l.

S. MAIXENT, *Fanum sancti Maxentii*, petite Ville du Poitou sur un penchant qui va à la riviere de Sevre. Ce ne fut d'abord qu'une petite habitation où demeuroit le saint Solitaire, qui a donné ſon nom à la Ville qu'on bâtit enſuite auprès de cet Hermitage. Elle eſt aſſez mal bâtie, & d'une étendue médiocre, mais bien enfermée de murailles. Les deux fauxbourgs ſont très-conſiderables par rapport à la Ville. Il y a un vieux Château qui eſt de peu de conſéquence. M. le Duc Mazarin eſt Seigneur de S. Maixent par échange fait avec le Roi. Il y a dans cette Ville trois Paroiſſes, une Abbaye de l'Ordre de S. Benoît, un Hôpital, un Couvent de Cordeliers, un de Capucins, un de Filles de l'Ordre de S. Benoît, une Maiſon de l'Union Chrétienne, & un College de deux Prêtres. Pour la Juſtice il y a un Siege Royal, une Election, un Corps de Ville, & une Juriſdiction ſubalterne qui appartient à l'Abbé.

Niort eſt ſur la Sevre, & aux confins de la Saintonge, dans une plaine. Il y a deux Paroiſſes, une Maiſon de Prêtres de l'Oratoire, un Couvent de Capucins, un de Cordeliers, un de Freres de la Charité, un de Carmelites, un de Benedictines, un d'Hoſpitalieres, & un de Filles de S. François. Quant aux Juriſdictions il y a un Siege Royal, une Election, une Juriſdiction des Eaux & Forêts, une des Traites Foraines, & une de Juges-Conſuls. Le Château eſt ancien, flanqué de quatre groſſes tours rondes, & ſommé d'un donjon au milieu. Le marché eſt couvert, & un des plus grands qu'il y ait en France. Les Foires qu'on y tient, ſont auſſi très-fameuſes.

Mozay ou *Moſey*, eſt une petite Ville du Pays d'Aunis, ſituée ſur une petite riviere qui ſe jette dans la Sevre.

LA ROCHELLE, *Rupella*, au bord de l'Ocean, à deux lieues de l'Iſle de Ré, à quatre de celle d'Oleron, & à douze de Saintes. Cette Ville doit ſes commencemens à un Château qu'on bâtit ici pour s'oppoſer aux deſcentes des Normands. Après la ruine de *Châtel-Aillon*, qui n'en étoit qu'à deux lieues, & dont il ne reſte plus qu'une vieille tour, l'on bâtit pluſieurs maiſons auprès du Château de la Rochelle, qui par ſucceſſion de tems eſt devenu une Place très-forte, & une Ville très-marchande. Eleonor de Guyenne la porta avec ſes autres Etats à Henry Duc de Normandie, & depuis Roi d'Angleterre. Louis VIII. ſur le refus que fit le Roi d'Angleterre de lui rendre foi & hommage pour le Duché de Guyenne, aſſiégea la Rochelle en 1224. & la prit. Nos Rois la poſſederent depuis juſqu'au Traité de Bretigni, par lequel elle fut cédée aux Anglois contre la volonté des habitans qui dans la ſuite porterent leurs plaintes au Roi, & ouvrirent les portes à Bertrand du Guesclin. Le Roi de son côté leur envoya en même tems la confirmation de leurs Privileges. Le Calvinisme s'y introduisit en 1557. & dix ans après le Maire appellé *Poutard*, livra cette Ville au Prince de Condé. L'autorité Royale n'y fut plus reconnue, & on changea le gouvernement en une démocratie presque semblable à celle de Geneve. Henry Duc d'Anjou, frere de Charles IX. l'assiégea en 1573. & l'auroit emportée malgré la résistance du brave la Noue qui la défendoit, si les Ambassadeurs de Pologne qui vinrent lui offrir la Couronne de ce Royaume, ne lui eussent fait lever le siege. Les Calvinistes triompherent dans cette Ville, & y tinrent la plûpart de leurs Synodes, jusqu'à ce que le Cardinal de Richelieu déterminât le Roi Louis XIII. à en faire le siege. Elle fut vigoureusement défendue pendant 13. mois par le Maire appellé *Guitton*, homme valeureux, & d'une grande expérience, mais enfin il fallut se rendre en 1628. Les Anglois tenterent plusieurs fois pendant le siege d'y jetter du secours, mais ils en furent empêchez par cette fameuse digue à laquelle on doit absolument rapporter la prise de cette Place. Cette digue avoit ſept cens quarante-ſept toiſes de longueur, & étoit de l'invention de *Clement Metzau*, qui pour récompenſe fut annobli. *Jean Tiriau*, Maître Maçon de Paris, la commença le 2. Décembre de l'an 1627. L'on en voit encore des reſtes lorſque la mer eſt baſſe. Louis XIII. fit ſon entrée dans la Rochelle le jour de la Touſſaints de l'an 1628. & pour la punir de ſa rebellion, fit razer ſes fortifications, abolit ſes privileges, & y rétablit les Prêtres & la Religion Catholique qui en avoient été bannis. Louis le Grand obtint en 1648. des Bulles du Pape Innocent X. pour transferer à la Rochelle l'Evêché de Maillesais. Ce même Prince voulant mettre cette Ville hors d'inſulte, y fit faire de nouvelles fortifications en 1689. par M. de Vauban, depuis Marêchal de France, leſquelles conſiſtent en dix-neufs grands baſtions, & huit demi-lunes enveloppées d'un foſſé & d'un chemin couvert.

Le Rocher eſt un cabaret, & la ſeule maiſon qu'on trouve ſur le chemin de la Rochelle à Rochefort. On ne compte que deux lieues du Rocher à Rochefort, mais ces deux lieues ſont ſi grandes, qu'on peut dire que le Rocher eſt à moitié chemin de ces deux Villes.

ROCHEFORT eſt une Ville qui doit

ſa fondation à Louis XIV. qui en 1665. acheta le petit Château de Rochefort qui appartenoit à un Gentilhomme qui tenoit cette terre par engagement de Sa Majeſté. L'on traça un plan de Ville de la grandeur de Bourdeaux. L'on y marqua des emplacemens pour l'Arſenal & pour les magaſins du Roi, & l'on abandonna le reſte à des Particuliers qui offrirent de bâtir des maiſons à un denier de cens par carreau. Les rues de cette Ville ſont les plus belles qui ſe voyent en aucune de France ; & les murailles qui enferment l'enceinte, ſoûtiennent un rempart orné de deux rangs d'arbres qui ſont d'un grand ornement. *L'Arſenal* eſt le plus grand, le plus beau, le plus achevé, & le plus magnifique du Royaume. Il eſt composé d'un beau chantier de conſtruction, de trois grands baſſins ou *formes* pour les radoubs, & de très-grands magaſins où l'on trouve tout ce qui eſt néceſſaire à l'armement, & à l'équipement des vaiſſeaux. L'on voit proche la porte de *Martrou*, un grand & ſuperbe bâtiment qu'on nomme *les Caſernes*, parce qu'il avoit été bâti pour loger les Gardes de la Marine ; mais on a changé ſa deſtination ; car il ſert à loger les Compagnies franches de la Marine, leurs Officiers, & l'Inſpecteur. Le Roi a encore fait bâtir dans le plus bel endroit de la Ville un Couvent pour les Capucins. La Place publique porte le nom de ces Religieux. Elle est grande & réguliere, & entourée de maisons bien bâties, & presque toutes uniformes. *La Maison du Roi* où loge l'Intendant, est bâtie sur le bord de la riviere, & a vûe sur une belle prairie de trois ou quatre lieues d'étendue, & sur des côteaux très-agréables. Elle a dans sa dépendance des jardins fruitiers & potagers, des parterres, & une cour ornée de trois grandes allées d'arbres. L'avenue de cette maison est formée par une allée d'ormeaux qui a cent toises de long. L'Hôpital est magnifique, & dans le même allignement que le magasin des vivres. Il y a aussi un Séminaire pour les Aumôniers des vaisseaux, qui est dirigé par les Prêtres de la Mission. Le Roi ajoûta à tout cela par ses Lettres Patentes de l'an 1669. des Foires & de très-beaux privileges, entr'autres l'affranchissement des droits pour toutes les denrées qui s'y consomment. Les portes de la Ville sont gardées par les habitans qui font aussi une patrouille à cheval toute la nuit, pour empêcher les vols & les autres désordres.

La route de la poste de Paris à la Rochelle, est la même que j'ai rapportée ci-des-

ſus jusqu'à Poitiers. D'ici elle va à Vieille-Fontaine, poſte. Colombiers, p. Luſignan, p. La Villedieu du Perron, p. & demie. La Mothe S. Heraye, p. S. Maixent, p. La Villedieu du pont de Vaux, p. Niort, p. Frontenay l'abbatu, p. Mozay, p. Courſon, p. Nouaillé, p. Dampierre, p. La Rochelle, p.

Voyage de Paris à Breſt.

CE Voyage ſe peut faire par trois routes differentes; ou en ſuivant la Loire jusqu'à Nantes, ou en allant à Nantes par la Beauce, le Perche, le Maine & l'Anjou; ou en paſſant par la Normandie, & par Rennes.

Itineraire de Paris à Breſt, en ſuivant la Loire juſqu'à Nantes.

Il faut ſuivre la route que j'ai indiquée ci-deſſus depuis Paris juſqu'à Amboiſe, d'où l'on va à

Luſſaut.	2. l.
Mont-Loïs.	2. l.
Tours.	3. l.

Mont-Loïs, *Laudiacum*, eſt un Bourg fort

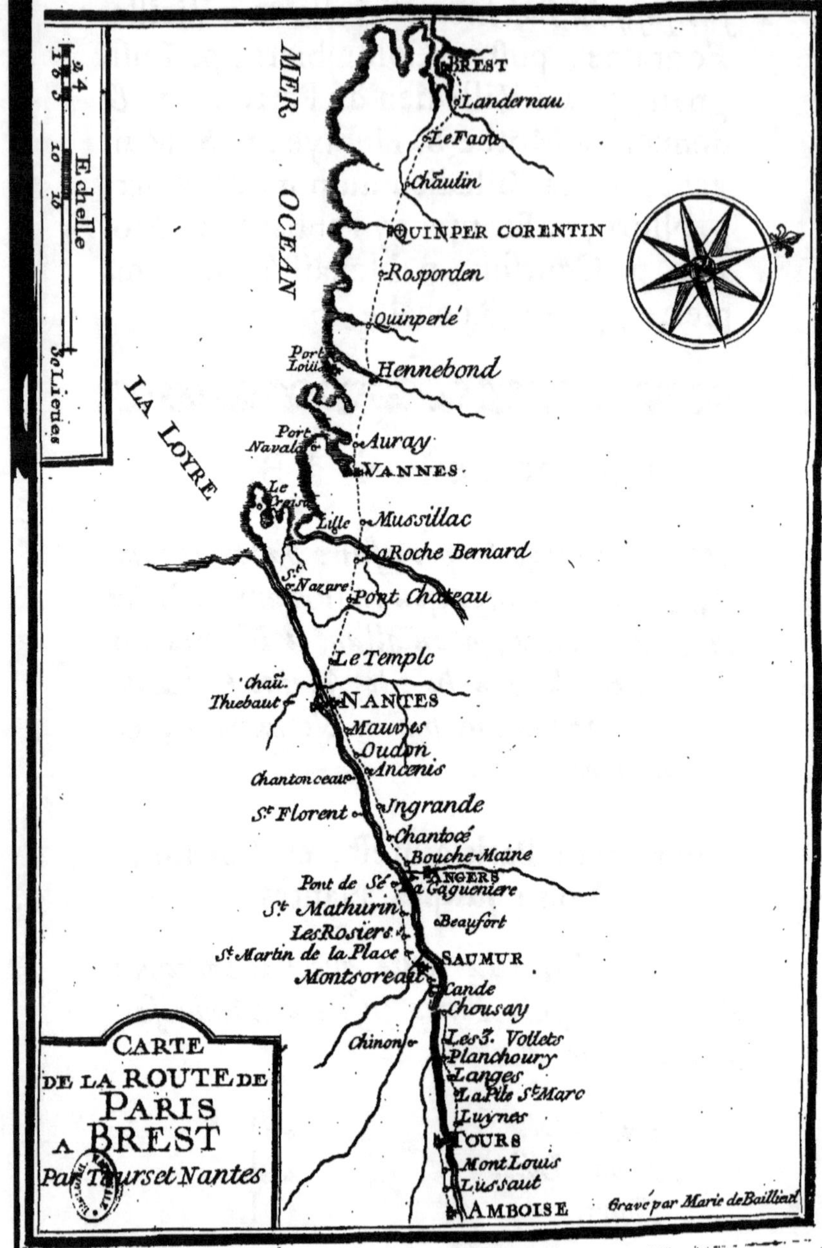
CARTE DE LA ROUTE DE PARIS A BREST Par Tours et Nantes
Echelle
30 Lieues
MER OCEAN
LA LOYRE
BREST
Landernau
Le Faou
Chaulin
QUINPER CORENTIN
Rosporden
Quinperlé
Port Louis
Hennebond
Port Navalo
Auray
VANNES
Le Croisic
Lisle
Mussillac
La Roche Bernard
St. Nazare
Pont Chateau
Le Temple
Chau. Thiebaut
NANTES
Mauves
Oudon
Chantonceau
Ancenis
St. Florent
Ingrande
Chantocé
Bouche Maine
ANGERS
Pont de Sé
La Gaguenière
St. Mathurin
Beaufort
Les Rosiers
St. Martin de la Place
SAUMUR
Montsoreau
Cande
Chousay
Chinon
Les 3. Vollets
Planchoury
Langes
La Pile St. Marc
Luynes
TOURS
Mont Louis
Lussaut
AMBOISE
Gravé par Marie de Bailliau

fort ancien entre la Loire & le Cher, & qui paroît plus propre à être habité par des taupes que par des hommes; car toutes les maisons y sont enterrées, couvertes de gazon, & ne se reconnoissent qu'aux tuyaux des cheminées.

TOURS, *Cæsarodunum*, *Turoni*, *Civitas Turonorum*, *Civitas Turonica*, *Civitas Turonûm*, *Urbs Turonica.* M. de Valois a judicieusement remarqué que le premier de ces noms latins, qui signifie *la Montagne de César*, ne convient point du tout à la Ville de Tours qui est située dans une plaine. Cette Capitale de la Province de Touraine est sur la rive gauche de la Loire, & entre cette riviere, & le Cher qui se jette dans la Loire à environ quinze mille pas au-dessous de Tours. Je ne suis pas assez crédule pour avancer avec Nicole Gilles que cette Ville a pris son nom de *Turnus* neveu de Brutus, qui l'agrandit, & la fit entourer de murailles. Tout ce que je puis dire de certain, c'est qu'elle est fort ancienne, & que du tems de César, elle avoit de grandes prérogatives sur les Citez armoriques, & sur celles du Mans & d'Angers. Elle fut établie Métropole dans l'Etat Civil, environ l'an de Jesus-Christ 380. & l'on suivit ce même ordre dans l'Etat Ecclésiastique. Elle étoit cependant pour lors de petite étendue, & ne comprenoit que ce qui est depuis la porte Hugon, jusqu'au portail des prisons. Le concours des Peuples qui venoient visiter le tombeau de S. Martin, & son Eglise qui étoit bâtie à cinq cens cinquante pas de la Ville de Tours, fut cause que plusieurs personnes s'établirent auprès de ce saint lieu, & y formerent insensiblement une petite Ville qui fut entourée de murailles l'an 903. & appellée d'abord *Martinopolis*, & dans la suite *Châteauneuf*. Ce dernier nom lui fut apparemment donné à cause du Château ou Fort, que Richard Roi d'Angleterre y fit bâtir malgré Philippe-Auguste, & qui, selon Froissard, donna lieu à la guerre sanglante que se firent ces deux Rois. Ces deux Villes si proches l'une de l'autre, se joignirent enfin par l'accroissement qu'elles prirent, & cette jonction fut approuvée par des Lettres Patentes du Roi Jean de l'an 1354. Tours est, à ce qu'on prétend, la premiere Ville du Royaume qui ait eu des privileges, & en faveur de laquelle les Rois de la premiere race * ont donné les premieres Lettres Patentes. Ce fut aussi la premiere qui envoya des Députés au Roi Henry III. après les barricades de Paris, & ce

* Greg. de Tours.

fut en cette considération que ce Prince y transfera le Parlement & les autres Cours Supérieures de Paris, l'an 1583. Pendant le séjour que ces Tribunaux firent à Tours, cette Ville s'accrut d'un tiers, & l'on y joignit les fauxbourgs par une nouvelle enceinte que l'on fit, en vertu des Lettres Patentes du Roi Henry IV. du mois d'Avril 1591. L'on entre aujourd'hui dans la Ville de Tours par douze grandes Portes, & l'on y remarque cinq fauxbourgs, qui sont ceux *de la Riche*, *de S. Eloy*, *de S. Etienne*, *de S. Pierre des Corps*, *de S. Symphorien*.

Les maisons sont bâties d'une pierre extrêmement blanche, qui leur donne beaucoup d'apparence, & sont toutes couvertes d'ardoises. Les rues y sont assez belles, & fort nettes, à cause des différens ruisseaux que forment six fontaines publiques. Une des Portes de Tours se nomme *la porte Hugon*, mais le Peuple par corruption l'appelle *la porte Fourgon*, pour dire la porte de feu *Hugon*. Hugon, selon Eginhard dans la Vie de Charlemagne, & selon quelques autres Historiens, étoit Comte de Tours. Il y a apparence que s'étant rendu redoutable par sa méchanceté, & par la férocité de ses mœurs, l'on en a fait après sa mort l'épouvantail des enfans & des femmelettes, &

le canevas de beaucoup de fables. M. de Thou, malgré sa gravité, n'a pas dédaigné d'en parler dans son Histoire *. *Cæsaroduni*, dit ce célebre Historien, *Hugo Rex celebratur, qui noctu Pomoeria Civitatis obequitare, & obvios homines pulsare, & rapere dicitur.* Ainsi on menace à Tours du Roi Hugon, comme à Paris du Moine Bouru, à Orléans du Mulet Odet, & à Blois du Loupgarou. Davila, & quelques autres Historiens ont cru que les Calvinistes ont été appellez Huguenots, parce que ceux qui furent infectez de cette hérésie dans la Ville de Tours, s'assembloient la nuit dans des caves qui étoient auprès *de la porte Hugon.*

Dans le tems que les Manufactures de Tours étoient dans leur plus grande réputation, l'on a compté dans cette Ville jusqu'à soixante mille habitans, mais ce nombre est aujourd'hui réduit à environ trente-trois mille.

Le Palais de l'Archevêque n'a rien de particulier.

L'Eglise Cathédrale a un beau portail accompagné de deux belles tours; & au milieu d'une rose très-délicate. Cette Eglise a porté longtems le nom de *S. Maurice*, mais elle l'a quitté pour prendre celui de *S. Gatien* son premier Evê-

* Liv. 14.

que. L'an 1096. on l'appelloit encore l'Eglise de *S. Maurice*. La Bibliotheque est remplie de beaux & anciens Manuscrits, parmi lesquels il y a un Pentateuque écrit en lettres majusculesqui a mille ans d'antiquité. Il y a aussi les quatre Evangiles écrits en lettres Saxoniques, qu'on croit être de douze cens ans, & avoir été écrits par S. Hilaire Evêque de Poitiers, mais M. le Brun dans son Voyage Liturgique dit que ce Manuscrit ne passe pas mille ans, & qu'il a été écrit par un certain *Holcundus*.

L'Eglise de S. Martin est une des plus grandes du Royame, mais grossiere, & obscure. Elle est flanquée du côté du nord par une grande tour appellée de Charlemagne, & du côté du midi par celle de l'horloge. L'on les voit à plus de dix lieues à la ronde. Le tombeau de saint Martin est derriere le grand Autel. Il est de marbre noir, blanc, & jaspé; fort simple, sans figure, & élevé de terre environ de trois pieds. C'est ici que nos Rois venoient autrefois prier S. Martin d'interceder pour eux, & prendre la chape ou manteau de ce Saint, qu'ils faisoient porter à la tête des armées.

L'Abbaye de Marmoutier est dans le faubourg de S. Simphorien. Elle a été fondée par S. Martin, & l'on y voit l'Autel de ce Saint bâti à côté de ſa cellule pratiquée dans le roc, & ſi petite qu'à peine un homme peut s'y tenir debout, ou être couché de ſon long, & ſi étroite qu'on n'y pourroit tout au plus mettre qu'une couchette. Dans le Tréſor de cette Abbaye on conſerve une ſainte Ampoulle qui a pour elle un témoignage bien ancien, puiſque Sulpice Severe diſciple de S. Martin dont il a écrit la Vie, rapporte que ce grand Saint ayant fait une chûte qui l'avoit mis à l'agonie, un Ange vint la nuit penſer ſes meurtriſſures avec un baûme celeſte, & que le lendemain, S. Martin fut auſſi ſain, & auſſi diſpos qu'il l'étoit avant cet accident. C'eſt avec ce baume ou huile que le Roi Henri IV. fut ſacré à Chartres le 27. Février de l'an 1594.

Le Couvent des Capucins eſt ſitué dans la plus haute élévation, & leurs terraſſes donnent ſur la Ville.

Le Quay Royal ſur la riviere, eſt le plus bel endroit de la Ville, & fort ſpacieux.

Le Château eſt près du grand pont qui eſt ſur la riviere de Loire, & ſon donjon étoit autrefois très-fort. C'eſt dans ce Château que fut mis le Duc de Guiſe, & d'où il trouva les moyens de s'évader au mois d'Août de l'an 1591.

Le Mail passe pour être le plus beau du Royaume. Il a plus de mille pas de longueur, & est orné de deux allées d'ormes de chaque côté. La Ville de Tours est si jalouse de cet ornement, que les Magistrats ont défendu d'y jouer, & de s'y promener lorsqu'il a plû, jusqu'à ce qu'il soit sec, sous peine de dix livres d'amende.

Nos Rois ont plusieurs fois convoqué les Etats à Tours. Louis XI. les y assembla l'an 1470. Charles VIII. en 1484. Louis XII. en 1506. pour le mariage de Madame Claude sa fille, avec François de Valois Duc d'Angoulesme. On a aussi assemblé plusieurs Conciles dans cette Ville. Jean le Meingre, dit Boucicaut, Marêchal de France, reçut les marques de cette dignité dans la Ville de Tours pendant que le Roi Charles VI. étoit logé dans la maison paternelle de ce Seigneur qui étoit fils d'un autre Jean le Meingre aussi Marêchal de France. Christophle Plantin fameux Imprimeur, & le P. Rapin Jesuite, étoient aussi nez à Tours.

Le Plessis-lez-Tours est une Maison Royale bâtie par le Roi Louis XI. dans un lieu appellé *les Montils*. Ce Prince en trouva le sejour si agréable, qu'il y passa une partie de sa vie, & y mourut l'an 1483. Ce Château est bâti de brique, & a de beaux appartemens pour ce tems-là. Il est situé entre un grand parc & de beaux jardins. Louis XI. fonda en ce lieu-là une Eglise Collégiale, & un Couvent de Minimes, qui est le premier que ces Religieux ayent eu en France. La situation de ce Couvent est d'autant plus belle qu'il est sur un canal de la riviere de Cher que le même Roi fit faire.

Luines.	3. l.
La Pile S. Marc.	2. l.
Langez.	1. l.
Planchouri.	2. l.
Les trois Volets.	2. l.
Choussay.	3. l.
Cande & Monsoreau.	2. l.
Saumur.	2. l.

Luines ou *Luynes* est une petite Ville qui portoit le nom de *Maillé*, lorsqu'en 1619. elle fut érigée en Duché-Pairie sous le nom de Luines, en faveur de Charles d'Albert de Luines, qui fut fait Connêtable le 22. d'Avril 1621. Il y a ici un Château assez fort, avec une grosse tour. Dans l'Eglise Collégiale sont les tombeaux des anciens Seigneurs de Maillé ; & celui du Connêtable de Luines qui mourut au Camp de Longuetille près de Monheur en Guyenne le 15. de Décembre 1621. & dont le corps fut transporté à Luines par les soins de l'Abbé Rucellay, & d'un nommé Contade. Il y a deux Paroisses dans Luines qui renferment cinq cens vingt-huit feux, & environ deux mille deux cens habitans. Il y a aussi un Couvent de Chanoinesses de S. Augustin, un autre d'Hospitalieres. L'on trouve encore en Touraine un autre Maillé qui est sur la Vienne, & que par distinction de celui-ci on nommoit *Maillé-l'Allier*.

A deux lieues de Luines l'on trouve le Château de S. Marc, & un pillier de briques si dures qu'on dit qu'il est à l'épreuve du Canon. On l'appelle *la Pile de S. Marc*, & la tradition veut que ce soit Cesar qui l'ait fait construire, de même que celle du Port de Pile sur les limites de la Touraine, & du Poitou.

Langeai, Langey, Langeis, Langez, sur la Loire, & au nord de cette riviere, est appellée par les Latins *Alingavia*, *Alingaviensis Vicus*, *Lingia*, *Langiacum*, *Langezium*. Son Château fut premierement bâti par Foulque Nerra Comte d'Anjou, mais étant tombé en ruine, il fut rétabli en l'état qu'il est aujourd'hui, par Pierre de Brosse. Ce bâtiment dans son vieux goût répond aſſez aux richeſſes immenſes de ſon reſtaurateur, qui étoit Miniſtre d'Etat ſous le Roi Philippe le Hardi. Langeai n'a qu'environ cinq cens feux, & deux mille habitans. Il y a deux Paroiſſes, dans l'une deſquelles il y a un petit Chapitre. Ce que les Voyageurs trouvent ici de plus agréable, c'eſt d'y goûter dans la ſaiſon de ces excellens melons qui font les délices des meilleures tables de Paris, & qui ſont vineux, & d'un goût exquis.

Cande, *Condate*, *Condate Turonûm*, *Condatenſis Vicus*, a pris ſon nom de ſa ſituation au confluent de la Vienne & de la Loire. Il eſt ſi près de Montſoreau, qu'il n'y a entre deux qu'un petit ruiſſeau qui vient de Fontevraud, ce qui a donné lieu au Proverbe.

Entre Cande & Montſoreau
Ne repaît brebis ne veau.

S. Martin mourut à Cande, qui eſt le plus ancien patrimoine des Archevêques de Tours. La Paroiſſe renferme environ cent feux, & quatre ou cinq cens perſonnes

Montſoreau, *Mons Sorelli*, petite Ville ſur la Loire, & ſur les limites de l'Anjou, & de la Touraine. Elle porte le titre de Comté, & ſes Seigneurs ont été des plus illustres de la Province. Ce qui paroîtra de plus singulier, c'est que l'un de ces Seigneurs nommé Gauthier de Montsoreau qui est un des fondateurs de l'Abbaye de Seuilly en Touraine, est qualifié dans les titres de cette Abbaye *Prince Très-Chrétien*, qualité si distinguée que depuis Clovis nos Rois se sont toûjours fait honneur d'en être revêtus. Cette Terre est possedée par M. du Bouchet de Sourches Grand Prevôt de l'Hôtel. La Paroisse est appellée S. Pierre de Rez, & ne contient que cent seize feux. On trouve ici une petite Collégiale dont les revenus sont fort modiques. Il y a à Montsoreau, Marché tous les Vendredis, & il s'y fait un grand commerce de bled que les Marchands y apportent du Loudunois.

SAUMUR, *Murus*, *Salvus Murus*, & par contraction *Salmurus*, *Salmurum*, *Salmurium*. Cette Ville fut d'abord appellée *Murus* à cause de la roche le long de laquelle elle est située, qui ressemble à une muraille. Saumur étoit autrefois située sur la riviere de Vienne qui entroit dans la Loire un peu au-dessous de cette Ville, & même au-dessous de S. Maur, qui est à cinq lieues de Saumur, comme le prouve fort bien M. Ménage contre M. de Valois. Ce dernier ne donne à Saumur que cinq ou six cens ans d'ancienneté, mais M. Ménage a prétendu prouver par plusieurs témoignages qu'elle existoit déja dès l'an 400. & que pour lors il n'y avoit que le Château, & la rue qui est audessus. L'an 757. le Roi Pepin pere de Charlemagne fonda à Saumur une Eglise sous l'invocation de Saint Jean-Baptiste, laquelle fut depuis achevée par Pepin Roi d'Aquitaine son petit-fils, qui y mit des reliques de S. Jean, & c'est de cette ancienne Eglise que Saumur est appellée dans quelques Chartes *Joannis Villa*. L'ancien Château de Saumur étoit nommé *Truncus*, *le Tronc*, mais il n'étoit pas dans le lieu où est celui qu'on voit aujourd'hui. Quoiqu'il y ait trois Paroisses à Saumur, il n'y a cependant qu'un seul Curé qui fait desservir ces trois Eglises par autant de Vicaires, & par plusieurs Chapelains. Outre ces Eglises on y trouve plusieurs Monasteres; mais ce qu'il y a de plus fameux c'est *Nôtre-Dame des Ardilliers*, qui est une dévotion en grande réputation dans ce pays-là. Cette Eglise est desservie par les Peres de l'Oratoire qui y ont une nombreuse Communauté. Le College Royal est aussi dirigé par les mêmes Peres. La plus belle Place de la Ville est celle du *Chardonnet*. La Ville de Saumur a été plus peuplée d'une moitié qu'elle ne l'est présentement. Il n'y reste qu'environ cinq mille cinq cens habitans. Cette grande diminution vient de la suppression du Temple, & de l'Académie ou Collége qu'y avoient les Calvinistes. Les Marchez n'y sont pas des mieux fournis de bled à cause des gros droits de minage que leve l'Abbesse de Fontevraud, qui de vingt boucauts en prend un. Les trois Foires Royales qu'on y tient ne sont pas des plus considerables, parce qu'elles ne sont point franches.

Les Voyageurs qui seront les maîtres de leur tems, peuvent aller voir à un demi quart de lieue de Saumur l'Abbaye de S. Florent qui est un Monastere de Benedictins de la Congrégation de S. Maur, dont la situation est assez belle.

S. Martin de la Place.	2. l.
Les Rosiers.	2. l.
S. Mathurin.	2. l.
La Dagueniere.	2. l.
Le Pont de Sé.	1. l.

Le Pont de Sé, *Pons Saï*, *Pons Saëii*, *Pons Seii*, *Pontes Sai*, *Pons Sagei*, *de Saïaco*. Ceux-là se trompent qui prétendent que ce pont a été bâti par ordre de Jules César, & qui veulent qu'on écrive *le Pont de Cé.* Ceux qui font venir ce nom du mot Allemand *Cée*, ne se trompent pas moins, puisque dans les anciens titres le Pont de Sé est appellé *Pons Sai*, &c. Cette petite Ville est située sur la Loire, & c'est un des plus importans passages qu'il y ait sur ce fleuve. Elle fut donnée à l'Abbaye de Fontevraud par Foulque Nerra Comte d'Anjou, & par Aramburge du Maine sa femme. Cette donation fut confirmée par Henri II. Roi d'Angleterre, & Comte d'Anjou, qui y ajoûta la Justice, & les péages. Charles Comte de Valois, & d'Anjou, & Marguerite d'Anjou Sicile, sa femme, retirerent cette Ville de l'Abbaye de Fontevraud l'an 1293. moyennant trois cens sestiers de froment, & soixante & dix livres de rente qu'ils donnerent en échange, l'Abbaye se réservant les péages. Philippe de Valois fils du Comte Charles étant parvenu à la Couronne de France en 1328. y réünit le Pont de Sé, comme faisant partie du Comté d'Anjou. Cette Ville qui renferme environ trois cens soixante-seize feux, est défendue par un Château. On dit que le pont de pierre qui est sur la Loire a mille pas de longueur. Le Pont de Sé est connu dans l'Histoire à cause de la défaite de l'armée de la Reine mere par celle du Roi Louis XIII. ſon fils en 1620.

Bouche-Maine.	1. l.
Chantocé.	4. l.
Ingrande.	1. l.
Ancenis.	4. l.
Oudon.	2. l.
Mauves.	2. l.
Nantes.	2. l.

Chantocé eſt une Baronie ſituée ſur la Loire, à main droite de cette riviere, un peu audeſſus d'Ingrande. Ce lieu étoit autrefois ſi conſiderable, que ſes anciens Seigneurs portoient le titre de *Princes de Chantocé.* Il fut donné en appanage à Gilles de Bretagne premier du nom, troiſiéme fils de Jean IV. Duc de Bretagne, & depuis à Gilles de Bretagne, II. du nom, fils de Jean V. auſſi Duc de Bretagne. Il appartenoit dans ces derniers tems au Marquis d'Avangour.

Ingrande, petite Ville & Baronie, ſituée auſſi ſur la Loire. Comme elle eſt ſur les limites de l'Anjou, & de la Bretagne, quelques-uns ont crû que le nom d'Ingrande avoit été fait du Latin *Ingreſſus Andium*; mais M. Ménage qui étoit très-verſé dans les étymologies, dit qu'il vient du Latin *Igorandis*, de même que le nom de l'Ingrande de Poitou. Il marque au même endroit que M. de Valois a oublié de parler dans sa Notice des Gaules, de la Ville d'Ingrande en Anjou. Cette petite Ville ne renferme qu'environ cent cinquante feux, cependant elle a un Grenier à sel, & Bureau des Traites Foraines. Elle releve du Roi à cause du Château d'Angers. On remarque au milieu d'Ingrande une grosse pierre qui fait la séparation de l'Anjou, & de la Bretagne.

Ancenis, *Andenesium*, sur la rive droite de la Loire, à six lieues audessus de Nantes, est une petite Ville avec titre de Marquisat, qui étoit autrefois de la Province d'Anjou, mais qui depuis assez longtems en a été distraite, pour être attribuée à la Bretagne. Cette Seigneurie a été successivement possedée par les maisons d'Ancenis, de Rochefort, de Rieux, de Lorraine Elbeuf, & de Lorraine Mercœur. Le Duc de Mercœur l'acheta du Duc d'Elbeuf en 1599. pour la somme de six cens mille livres. Aujourd'hui elle appartient à la Maison de Bethune Charrost. C'est dans la forêt qui est aux environs d'Ancenis que furent construits les vaisseaux *la Nonpareille*, *le grand Caraquon*, & *le grand Henri* : le premier sous François I. & les deux autres sous Henri II.

NANTES, *Condivicnum*, *Civitas Namnetum*, *Civitas Namnetica*, *Namnetes*, *Namneta*, eſt ſur la Loire, & ſur l'Ardre, & très-heureuſement ſituée pour le commerce ; auſſi en fait-elle un des plus conſiderables du Royaume. Quelques-uns diſent que *Namnes* Roi des Gaules la fit bâtir vers l'an du monde 2715. mais il faut être bien effronté pour l'aſſûrer, & bien bon pour le croire. Tout ce que je puis dire, c'eſt qu'elle eſt fort ancienne, & que Strabon, Céſar, Pline, & Ptolemée en font mention. Nantes eſt une aſſez grande Ville entourée de remparts qui ont des foſſez très-profonds, & quelques fortifications.

Alain, dit Barbe torte, fit bâtir le Château qui eſt ſur le bord de la riviere, & flanqué de groſſes tours rondes du côté de la Ville, & de quelques demi-lunes du côté du faubourg S. Clément.

L'Egliſe Cathédrale eſt dédiée à ſaint Pierre. L'on voit dans les Actes de S. Felix, que du tems de Conſtantin on éleva à Nantes une Egliſe compoſée de trois voûtes qui ſubſiſterent juſqu'au tems de Clotaire fils de Clovis. Pour lors Eumelius Evêque de cette Ville, jetta les fondemens d'une plus grande Egliſe, & mourut avant qu'elle fut achevée. S. Felix ſon ſucceſſeur conduiſit ce ſaint édifice jusqu'à sa perfection, & le fit benir en 568. avec beaucoup de solemnité. Cette Eglise étoit couverte d'étain, & la grande Nef étoit flanquée de deux autres nefs, & au-dessus s'élevoit une tour quarrée, terminée en dôme, & soûtenue de plusieurs arcades. La décoration intérieure étoit somptueuse; un grand nombre de colonnes, dont les chapiteaux étoient de marbre de diverses couleurs, soûtenoient cet édifice, & les Autels étoient enrichis des marbres les plus rares, de couronnes d'or, de vases d'argent, & d'autres ornemens précieux. S. Felix fit poser au milieu de l'Eglise sur une colonne de marbre un Crucifix d'argent, ceint d'un jupon d'or, enrichi de pierres précieuses, & attaché à la voûte principale par une chaîne d'argent. Tout le pavé étoit de différens marbres, & Felix avoit fait mettre sur une colonne aussi de marbre un gros rubis qui éclairoit l'Eglise pendant toute la nuit. Ce magnifique Temple fut détruit par les Normans; & après que leur fureur fut apaisée, on bâtit dans la même partie de la Ville, une nouvelle Eglise que les Ducs de Bretagne avoient résolu d'agrandir. Jean V. posa la premiere pierre de la façade que l'on voit aujourd'hui, au mois d'Avril de l'an 1434. Elle est d'une architecture gothique, flanquée au dehors par deux tours quarrées & fort hautes, qui augmentent la façade, ſur les ouvertures des grandes portes. On voit dans l'Egliſe quelques anciens tombeaux des Ducs de Bretagne, entr'autres celui de Jean VI.

Dans l'Egliſe Paroiſſiale de S. Nicolas, il y a au-deſſus du Maître-Autel une vître d'une grandeur extraordinaire, & dont la peinture mérite l'attention des Curieux. Elle eſt fort belle, & repréſente cinquante-ſix miracles de Jeſus-Chriſt. Les cinquante-ſix portraits de ce divin Maître ſe reſſemblent tous, & ſont conformes à ce qu'en ont dit quelques anciens Ecrivains.

Le tombeau de François II. Duc de Bretagne eſt dans l'Egliſe des Carmes. Ce Duc, ſes deux femmes, & deux de leurs enfans y ont été inhumez. Ce monument eſt de marbre, & eſtimé pour ſa ſculpture qui eſt de Michel Colombe.

La Maiſon de Ville eſt un bâtiment tout neuf, & aſſez bien entendu.

Il y a à Nantes Evêché, Chambre des Comptes, Préſidial, & Univerſité.

Les fauxbourgs ſont beaucoup plus grands que la Ville, & ſont au nombre de quatre, *S. Clément*, *le Marchi*, *la Foſſe*, & *Pillemil*. Celui de la Foſſe eſt près du port, & habité par de riches

Marchands. Il y a un grand *Quay* le long duquel on voit de belles maisons, & de grands magazins. C'est par ce faubourg que l'on passe pour aller à l'*Hermitage*, qui est situé sur un roc d'où l'on découvre la Ville, les fauxbourgs, & une grande étendue de pays le long de la Loire. Les Capucins qui habitent cet Hermitage, ont creusé dans le roc, & y ont pratiqué des jardins, & une fort jolie Eglise. Une partie de ce rocher est en pente, & d'un grand poli, ce qui n'empêche pas les enfans d'y danser avec beaucoup de hardiesse & d'adresse, lorsqu'on veut leur donner quelque argent, & voilà ce qu'on appelle *la Pierre Nantoise*.

Les Ponts de Nantes sur la Loire sont renommez pour leur longueur, qui est d'une petite lieue de France.

Ce fut à Nantes que le Roi Henri le Grand donna au mois d'Avril de l'an 1598. l'Edit fameux qui permettoit aux Calvinistes le libre exercice de leur Religion, & qui fut révoqué par Louis le Grand en 1685.

Jean Meschinot, Ecuyer, Sieur des Mortiers, dont le talent pour la poësie lui avoit mérité la bienveillance de la Reine Anne, étoit natif de Nantes, & étoit contemporain de Jean Marot, pere du fameux Clément Marot.

Pierre Abeillard célebre par son esprit & par ses infortunes, étoit né dans la Paroisse du *Palet*, ou *Palais*, à trois ou quatre petites lieues de Nantes.

Le fameux la Noue bras de fer étoit né dans le Pays de Raiz. La terre dont il portoit le nom, est dans la Paroisse de Fresnay.

Pour aller de Paris à Nantes par la poste, on suit jusqu'à Blois la route que j'ai raportée dans le Voyage de Paris à S. Jean de Luz., puis de Blois l'on va à Chousi, poste & demie. Veuve p. & d. Haut chantier, p. Amboise, p. Lussaut, p. Montloïs, p. Tours, p. & d. Luines, p. & d. La Pile S. Marc, p. Langeais, p. les trois Volets, p. & d. Chousé, p. & d. Sainte Catherine de l'Isle Auger, p. Saumur, p. S. Martin de la Place, p. Les Rosiers, p. S. Mathurin, p. La Dagueniere, p. Angers, p. La Roche au Breuil, p. S. George sur Loire, p. Chantocé, p. Varade, p. & d. Ancenis, p. Oudon, p. Mauves, p. Nantes, p. & d.

Le Temple.	4. l.
Pont-Château.	6. l.
La Roche-Bernard.	4. l.
Mesüillac.	3. l.
Vannes	5. l.

La Roche-Bernard est un Bourg sur la riviere de Vilaine, à quatre lieues de son embouchûre dans la mer.

VANNES, *Dariorigum*, *Civitas Venetûm*, *Civitas Venetica*, Ville Episcopale qui remonte son ancienneté jusqu'aux premiers Gaulois. Nous pensons bien différemment M. Corneille & moi sur cette Ville, il dit que *César y demeura lorsqu'il fit ancrer son armée pour la commodité de son port.* César parle à la vérité du Pays des Venetes, vante leur puissance sur mer, & leur habileté dans la navigation, mais il ne dit pas un seul mot de leur Ville. Ce qui a trompé M. Corneille, c'est d'avoir pris le mot de *Civitas* dont César s'est servi, pour celui de *Ville*, au lieu que *Civitas* dans les Ecrits de ce grand Capitaine, signifie toujours un *Etat*, une *Contrée*, un *Pays*, un *Canton*, & jamais une *Ville.* Ce que le même Auteur ajoûte n'est pas mieux fondé. Les Latins, dit-il, l'ont nommée *Venetiæ*, à cause de plusieurs petites Isles qui sont devant, & qui ont quelque ressemblance avec celles sur lesquelles la Ville de Venise a été bâtie. Bien loin que Vannes ait pris son nom de la Ville de Venise, quelques anciens Géographes ont cru que cette derniere Ville avoit pris son nom des Venetes, Strabon l'a dit aussi, mais il ajoûte en même tems qu'*il ne donnoit pas cela pour certain, mais que dans ces matieres il falloit se contenter de la probabilité.*

Vannes est à vingt-deux lieues de Nantes, & à deux de la mer qui y a son flux & reflux par un canal dit Morbihan, & qui est une baye assez grande. La Ville est petite, & entre le grand faubourg du Marché, & celui de S. Paterne. Le premier est plus grand que la Ville même, de laquelle il est séparé par les murailles & par un grand fossé. On voit dans ce faubourg plusieurs Eglises & Couvens. Le College des Jesuites est beau, & l'Eglise dédiée à S. Joseph. Il y a aussi un assez beau Mail dans ce faubourg. Le grand Hôpital & le Couvent des Dominiquains sont dans le faubourg de S. Paterne, qui est séparé de la Ville par la riviere qui coule dans les fossez, jusqu'à ce qu'étant proche du Château de *l'Hermine*, elle y entre. Ce Château que l'Auteur du Voyage de France, imprimé chez Saugrain, appelle mal-à-propos *du Lys*, est presque abandonné, cependant son donjon, & quelques grosses tours qui restent, font connoître qu'il étoit assez fort. Le Couvent des Ursulines est magnifique. Au reste la Ville de Vannes n'est composée que de petites rues étroites, à la réserve de celle qui va de la porte de la mer, à la Maison de Ville ; & de celle qui conduit à l'Eglise Cathédrale. Cette Ville fut érigée en Comté par ses anciens Souverains, & réünie à leur domaine par Alain le Grand. Aujourd'hui l'Evêque est en partie Seigneur de Vannes.

Auray.	3. l.
Hennebon.	6. l.
Quimperlé.	5. l.
Respourden.	5. l.
Quimpercorentin.	4. l.
Châteaulin.	5. l.
Le Fou.	4. l.
Landernau.	4. l.
Brest.	4. l.

On fait la route ci-dessus lorsqu'on peut disposer de sa voiture, & qu'on craint la mer. Autrement on va de Quimper à Locornan qui en est à trois lieues, & de Locornan à Lanvau qui en est à cinq, & ici l'on s'embarque pour traverser la rade qui n'a que trois lieues de trajet qu'on fait en cinq quarts d'heure lorsque le vent est favorable. L'on trouve toujours à Lanvau des bateaux tout prêts pour ce trajet.

Auray est une petite Ville, & un petit port

port de mer, où il n'y a, à proprement parler, qu'une belle rue, & un grand quay. Elle est connue par son commerce, & par la bataille qui s'y donna le 24. de Septembre de l'an 1364. entre Jean Comte de Montfort, & Charles de Blois. Jean IV. Duc de Bretagne, fonda une Chapelle dédiée à S. Michel, dans le champ où s'étoit donnée cette bataille, & le Duc François II. pria le Pape Sixte IV. de changer cette Eglise Collégiale en un Couvent de Chartreux, ce qui fut fait le 21. d'Octobre 1480. & ce Monastere est aujourd'hui une des belles maisons de cet Ordre.

Hennebon est une petite Ville sur la riviere de Blavet, à deux lieues de son embouchûre dans la mer. On la divise en Ville neuve, Ville murée, & Ville vieille. L'Eglise de Nôtre-Dame du Chef est Paroissiale, & ornée d'un assez beau clocher de pierre. On trouve dans cette Ville des Marchands fort riches, & des gens de condition de très-bonne compagnie.

Quimperlé est une petite Ville située entre des montagnes dans une Presqu'Isle formée par la jonction de deux petites rivieres nommées *Isole* & *Elle*, qui font ici un port capable de recevoir les plus grosses barques, parce qu'il n'est éloigné de la pleine mer que d'une lieue, & qu'il y a un reflux de plus de six pieds. Le quay est bordé de plusieurs beaux magazins. Les Eglises les plus remarquables sont celle de l'Abbaye de Sainte Croix; celle de S. Sauveur qui est sur la grande Place, & celle de Nôtre-Dame. Au reste cette petite Ville est très-peuplée.

QUIMPERCORENTIN, *Civitas Curiosolitûm*, est une jolie Ville située au confluent de l'Oder, & d'une autre petite riviere nommée Benaudet. Le nom qu'elle porte aujourd'hui, vient de ses murailles; car *Quimper* en Breton signifie *entouré de murailles*, & de Corentin son premier Evêque. L'Eglise Cathédrale est une des plus grandes de la Province. Les Jésuites ont dans cette Ville un beau College, & l'Evêque un assez beau Palais. Ce dernier est Seigneur de la Ville. Le Pere Jean Hardouin, Jésuite d'un esprit & d'un sçavoir qui font honneur à nôtre siecle, est né à Quimper.

Landernau est le chef-lieu de la Baronie de Léon. Cette Ville se sert avec avantage de la riviere qui l'arrose, & qui va se rendre dans la rade de Brest. La Baronie de Léon est une des plus anciennes & des plus distinguées de Bretagne. Elle donne à celui qui la possede, le droit de présider à l'Ordre de la Noblesse, alternativement avec le Baron de Vitré.

Les Voyageurs qui auront du tems, pourront s'arrêter à Plougastel entre Landernau & Brest, & voir dans l'Hôtellerie de ce lieu, un puits dont l'eau monte quand la mer qui est fort proche, descend, & au contraire descend quand la mer monte. L'on voit une explication de ce phenomene dans l'Histoire de l'Académie Royale des Sciences, année mil sept cens dix-sept, page 9.

BREST, *Brivates portus*, un des plus beaux ports de mer qu'il y ait au monde. Cette Ville est petite, & ses rues sont étroites. Le Château est sur un rocher escarpé du côté de la mer, & qui du côté de la terre est défendu par un large fossé, & par quelques fortifications.

Quelque petite que soit cette Ville, elle l'étoit encore davantage avant l'an 1686. car cette année-là on résolut de l'agrandir, & l'on commença à exécuter ce dessein.

L'Eglise de Nôtre-Dame étoit la seule Paroisse qu'il y eut dans Brest, & comme elle fut comprise, lors de l'agrandissement de la Ville, dans les fortifications du Château, les habitans furent obligez de se réduire à l'Eglise succursale des *sept Saints*, laquelle se trouvant trop petite pour un Peuple aussi nombreux, ils en demanderent une plus grande ; & il fut arrêté que les habitans contribueroient soixante & quinze mille livres, & le Roi vingt-cinq mille livres, pour être ces deux sommes employées aux bâtimens de l'Eglise Paroissiale. Les besoins de l'Etat empêcherent que les vingt-cinq mille livres promises par le Roi, ne fussent fournies ; & pour y suppléer, Sa Majesté permit aux habitans de Brest par ses Lettres Patentes du 26. Fevrier 1686. de lever un droit d'entrée de huit livres sur chaque tonneau de vin, & de quatre livres sur chaque tonneau de cidre ou de bierre. C'est avec le secours de cette imposition que les habitans ont fait bâtir une fort belle Eglise sous l'invocation de S. Louis, & qui a coûté plus de trois cens mille livres.

Les Jésuites ont ici une fort belle maison, & un beau jardin. C'est un Séminaire où ces Peres entretiennent un certain nombre d'Ecclésiastiques toujours prêts à s'embarquer sur les vaisseaux pour y servir d'Aumôniers. Ce Séminaire avoit été d'abord établi dans l'Eglise Collégiale de Falgouet, mais il fut ensuite transferé à Brest pour être plus à portée de fournir des Aumôniers aux armemens qui s'y font.

Les Carmes Déchaussez ont ici un

Couvent qui est situé fort près du Château. Le port est entre la Ville, & le faubourg de Recouvrance qui est aussi grand que la moitié de la Ville.

Une tour qui est à l'opposite du Château, défend de ce côté-là l'entrée du port. L'Eglise de Nôtre-Dame de Recouvrance est belle, & toujours fort frequentée. Le port est revêtu de deux beaux quais, & entouré de magazins où l'on trouve tout ce qui est necessaire pour les armemens. La rade est magnifique, & capable de contenir cinq cens vaisseaux de guerre : mais l'entrée en est difficile à cause des roches cachées sous l'eau, & que d'ailleurs elle est fort étroite; ce qui lui a fait donner le nom de *Goulet*

Brest est dans le Diocese de S. Paul de Leon. Les rues de cette Ville sont étroites, & mal tournées. Son assiéte sur une colline qui ne lui permet pas de s'étendre le long de la mer, est cause qu'elles vont toutes en descendant. La grande rue, & celle de *Siam* sous les plus belles.

Je dois avertir ici les Voyageurs que la distance des lieux qu'on trouve depuis Nantes jusqu'à Brest, est très-infidelement marquée dans le Voyage de France qui fut imprimé chez Saugrain en 1720. *On n'y compte que deux lieues de Nantes à Pontchâteau, quoiqu'il y en ait dix grandes. Deux lieues de Pontchâteau à la Roche-Bernard, & deux lieues de la Roche-Bernard à Vannes: ainsi selon cet habile Geographe il n'y a que six lieues de Nantes à Vannes, au lieu qu'il y en a vingt-deux.*

✱✱✱✱✱✱✱✱✱✱:✱✱✱✱✱✱✱✱✱✱✱

Voyage de Paris à Nantes, en passant par le Perche, le Maine, & l'Anjou.

EN partant de Paris pour aller à Chartres, on peut passer par Versailles, ou par le Bourg-la-Reine, mais ces deux routes s'unissent à Bonelle, ou à Chartes, & de là à Nantes; c'est toujours le même chemin. Voici l'un & l'autre de ces Itineraires.

Le Bourg-la-Reine.	2. l.	*Versailles.*	4. l.
Antoni.	1. l.	*Trapes.*	1. l.
Palaiseau.	1. l.	*Cogneres.*	2. l.
Bonelle.	4. l.	*Les Essarts.*	1. l.
S. Arnou.	2. l.	*Fargis.*	1. l.
Le Gué de Loré.	4. l.	*Le Peré.*	1. l.
Chartres.	6. l.	*Rambouillet.*	1. l.
		Maintenon.	5. l.
		Chartres.	4. l.

Palaiseau est un Bourg qui a pris son nom d'une petite Maison Royale qu'il y

T.1. page 102.

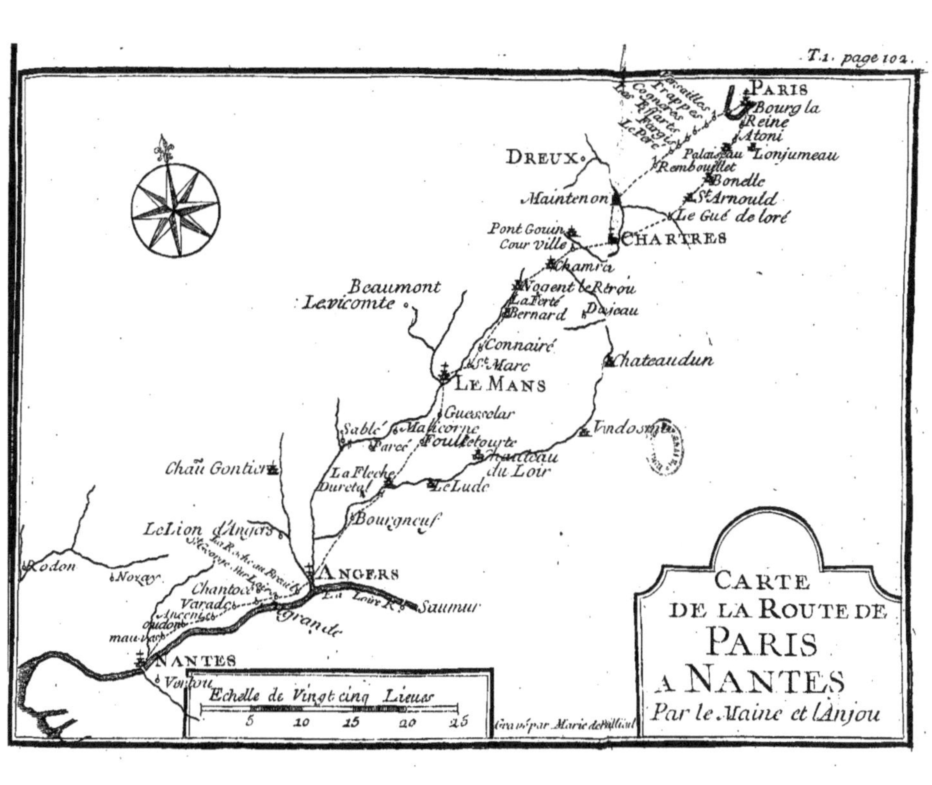
CARTE
DE LA ROUTE DE
PARIS
A NANTES
Par le Maine et l'Anjou
PARIS
Bourg la Reine
Palaiseau
Lonjumeau
Bonelle
St. Arnould
Le Gué de loré
DREUX
Maintenon
Pont Gouin
Cour Ville
CHARTRES
Chamra
Nogent le Rotrou
La Ferté Bernard
Beaumont Levicomte
Connairé
St. Marc
LE MANS
Chateaudun
Guesselar
Sablé
Malicorne
Parcé
Foulletourte
Vendosme
Chau Gontier
La Fleche
Duretal
Le Lude
du Loir
Bourgneuf
Le Lion d'Angers
Rodon
ANGERS
Saumur
Chantocé
Varades
NANTES
Echelle de Vingt cinq Lieues
5
10
15
20
25

avoit autrefois, *Palatiolum*. Nous trouvons dans l'Histoire que S. Vandregesile Abbé, alla trouver le Roi Clothaire à Palaiseau où il demeuroit. Ce Bourg a aujourd'hui le titre de Marquisat, & a passé de la Maison d'Harville dans celle d'Arnaud Pomponne par le mariage de N. d'Harville Palaiseau avec Nicolas Simon Arnaud Marquis de Pomponne.

S. Arnou. Il y a eu plusieurs saints de ce nom, mais celui qui l'a donné à ce lieu-cy, étoit un homme marié qui fut tué au sixiéme siécle dans la forêt d'*Jveline*, & que sa femme *sainte Scariberge* inhuma elle même. On fait la Fête de ce saint le 18. Juillet. Au reste il ne faut pas confondre ce saint avec *saint Arnold*, Joueur de violon, qui étoit d'*Arnsviler* près de Duren au pays de Juliers, dont la Fête tombe aussi le 18. de Juillet.

RAMBOUILLET, *Rumbelittum*, *Ramboletum*, *Rambolietum*, *Rambolettum*, *Rambuletum*, en Hurepois, est un Château superbe qui appartient à S. A. S. Monseigneur le Duc de Penthiévre Amiral de France. Je vais dire un mot du Village avant que de faire la description de cette magnifique maison. Le Village n'a qu'une rue, une Eglise & un beau Marché. Le chenil & la maison du Bailli sont des bâtimens neufs que S. A. S.

Monſeigneur le Comte de Toulouſe a fait bâtir.

La ſituation du Château eſt aſſez triſte, il eſt dans un fond au milieu des eaux & des bois. On y arrive par une fort longue avenue qui eſt en face du Château. A gauche regne un bâtiment neuf de cent vingt toiſes de long, & qui eſt décoré de trois avantcorps. C'eſt dans ce bâtiment que ſont la Capitainerie, les cuiſines, les offices, & les écuries. Au deſſus il y a cinquante-quatre appartemens de Maîtres tous également bien meublez, & commodes.

La principale des écuries eſt pour cent deux chevaux, & eſt ornée de deux cens quatre têtes de cerfs, ſculptées avec ſoin, & coloriées par des Portes. Les bois ſont naturels.

Le Château eſt un bâtiment à l'antique, tout de brique, & flanqué de cinq groſſes tours. La cour en eſt petite & fermée du côté de l'avenue par une très-belle grille de fer. L'appartement du Roi eſt grand, commode, & magnifiquement meublé. La premiere piece dont il eſt composé eſt une grande ſalle de cinquante pieds de long ſur environ trente de large. Cette piece eſt toute lambriſſée, & ornée des portraits de Louis XIV. de Monſeigneur le Dauphin, de

M. le Dauphin ſon petit-fils, de Madame la Dauphine morte en 1712, du Roi d'Eſpagne & de feue la Reine d'Eſpagne. Une grande carte du Duché de Rambouillet peinte ſur toile, & ornée d'une belle bordure, occupe un eſpace de vingt-ſept pieds de long, ſur douze de large. C'eſt un morceau magnifique dans ſon genre, & qui a coûté dix mille écus. Les autres appartemens au nombre de vingt-deux, ſont tous différemment meublez & ne ſe reſſemblent que par la propreté & la richeſſe des meubles. Les appartemens bas ſont au rez-de-chauſſée du jardin, & tous auſſi-bien éclairez que ceux d'en-haut. Il y a une grande ſalle à manger qui eſt toute incruſtée de marbre, & qui ſeroit une piece parfaite ſi elle n'étoit un peu baſſe. En face du Château du côté des jardins, eſt une grande piece d'eau de 180. toiſes de long qui en cet endroit communique avec un beau canal qui regne tout le long du jardin, & qui ſans compter le retour qu'il a du côté de la futaye & du côté de l'abrevoir, a environ 380. toiſes de long, ſur vingt de large.

Le jardin eſt fort grand, & eſt pour ainſi dire partagé en deux par le Château. D'un côté c'eſt un ſpacieux quinconce de tilleuls nouvellement plantez, & de l'autre ce ſont pluſieurs compartimens de gazons & de fleurs, &c. parmi leſquels il y a une grande & belle piece d'eau. Le jardin de ce même côté, eſt bordé par deux longues allées de tilleuls. Depuis quelques années Son Alteſſe a fait faire une magnifique piece d'eau entre ce jardin & le grand chemin de Chartres. Elle a quatre-vingt-dix toiſes de long ſur quarante cinq de l'arge.

Le Parc contient deux mille quatre cens arpens, en y comprenant les agrandiſſemens que le Prince y a fait faire en 1712. & 1713.

La foret, ou les bois qui appartiennent à Son Alteſſe Sereniſſime, conſiſtent en trente mille arpens, dans leſquels on a tracé plus de trois cens lieues de routes pour le plaiſir de la chaſſe.

Le Marquiſat de Rambouillet paſſa de la Maiſon d'Angennes dans celle de Sainte Maure Montauzier; de celle-ci dans celle d'Uzès. Elle fut enſuite vendue à M. d'Armenonville, qui la vendit à S. A. S. Monſeigneur le Comte de Toulouſe. Juſqu'alors ce n'étoit qu'une Terre d'environ dix mille livres de rente; mais le grand Prince à qui elle appartient a fait depuis de ſi grandes acquiſitions, que cette Terre a aujourd'hui trente ou trente-cinq lieues de pourtour, & rapporte plus de trois cens mille livres de rente. Au reste elle a été érigée en Duché-Pairie l'an 1711. Les Historiens nous apprennent que François Premier mourut dans le Château de Rambouillet, & que son cœur fut porté dans l'Eglise des Religieuses de haute Bruyere où il est sous un pillier de marbre.

La forêt & le Château de S. Leger sont aujourd'hui de la dépendance du Duché & de la Terre de Rambouillet, depuis que S. A. S. Monseigneur le Comte de Toulouse a acquis la forêt de Montfort, que Sa Majesté avoit donnée au dernier Duc de Chevreuse en échange du Duché, & de la petite Ville de ce nom, l'an mil six cens quatre-vingt douze.

MAINTENON, *Mesteno*, de ce mot latin l'on a fait *Mestenon*, & enfin *Maintenon*. Cette petite Ville qui ne renferme qu'environ deux cens maisons, est à quatorze lieues de Paris, & à quatre de Chartres, & est située sur la riviere d'Eure dans une vallée très-fertile. La plus ancienne Eglise de cette petite Ville est le Prieuré de sainte Marie qui fut fondé vers l'an 900. par les Seigneurs de Maintenon pour des Moines Bénédictins qu'ils y firent venir de Marmoutier. Il paroît par des titres que dès l'an 1500. les calamitez publiques ausquelles se joignit selon la tradition un incendie considérable qui en détruisit les bâtimens, obligerent les Moines qui l'occupoient de se retirer; & comme ils n'ont pas jugé à propos d'y revenir depuis, ce n'est aujourd'hui qu'un Prieuré Commendataire qui est à la nomination de l'Abbé de Marmoutier. L'Eglise de S. Nicolas fut fondée par les anciens Seigneurs de Maintenon pour servir de Paroisse au Château; mais la modicité du revenu l'ayant fait abandonner, Jean Cottereau Seigneur Baron de Maintenon, & qui avoit été à la tête de la Finance sous Louis XII. fit reparer cette Eglise comme on la voit à présent, & y mit des Chanoines. Les Lettres de fondation & dotation sont du mois de Fevrier 1521. & ont été confirmées par le Pape Clement VII. le 9. de Novembre 1526. Ce Chapitre est composé de six Chanoines qui ont un Doyen à leur tête qui est Curé du Château, & des maisons qui sont aux environs. L'Eglise de S. Pierre est la principale Paroisse de cette Ville. Elle est assez belle, & a été bâtie pendant les travaux que Louis XIV. y fit faire en 1687. La place où se tient le marché est belle, & a des halles bâties sur le modele de celles de Paris. Cette place sert aussi d'avenue au Château qui n'est conſiderable que par ſon antiquité. L'on ne trouve rien des anciens Seigneurs de cette Ville juſques à Jean Cottereau, dont j'ai parlé, qui aquit cette Terre, comme il paroît par le titre de fondation du Chapitre de S. Nicolas. Ce Miniſtre avoit épouſé Marie Turine de Blois, & géra les Finances avec beaucoup de fidelité ſous les Rois Louis XI. Charles VIII. Louis XII. & François I. deſquels il fut fort aimé & eſtimé, ſurtout de Louis XII. pour lequel il avoit eu un attachement particulier dès le tems même qu'il n'étoit que Duc d'Orléans. Marot dans ſon Livre intitulé *le Cimetiere*, fait l'éloge de ce Miniſtre qu'il dit avoir été *trop honnête homme pour un Financier.* Après la mort de Louis XII. Cottereau ſe retira dans ſon Château de Maintenon qu'il fit rebâtir dans la forme où l'on le voit préſentement, à quelques changemens près, qui ont été faits depuis, pour la régularité des dedans. Il ne laiſſa que des filles, par le mariage de l'une deſquelles la Terre de Maintenon paſſa dans la Maiſon d'Angennes, où elle eſt demeurée juſqu'en mil ſix cens ſoixante & quinze, qu'elle fut achetée par Françoiſe d'Aubigné ſi fameuſe ſous le Regne de Louis XIV. en 1690. Cette Terre fut augmentée de celles de S. Piat, Grongneul, &c.

& fut érigée en Marquisat Pairie relevant directement au Parlement. Après la mort de Françoise d'Aubigné, le Marquisat de Maintenon a passé dans la Maison de Noailles, à cause de Françoise d'Aubigné niéce de feue Madame de Maintenon, laquelle épousa le premier d'Avril 1698. Adrien Maurice, aujourd'hui Duc de Noailles.

CHARTRES *Autricum*, *Civitas Carnutûm*; M. de Valois croit qu'on lui a donné le nom d'*Autricum*, de la riviere d'*Eure* sur laquelle elle est située, & que les Latins nomment *Autura*. La Ville de Chartres est une des plus anciennes du Royaume; & si l'on en croit la tradition du pays, elle remonte son antiquité jusques dans des tems fort voisins du déluge. Elle est séparée en deux par la riviere d'Eure. La plus considerable est élevée sur une colline, & ses rues sont fort étroites, ce qui marque son ancienneté. La Tour du Roi sert de Palais pour rendre la Justice. Les Halles sont la plus belle Place qu'il y ait à Chartres. Cette Ville a neuf portes dont il y en a trois de murées. Elles ont toutes sur le haut l'Image de Nôtre-Dame, ancienne Patrone de la Ville. Si l'on pouvoit ajoûter foi à la tradition, l'antiquité de l'Eglise Cathédrale, qui est sous l'invocation de la

Vierge, ne seroit gueres moins reculée que celle de la Ville, puisqu'elle veut que ce fut autrefois un Temple des Druides, dédié à la Vierge, qui devoit enfanter, *Virgini paritura.* Ce qu'il y a de certain c'est que cette Eglise fut consumée par le feu du Ciel l'an 1020. & qu'elle fut rétablie aussitôt sur les anciens fondemens en l'état qu'on la voit aujourd'hui, par les soins de Fulbert qui en étoit pour lors Evêque. D'autres disent que ce fut par Yves de Chartres qui la fit faire de pierre, au lieu qu'elle n'étoit auparavant que de bois : *Ex lignea lapideam, ex vili reddidit pretiosam.* Aujourd'hui son Chœur, son Eglise souterraine, & ses deux clochers, la rendent une des plus belles du Royaume. Au pourtour du Chœur on voit tous les mysteres de la Vie de J. C. sculptez en pierre, que les connoisseurs regardent comme un ouvrage parfait. Le Séminaire est un assez beau bâtiment qui a été élevé sous l'Episcopat de M. de Neuville-Villeroi. Il est sous la direction de Messieurs de la Mission, & on y observe une discipline fort réguliere. Il y a à Chartres plusieurs Paroisses, plusieurs Maisons Religieuses, un Hôpital général établi en 1556. & la Maison de six vingts Aveugles fondée en 1294. par Renaud Barbou, Bailli de Rouen.

A une lieue de Chartres dans la Paroisse de *Sours*, il y a un Hameau nommé *Bretigni*, qui est fameux dans nôtre Histoire par le Traité de paix qui y fut conclu l'an 1360.

Courville.	4. l.
Champrond.	3. l.
Nogent-le-Rotrou.	6. l.
La Ferté-Bernard.	4. l.
Connairé.	1. l.
S. Marc.	2. l.
Le Mans.	3. l.
Guesselard.	3. l.
Foulletourte.	3. l.
La Fleche.	4. l.
Durtal.	2. l.
Bourneuf.	3. l.
Angers.	4. l.
Chantocé.	3. l.
Ingrande.	3. l.
Ancenis.	4. l.
Oudon.	2. l.
Mauves.	2. l.
Nantes.	3. l.

Nogent-le-Rotrou, *Novigentum Rotroci*, n'est qu'un Bourg, mais si grand & si peuplé, qu'il est plus considerable que Mortagne. Il est situé sur la riviere d'Huine, & a pris son surnom de Rotrou Comte du Perche qui en étoit le Seigneur, & peut-être le Fondateur. Louis XIV. l'érigea en Duché-Pairie l'an 1651. en faveur de François de Bethune, qui obtint un Arrêt qui ordonne que le surnom de *Rotrou* soit supprimé, & qu'à l'avenir on appelle ce Bourg *Nogent-le-Bethune*. Ce nouvel usage n'a été observé que dans les Actes judiciaires; car par tout ailleurs le Public s'est obstiné à dire toujours *Nogent-le-Rotrou*. Au reste cette Seigneurie étoit auparavant son érection en Duché, une Baronie qui fut acquise par Maximilien de Bethune Duc de Sully, par échange avec le Prince de Condé. Il la laissa avec clause de substitution à la branche de Bethune Orval, qui la possede encore. La Terre de Montigny y est jointe. Il y a cent Fiefs qui relevent de l'une & de l'autre, & plus de quarante Justices.

LE MANS, *Suindinum*, *Subdinnum*, *Civitas Cenomannorum*, *Civitas Cenomanorum*, *&c.* est une Ville Episcopale, & la Capitale de la Province du Maine. Sans adopter les fables que quelques Ecrivains ont débitées sur ses fondateurs, on peut assûrer qu'elle est fort ancienne. Sa situation est au Nord-ouest sur une colline qui s'éleve au dessus de la riviere de Sarte à main gauche. Le Mans passoit du tems de Charlemagne, pour une des plus grandes & des plus riches Villes du Royaume; mais les courses des Normans dans le neuviéme siecle, les guerres des Comtes d'Anjou & des Ducs de Normandie dans le douziéme, & les incendies qu'elle a soufferts en divers tems, l'ont beaucoup diminuée. Guillaume le Conquerant, Duc de Normandie & Roi d'Angleterre, y fit bâtir un Château qui fut démoli en 1617. par le Comte d'Auvergne, en consequence des ordres du Roi, qui appréhendoit que les Princes mécontens ne s'en rendissent les maîtres. Sans entrer dans les sieges, & les malheurs que cette Ville a essuyez presque dans chaque siecle, on sçait qu'elle embrassa le parti de la ligue sous Henri III. & Henri IV. Le Maréchal de Boisdauphin à la tête de cent Gentilshommes, & de vingt Compagnies d'Infanterie, se jetta dedans pour la défendre; mais après avoir employé vingt-cinq mille écus en fortifications aux dépens des habitans, après avoir brûlé pour cent mille écus de maisons, & ruiné le plat pays pour plus de six cens mille livres, il fut obligé de rendre la Ville par composition au Roi Henri IV. le 2. de Décembre 1589. Il y a dans cette Ville & dans ses fauxbourgs seize ou dix-sept

Paroisses, qui renferment trois mille deux cens feux, & environ quatorze ou quinze mille ames.

L'Eglise Cathédrale fut d'abord sous l'invocation de la Vierge, puis de S. Gervais, & en 1201. de *S. Julien*. On remarque à l'entrée une horloge d'une invention merveilleuse, que le Cardinal Philippe de Luxembourg fit faire pendant son Episcopat. On remarque aussi dans la même Eglise un monument plus instructif. C'est l'épitaphe en cuivre émaillé de Geoffroy le Bel Comte du Maine, fils de Foulques Comte d'Anjou & du Maine, qui mourut le 7. de Septembre de l'an 1150. Outre cette épitaphe, on remarque aussi dans la même Eglise, à droite, près le mur du Chœur, en dehors, un tombeau de marbre, & d'une architecture de très-bon goût. C'est le mausolée de Charles d'Anjou Comte du Maine, qui mourut le 10. d'Avril de l'an 1472.

Les Prêtres de l'Oratoire ont le College de cette Ville, qui fut fondé en 1624. au mois de Novembre.

Outre le Clergé, la Ville du Mans ne manque pas de Communautés Religieuses, parmi lesquelles les Abbayes de S. Vincent & de la Couture, l'une & l'autre de l'Ordre de S. Benoît, tiennent le premier rang. Pierre Bellon, Docteur en Medecine; François Grudé connu sous le nom de *la Croix du Maine*; Marin Mersenne, Marin Cureau de la Chambre, Medecin, & un des Quarante de l'Académie Françoise; & Bernard Lamy, Prêtre de l'Oratoire, étoient nez dans cette Ville.

LA FLECHE, *Flecchia Castrum*, *Fisca*, *Fixa*, *Castrum Fissa*, *Castrum Fissa*, *Flexia*, sur le Loir, est une Ville fort agréable, située aux extrémités de l'Anjou vers le Maine, dans un grand & agréable vallon dont les côteaux sont couverts de vignes & de bocages. Il n'y a qu'une seule Paroisse dans cette Ville, qui est desservie par un Curé, un Vicaire, douze Habitués, & autant de Chantres. On compte dans la Fleche environ six mille habitans. Cette Ville est redevable au Roi Henri IV. de la consideration où elle est à présent C'est ce grand Prince qui y établit le Présidial, la Marêchaussée, & qui y fonda un magnifique College de Jésuites en 1603.

Il y avoit un ancien Château au milieu du pont, dans une petite Isle de la riviere, bâti par les anciens Seigneurs de la Fleche. Ce Château qui avoit soûtenu des sieges de six mois, est à présent démoli, & les Carmes ont bâti leur Couvent sur ses ruines. Françoise d'Alençon, femme de Charles I. Duc de Vendôme, & ayeule du Roi Henri le Grand, fit bâtir l'an 1540. un autre Château, de l'autre côté de la Ville, qui fut appellé *le Château neuf*, lequel fait aujourd'hui la face de la grand-cour, & un des corps de logis du College. On voit encore sur les vitraux de l'étage qui est au rez de chaussée, les armes de cette Duchesse, celles de François de Bourbon Comte de Vendôme, & de Marie de Luxembourg sa femme, pere & mere dudit Charles; celles de René Duc d'Alençon, & de Marguerite de Lorraine, pere & mere de la Duchesse Françoise; & celles de Jean Duc d'Alençon son ayeul, & de Marie d'Armagnac sa grand-mere.

Le Château du feu Marquis de la Varane est un des plus beaux ornemens de la Fleche. Henri IV. le fit bâtir pour Guillaume Fouquet de la Varane, son favori, qui étoit né dans cette Ville. C'est dans son espece la plus belle maison de Particulier qu'il y ait dans aucune Ville de France. Elle est bien bâtie, & accompagnée d'eaux, de jardins, de prairies, & d'un très-beau mail. Le Château & les jardins sont entourez de quatre grands canaux très-larges, dans lesquels coule la riviere du Loir. Les meubles répondoient à la magnificence de la maiſon, & étoient dignes du Roi Henri le Grand qui les donna. On y admiroit ſur tout un magnifique ſervice de vermeil doré, cizelé en perfection ; & une tapiſſerie qui repréſente l'hiſtoire de Joſeph, & eſt admirable pour le deſſein & la vivacité des couleurs. J'ai vû auſſi, dans un cabinet, les armes qu'avoit Henri le Grand à la journée de Fontaine Françoiſe.

Le College Royal de la Fleche a été fondé & donné aux Jéſuites par le Roi Henri le Grand en l'année 1603. par Lettres expédiées à Rouen au mois de Septembre. Il donna pour cet établiſſement ſon Château neuf, avec ſon jardin & ſon parc ; mais pour faire les corps de logis tels qu'ils ſont aujourd'hui, il falut acheter plus de trente maiſons & jardins. C'étoit la même où le Préſidial tenoit ſes ſéances, & ce bâtiment ne fait que la face de la cour Royale ; tout le reſte a été ajoûté par la libéralité de l'auguſte Fondateur, ſecondée par celle du Roi ſon ſucceſſeur, & des épargnes de la Maiſon.

On y voit trois grandes cours bordées de trois grands quarrés de corps de logis avec deux grandes baſſes-cours, & tout cela de ſuite & de plain pied. Il y a un canal d'eau vive qui vient de la riviere du Loir, & qui coule tout le long des bâtimens du côté du jardin.

La premiere cour que l'on trouve en entrant, est pour les Peres ; la seconde pour les classes, & la troisiéme pour les Pensionnaires.

L'Eglise de ce College est grande & belle. L'on y voit les cœurs du Roi Henri le Grand, & de la Reine Marie de Medicis sa femme. Ces deux dépôts sont tous les ans honorez le 4e jour du mois de Juin, par un Anniversaire solemnel, où l'on fait un panegyrique de ce grand Monarque. L'on voit contre le mur à gauche du grand-Autel, le buste de Guillaume Fouquet, Marquis de la Varane, accompagné de cette Epitaphe :

Cy gist Haut, & Puissant Seigneur Messire Guillaume Fouquet de la Varane, Seigneur & Marquis du Lieu : Gouverneur des Villes & Châteaux d'Angers & de la Fleche : Lieutenant Général pour le Roi en Anjou ; qui ayant été chéri de son Roi, Henri le Grand, lui fit aussi aimer la Compagnie de Jesus, & par son crédit lui procura pour College cette Maison Royale.

A droite du grand-Autel, on voit un autre monument & une épitaphe, qui nous apprend qu'il a été érigé en l'honneur de Catherine Fouquet de la Varane, fille de Guillaume Fouquet dont je viens de parler, & femme de Claude de Bretagne, Comte de Vertus, &c. morte à Paris le 12. May de l'an 1670.

Le corps de logis qui répond à l'Eglise, contient une grande & nombreuse Bibliotheque, d'un côté ; & de l'autre, une salle magnifique, qui sert à la représentation des Actions publiques du College.

On y voit aussi une gallerie décorée de peintures qui représentent les principales actions de la vie d'Henri le Grand, & la suite généalogique de ses ancêtres depuis S. Louis. Les peintures d'en haut contiennent les noms, armes & alliances des Seigneurs de la Fleche depuis environ l'an 1070.

Durtal, *Durostallum*, *Durstallum*, sur la riviere du Loir, fut bâtie l'an 1040. par Foulque Nerra Comte d'Anjou. Cette Ville porte le titre de Comté, & appartient à la Maison de la Rochefoucaud. *Le Lude* relevoit autrefois de Durtal, & ce fut le Maréchal de Schomberg qui en remit la mouvance à Timoléon de Daillon Comte du Lude. Il y a deux Paroisses à Durtal, & l'on y compte deux cens quatre-vingt-deux feux.

ANGERS,

ANGERS, *Juliomagus Andicavorum*, *Andegavum*, eſt la capitale de l'Anjou, & eſt ſituée un peu audeſſus de l'endroit où le Loir & la Sarte ſe perdent dans la Mayenne. Cette derniere riviere partage la Ville d'Angers preſque également. La premiere enceinte de cette Ville fut faite par Jean Sans-terre Roi d'Angleterre, & Comte d'Anjou. Le Prince Louis, fils de Philippe-Auguſte, & qui regna depuis ſous le nom de Louis VIII. fit démolir les murs d'Angers; mais S. Louis ſon fils étant parvenu à la Couronne, les fit rétablir de la maniere qu'on les voit aujourd'hui. On employa quatre ans entiers à cet ouvrage, & il ne fut abſolument achevé que l'an 1232. Cette Ville renferme neuf mille feux, & environ trente-ſix mille habitans. On y compte ſeize Paroiſſes, dont douze ſont dans la Ville, & quatre dans les fauxbourgs. Elles ſont toutes franches de taille, à l'exception d'une qui eſt en partie tailliable. Outre les Egliſes Paroiſſiales il y a dans Angers huit Chapitres, & un grand nombre de Couvens d'hommes, ou de filles.

L'Egliſe Cathédrale eſt remarquable par trois clochers fort hauts qui ſont ſur ſon portail, dont celui du milieu ſemble être ſuſpendu en l'air, n'étant appuyé que ſur les fondemens des deux autres. La voûte de cette Egliſe eſt fort haute, & fort large, & d'autant plus hardie, qu'elle n'eſt ſoûtenue d'aucun pilier, ce qui rend la nef très-dégagée, & fort belle. Le Chœur eſt auſſi fort beau ; & cette Egliſe renferme un tréſor que l'on ne montre que les grandes Fêtes. Le Jeudi Saint après la Meſſe, l'Evêque & le Doyen vont dans le Cloître laver les pieds à douze enfans de l'Hôpital, & cette cérémonie eſt particuliere en ce que l'Executeur de la haute Juſtice fait ici la fonction de Bedeau.

Le *Séminaire* eſt un aſſez beau bâtiment qui a été établi par le feu Evêque d'Angers, Michel le Pelletier, & il eſt aſſocié à la Congrégation de S. Sulpice de Paris.

Dans le Cimetiere de l'Egliſe Collégiale de S. Julien, l'on remarque une groſſe urne de pierre qui ſert de baſe à la Croix. Elle renfermoit les cendres d'une Dame Payenne, avec cette Inſcription: *Uxori optimæ Tit. Flavius Aug. lib. Aſiaticus.* Feu M. de Tillemont croyoit que ce Titus Flavius étoit l'un des affranchis de l'Empereur Veſpaſien, ou de Tite, ou de Domitien, ſes enfans, qui avoient tous trois le nom de *Titus Flavius.*

L'Eglise Collégiale de S. Pierre est d'une haute antiquité, & mérite d'être visitée par les Curieux. Les statues de S. Pierre & de S. Paul, qui ornent le Maître-Autel, sont anciennes & parfaitement belles. La draperie sur-tout est admirable. Dans la nef l'on remarque deux cercueils de pierre fort anciens, & engagés dans le mur.

Le Sacre d'Angers, c'est-à-dire, la Procession du jour de la Fête-Dieu, est une des plus curieuses qui se fasse dans le monde chrétien, & attire ici un grand concours de peuple des Provinces voisines. Cette cérémonie a été principalement instituée pour être dans tous les siecles une réparation publique de l'hérésie de Berenger, Archidiacre d'Angers, qui a été le premier dogmatiseur contre la présence réelle.

Le Château d'Angers est sur un rocher, & entouré de fossez à fond de cuve, taillez dans le roc, qui est escarpé du côté de la riviere qui coule au pied, & de laquelle on éleve avec une machine très-commode toutes les munitions qui lui sont nécessaires. Ce Château a été bâti par le Roi S. Louis, à l'occasion des guerres que les Anglois & les Bretons faisoient à la France. Il est flanqué de plusieurs grosses tours rondes, & d'une demi-lune qui est à la porte du faubourg. Il y a au pied de ce Château une chaîne que l'on tend à la tour *Guillot*, lorsque l'on veut fermer l'entrée de la riviere.

L'Hôtel de Ville est un assez beau bâtiment qu'on dit avoir été élevé du tems que Pierre Poyet, frere aîné du Chancelier de ce nom, étoit Maire d'Angers. L'on remarque dans le jardin de cet Hôtel une statue de Louis XIV. laquelle fut érigée en 1685.

Au reste il y a dans cette Ville Evêché, Présidial, Prévôté, Hôtel des Monnoyes, Jurisdiction Consulaire, Election, Université, Académie de beaux esprits, Académie à monter à cheval, & pour les autres exercices; Grenier à sel, Traites Foraines, Bureau du Tabac, Marêchaussée, &c.

Quant aux descriptions de Chantocé, d'Ingrande, d'Ancenis, & de Nantes, le Lecteur peut les voir dans le Voyage précédent.

La route de Paris à Nantes par la poste, en passant par le Perche & le Maine, est de Paris à Versailles, deux postes. Trappes, p. Connieres, p. Rambouillet, p. & d. Maintenon, 2. p. & d. Chartres, 2. p. Courville, 2. p. La Loupe, p. & d. Nogent-le-Rotrou, 2. p. & d. La Ferté Bernard, 2. p. Conairé, 2. p. S. Marc,

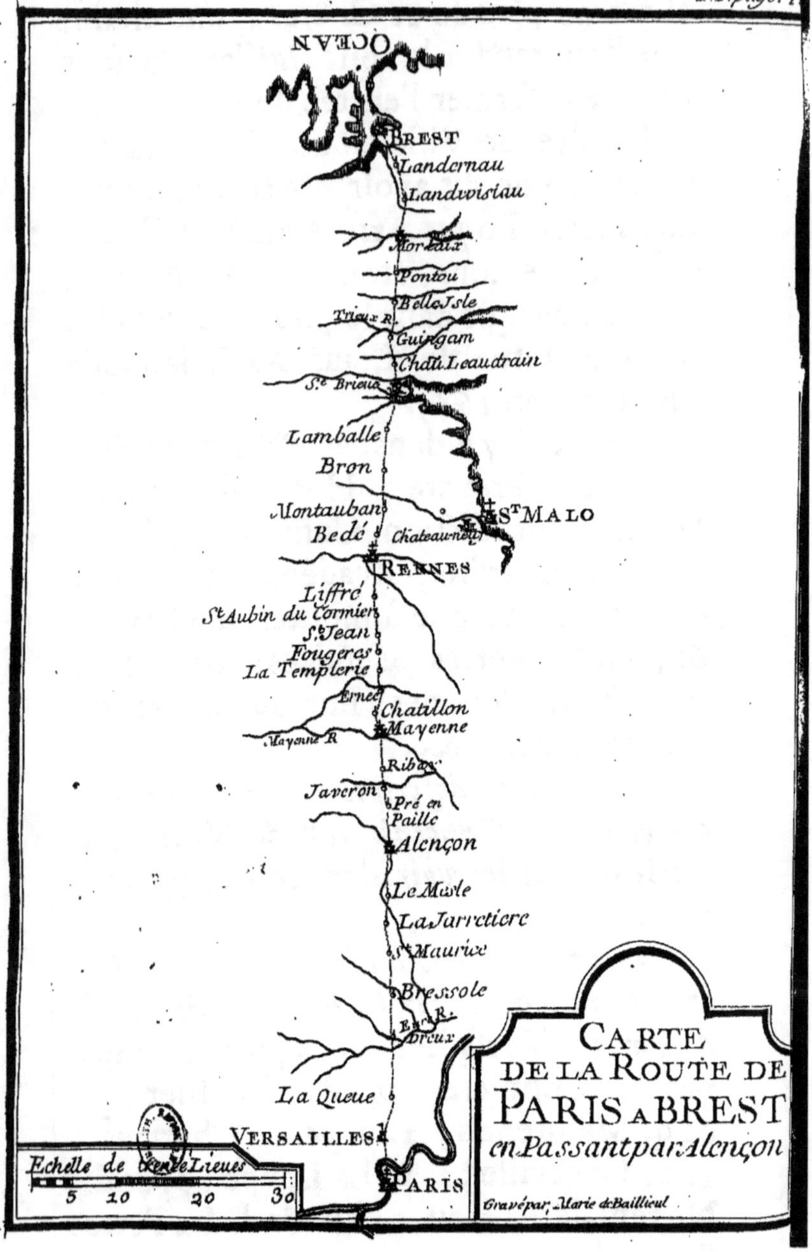

CARTE DE LA ROUTE DE PARIS A BREST en Passant par Alençon

Gravé par Marie de Baillieul

OCEAN
BREST
Landernau
Landiviziau
Morlaix
Pontou
Belle Jsle
Trieux R.
Guingam
Chât. Leaudrain
S.t Brieuc
Lamballe
Bron
Montauban
Bedé
S.T MALO
Chateau-neuf
RENNES
Liffré
S.t Aubin du Cormier
S.t Jean
Fougeras
La Templerie
Ernée
Chatillon
Mayenne
Mayenne R.
Ribay
Javeron
Pré en Paille
Alençon
Le Masle
La Jarretiere
S.t Maurice
Bressole
Eure R.
Dreux
La Queue
VERSAILLES
PARIS

Echelle de trente Lieues
5 10 20 30

p. Le Mans, p. & d. Foulletourte, 3. p. La Fleche, 2. p. Le Bourg neuf, 2. p. & d. Angers, 2. p. & d. La Roche au Breuil, p. Saint Georges, p. Chantocé, p. Varade, p. & d. Ancenis, p. Oudon, p. Mauves, p. Nantes, p. & d.

Voyage de Paris à Brest par Alençon, & par Rennes.

En partant de Paris l'on va à Séve, & à Verſailles ou à S. Cloud, & à Villepreux. Chacun ſuit là-deſſus ou ſon goût, ou la voiture qu'il a priſe pour faire le voyage. Ces deux chemins differens ſe joignent à Neauſle-le-Châtel qui n'eſt qu'à huit lieues de Paris.

Séve.	2. l.	*S. Cloud.*	2. l.
Verſailles.	2. l.	*Vaucreſſon.*	1. l.
S. Cyr.	1. l.	*Roquencourt.*	1. l.
		Villepreux.	2. l.

3. l.	*Neauſle-le-Châtel.*	2. l.
	La Queue.	2. l.
	Dreux.	6. l.
	Breſſolle.	5. l.
	S. Maurice.	5. l.
	La Jarretiere.	3. l.
	Le Meſle.	3. l.
	Alençon.	5. l.

Séve, autrefois *Sevre*, est un Village à deux lieues de Paris, situé dans la gorge de deux montagnes, entre S. Cloud & Meudon, & au pied duquel passe la riviere de Seine. Ce Village a pris son nom d'un ruisseau qui coule dans toute sa longueur, & qui dans les Chartes & les Titres latins, est nommé *Marinellum*, *Savara*, *Savra*, & *Separa*, & est qualifié du nom de fleuve. Il en est fait mention dans des Lettres du Roi Childebert, & du Roi Charles le Chauve. *Forestam agnaticam*, dit le dernier, *à fluvio Savra usque Cambreias Monachis S. Dionysii conferimus.* Il est parlé en mêmes termes de cette donation dans un vieux manuscrit de l'Abbaye de S. Denis, dans lequel il est dit en parlant de Charles le Chauve, *dedit forestam aquaticam, quæ à fluvio Savara est usque Cambreias*, c'est-à-dire, comme il est expliqué dans un procès verbal de l'an 1497. que feu M. de Valois avoit vû, *depuis le fleuve de Savre, dit autrement Marinel, près S. Cloud, jusques au Ru de Chambries, appellé Tancul, près le port-Aupec, au-dessous de S. Germain en Laye.*

Il faut ou que ce fleuve ait tari, ou qu'on ait gratifié de ce grand nom une rigole qu'on y voit encore, & qui mérite à peine le nom de ruisseau. Il y a deux ou trois belles maisons à Séve : mais les

Curieux y vont admirer un bâtiment, qui dans son espece est peut-être unique dans le monde, ce sont les caves que feu d'*Arboulin*, Marchand de Vin du Roi Louis XIV. a fait ouvrir dans la montagne, & qui peuvent contenir environ six mille pieces de vin. Comme d'Arboulin envoyoit tous les ans des vins aux différentes armées du Roi, il étoit obligé d'entretenir un grand nombre de chevaux qu'il employoit tous les hyvers aux travaux de cette cave, qui sans ce secours auroit coûté infiniment.

Roquencourt est un Village avec Château, à un quart de lieue de Versailles, qui a pris son nom d'un de ses anciens Seigneurs appellé Ruccon, ou Roccon, *Rocconis curtis.*

Villepreux, *Villa petrosa*, *Villapirorum*, *Villa puerorum*, petit Bourg, dont l'Eglise Paroissiale est sous l'invocation de S. Nicolas.

Neausle-le-Châtel, autrefois Neausle le Perreux, *Nidalfa Petrosa*, est un petit Bourg du Pays Chartrain, qui a été ainsi nommé par opposition à Neausle l'Evieux, *Nidalfa aquosa*, c'est-à-dire, *Neausle-l'arrosé*, car en gaulois *Eve* signifie de l'eau. Le Peuple qui n'approfondit rien, au lieu de dire *Neausle l'Evieux*, dit Neausle le vieux. *V.* M. de Valois.

DREUX, *Durocassis*, *Durocasis*, *Durocassæ*, *Durocasæ*, *Drogas Castrum*, *Durcasinum Castrum*, à seize lieues de Paris, est sur la petite riviere de Blaise, au pied d'une montagne sur laquelle il y a un Château presque ruiné. Cette petite Ville passe pour être d'une antiquité gauloise, & avoir pris son nom des anciens Prêtres Gaulois appellés *Druides*, que les Peuples de ce pays avoient dans le tems du paganisme pour célébrer les mysteres de leur Religion. Elle a à présent une Eglise Collégiale qui est desservie par douze Chanoines, & deux Paroisses, dont celle qui porte le nom de S. Pierre est dans la Ville, & la plus considerable. Celle de S. Jean est dans le faubourg. Outre ces Eglises, il y a un Couvent de Capucins, un de Filles du S. Sacrement, & un Hôtel-Dieu. *Dreux* a titre de Comté que Charles V. réunit à la Couronne en 1377. Le Poëte *Rotrou*, & *Antoine Godeau* Evêque de Vence, ont fait honneur par leurs écrits à la Ville de Dreux où ils étoient nez. Ce fut dans la plaine qui est au-dessus de Dreux, entre les rivieres d'Eure & de Blaise, que se donna une fameuse bataille au mois de Décembre 1562. entre l'armée du Roi, & celle des Calvinistes rebelles.

Henri le Grand assiégea Dreux en

1593. & s'en rendit maître après un siége de 18. jours, pendant lesquels les assiégeans & les assiégés donnerent de grandes marques de valeur.

Quelquefois au lieu de passer à la Jarretiere, l'on va de S. Maurice à Mortagne, & de Mortagne à Mesle, mais pour lors la route est plus longue d'environ une lieue.

Mortagne, *Moritonium*, *Moritonia*, quoiqu'une petite Ville, est regardée comme la capitale du Perche, cependant cette primauté lui est disputée par la Ville de Bellesme.

Les Voyageurs qui cherchent l'édification, vont ordinairement d'ici à l'Abbaye de la Trappe, où feu Armand-Jean Bouthillier de Rancé a établi une réforme fameuse dans tout le monde chrétien.

LA TRAPPE, ou *Nôtre-Dame de la Maison-Dieu*, est une Abbaye de l'Ordre de Cîteaux, située dans le Diocèse de Séez, vers les confins de la Normandie & du Perche. Elle fut fondée l'an 1140. par Rotrou, Comte du Perche. Le relâchement où elle étoit tombée, porta Armand-Jean Bouthillier de Rancé qui en étoit Abbé Commendataire, à exhorter les Religieux à demander eux-mêmes qu'elle fut mise entre les mains des Peres de l'étroite Observance de l'Ordre de Cîteaux, pour y établir la premiere & véritable pratique de leur Regle ; ce qui fut fait par un Concordat passé avec l'Abbé & les anciens Religieux de la Trappe le 17. d'Août de l'an 1662. L'Abbé de Rancé qui s'étoit retiré du monde depuis quelque tems, obtint du Roi la permission de tenir cette Abbaye en regle, & prit l'habit régulier en 1663. dans le Couvent de Perseigne, ou après l'année du noviciat il fit profession le 26. de Juin de l'an 1664. Lorsqu'il eut reçu de Rome ses expéditions pour tenir en regle l'Abbaye de la Trappe, il s'y rendit le 14. de Juillet suivant, & ne songea plus qu'à inspirer par son exemple aux Religieux dont il étoit devenu le pere, le désir de reprendre des austérités & des pénitences qui seroient au-dessus des forces humaines, si ceux qui les pratiquent, n'étoient soûtenus par la grace de Dieu. Cette sainte troupe commença par s'abstenir de boire du vin, de manger des œufs & du poisson, & ajoûta à ces mortifications le travail des mains pendant trois heures chaque jour.

L'Eglise n'a rien de remarquable pour l'architecture, ni les ornemens. Elle a vingt-deux toises de long, sur neuf de large ou environ. Le Maître-Autel est fort simple, & il n'y a qu'un petit Crucifix d'ébene. Au-dessus est une Image de la Vierge tenant son Fils sur le bras gauche, & de la main droite la suspension de l'Eucharistie. Le Chœur des Religieux est garni de trente-six chaises hautes, & de trente basses. A l'*Agnus Dei* de la grand'Messe, les Religieux s'embrassent par un saint baiser de paix.

Ces saints Anachoretes se couchent à huit heures en été, & à sept en hiver. Ils se levent la nuit à deux heures pour aller à Matines qui durent ordinairement jusqu'à quatre heures & demie, parce que, outre le grand Office, ils disent aussi celui de la Vierge, & entre les deux ils font une méditation de demi-heure. Au sortir de Matines, si c'est en été, ils peuvent s'aller reposer dans leurs cellules jusqu'à Primes; mais l'hiver ils vont dans une chambre commune où chacun lit en son particulier. Les Prêtres prennent ordinairement ce tems pour dire la Messe. A cinq heures & demie ils disent Primes, & vont ensuite au Chapitre où ils ne demeurent qu'environ demi-heure, excepté certains jours où ils y demeurent plus longtems à cause des prédications que leur fait l'Abbé, ou le Prieur. Sur les sept heures ils vont travailler, les uns à labourer la terre, les autres à la cribler, d'autres à porter des pierres, &c. Lorſque le tems ne permet pas de ſortir, ils nettoyent l'Egliſe, balayent les Cloîtres, écurent la vaiſſelle, font la leſcive, épluchent des légumes, ratiſſent des racines, & le tout ſans jamais ſe parler. Il y a auſſi des lieux deſtinez à travailler à couvert, où pluſieurs Religieux s'occupent, les uns à écrire des Livres d'Egliſe, les autres à en relier; quelques-uns à la menuiſerie, & d'autres à des ouvrages de tour. Quand ils ont travaillé une heure & demie, ils vont à l'Office qui commence à huit heures & demie. On dit Tierces, & enſuite la Meſſe, & Sextes, après quoi ils ſe retirent dans leurs cellules où ils s'appliquent à quelque lecture édifiante. Cela fait, ils vont chanter Nones, ſi ce n'eſt aux jours de jeûne de l'Egliſe que l'Office eſt retardé, & qu'on ne dit Nones qu'un peu avant midi. De-là ils ſe rendent au Refectoir qui eſt fort grand. Il y a un long rang de tables de chaque côté. Celle de l'Abbé eſt en face au milieu des autres, & peut contenir ſix ou ſept perſonnes. Il ſe met à l'un des bouts, & a auprès de lui & à ſa main gauche le Pere Prieur, & à ſa droite les étrangers qui mangent au Refectoir, ce qui arrive très-rarement. Ces tables ſont ſans nappes, mais d'ailleurs d'une grande propreté. Chaque Religieux a sa serviette, sa tasse de fayence, son coûteau, sa cuilliere & sa fourchette de buis. Ils ont devant eux du pain, un peu d'eau, un autre pot d'environ chopine de Paris, un peu plus qu'à moitié, plein de cidre, parce qu'on réserve pour la collation ce qu'il faudroit pour achever de le remplir. Leur pain est fort bis, à cause qu'on ne sasse point la farine, & que la plus grande partie du son y demeure. On leur sert un potage quelquefois avec des herbes, & d'autrefois aux légumes, mais toujours sans beurre & sans huile, avec deux petites portions aux jours de jeûnes, sçavoir un petit plat de lentilles, & un autre d'épinars, ou de féves, ou de gruau, ou de bouillie. Leurs sauces ordinaires sont faites avec du sel, & de l'eau épaissie ou avec un peu de lait, ou avec un peu de gruau. Au dessert on leur donne deux pommes, ou deux poires. Après le repas ils rendent graces à Dieu, & vont achever leurs prieres à l'Eglise, au sortir de laquelle ils vont dans leur cellule où ils s'appliquent à la lecture, ou à la contemplation. A une heure ils retournent au travail qui dure encore une heure & demie, & quelquefois deux heures. La fin du travail étant sonnée, chacun s'en va dans sa cellule, où il lit ou médite jusqu'à Vêpres qu'on dit à quatre heures. A cinq heures l'on va au Refectoir où chaque Religieux trouve pour sa collation un morceau de pain de quatre onces, le reste de sa chopine de cidre, avec deux poires, ou deux pommes, ou quelques noix aux jeûnes de la Regle ; mais aux jeûnes de l'Eglise ils n'ont que deux onces de pain, & une fois à boire. Les jours qu'ils ne jeûnent pas, on leur donne pour leur souper le reste de leur cidre, une portion de racines, & du pain comme à dîner, avec quelques pommes ou poires, au dessert, mais aussi ces jours-là ils n'ont à dîner qu'une portion de légumes, avec leur potage. Ils se rendent ensuite dans le Chapitre où l'on fait la lecture de quelque Livre de piété jusqu'à six heures que l'on dit Complies ; ensuite on fait une méditation de demi-heure. Au sortir de l'Eglise on entre au dortoir, après avoir reçû de l'eau-benîte des mains de l'Abbé. A sept heures on sonne la retraite afin que chacun se couche, ce qu'ils font tout vêtus sur des ais où il y a une paillasse piquée, un oreiller de paille, & une couverture. Quand ils sont à l'Infirmerie, leurs paillasses ne sont point piquées, & ils mangent des œufs, & de la viande de boucherie, mais jamais de volaille, ni de choſes ſucrées. Lorſqu'un malade eſt en danger de mort, l'Infirmier prépare de la paille & de la cendre, ſur leſquelles on met le mourant quand il eſt prêt d'expirer, ſuivant l'ancien uſage de l'Egliſe, & la pratique des Chartreux encore aujourd'hui. Feu Santeul en parlant d'une vie auſſi active & auſſi pénitente, a eu raiſon de dire que c'étoit *longo ſupplicio mori.*

Les Voyageurs qui vont viſiter ce ſaint lieu, y ſont reçûs avec beaucoup d'humanité & de charité. Les murailles de l'appartement des hôtes ſont chargées d'Inſcriptions édifiantes, ou qui inſtruiſent de la maniere dont il faut ſe comporter dans ce ſaint lieu. On ſert la table des étrangers à peu de choſe près comme celle des Religieux; un potage, deux ou trois plats de légumes, & un plat d'œufs qui eſt la portion extraordinaire des étrangers, car on ne leur ſert jamais de poiſſon. On y mange d'ailleurs du pain, & l'on y boit du cidre comme au Refectoir.

Alençon, *Alentio*, que nos Hiſtoriens Latins appellent par corruption *Alencio*, *Alenco*, & *Alenconium*, eſt ſur la riviere de Sarte qui y reçoit la Briante, après que cette derniere a formé dans la Ville une petite Iſle autour du

Couvent de Sainte Claire. Cette Ville est environnée de bonnes murailles flanquées de tours d'espace en espace. Le Château étoit autrefois une Place de conséquence, & pour peu qu'on parcoure nos Chroniques, on y lira en plus d'un endroit qu'il a soûtenu des siéges considerables. Elle n'a qu'une seule Paroisse qui est sous l'invocation de la Vierge, & renferme les tombeaux des Ducs d'Alençon. Le grand portail est estimé pour sa hardiesse. S. Leonard est une Succursale où l'on fait l'Office, mais où l'on ne bâtise, ni ne marie personne. Les Jésuites ont un College dans cette Ville, & parmi les Couvens de Filles on remarque celui de Sainte Claire. Le faubourg de Montsort est de l'autre côté de la Sarte, & du Diocèse du Mans, au lieu qu'Alençon est de celui de Séez. La Paroisse porte le nom de S. Pierre. La Ville d'Alençon est décorée d'un Bailliage Royal, d'un Présidial, d'une Vicomté, d'une Généralité, d'une Election, d'un Grenier à sel, d'une Maîtrise des Eaux & Forêts, &c.

Saint Denis.	2. l. & d.
Pré en Paille.	2. l. & d.
Javeron.	2. l. & d.
Ribay.	1. l. & d.
Mayenne.	4. l.

Chastillon.	2. l.
Ernée.	3. l.
La Templerie.	2. l.
Fougeres.	2. l.
S. Jean.	2. l.
S. Aubin de Cormier.	2. l.
Liffré.	2. l.
Rennes.	4. l.

Mayenne la Juhée, ou *la Juhel*, *Meduana Juchelli*, ſur la riviere de Mayenne, a pris ſon ſurnom de Juhel, premier du nom, Seigneur de Mayenne, qui fit bâtir le Château de cette Ville, Place autrefois conſiderable. Ce Juhel eſt appellé en latin, *Juhellus*, *Juchellus*, *Joshelus*, *Gibelius*, *Joshellus*, & Judicaël qui eſt le vrai nom dont *Juhel* eſt la contraction. Cette Ville étoit autrefois ſi conſiderable par ſes fortifications, & par l'aſſiette de ſon Château ſur la croupe d'un roc, qu'elle étoit regardée comme imprenable. Elle ſe défendit en 1424. durant trois mois contre l'armée Angloiſe commandée par le Comte de Saliſbury, & après avoir ſoûtenu quatre aſſauts, elle ſe rendit par compoſition. La Ville & le faubourg ſont fort peuplés. Il y a deux Paroiſſes deſſervies par un nombre conſiderable de Prêtres habitués ; plusieurs Couvens, & quelques Maisons de piété. On y trouvera divers Tribunaux, la Barre Ducale, l'Election, le Grenier à sel, la Maîtrise des Eaux & Forêts, & l'Hôtel de Ville. La Terre & Seigneurie de Mayenne, étoit une Baronie à laquelle Claude de Lorraine premier Duc de Guise, ayant joint Sablé & la Ferté-Bernard, elle fut érigée en Marquisat par François I. l'an 1544. L'an 1573. elle fut érigée en Duché-Pairie en faveur de Charles de Lorraine, qui fut dans la suite chef de la ligue. Cette érection fut faite pour lui & ses successeurs, tant mâles que femelles. Cette Terre ayant passé depuis dans la Maison de Gonzague-Mantoue, Charles de Gonzague, second du nom, Duc de Mantoue, la vendit en 1654. au Cardinal Mazarin. Elle est actuellement possédée par Paul Jules de la Porte Duc de Mazarin, fils d'Armand Charles de la Porte Duc de Mazarin, & d'Hortence Mancini, niéce du Cardinal Mazarin.

Ernée est une petite Ville située sur la riviere du même nom, & est un membre dépendant du Duché de Mayenne. On tient qu'elle a pris le nom d'une sainte fille qui vivoit sous le Regne de Clotaire, & qui fut inhumée en ce lieu. Outre la Paroisse, qui contient cinq cens quarante feux, il y a un Couvent de Bénédictines, & un Hôpital fondé en 1297. par Richard Morin Prêtre, qui lui donna tous ses biens. Il est gouverné par un Administrateur électif, & par quarante Hospitalieres. On trouve à Ernée Jurisdiction, Grenier à sel, & Hôtel de Ville.

La Templerie n'est remarquable que parce que c'est ici la séparation du Maine & de la Bretagne.

Fougeres, *Feliceriæ*, sur la riviere de Coesnon, vers les frontieres de Normandie. Ce fut Raoul de Fougeres qui la fortifia, & y fit bâtir un Château fort considerable pour ce tems-là, qui a aujourd'hui un Gouverneur particulier sans garnison. Jean II. Duc d'Alençon, ayant été fait prisonnier par les Anglois à la bataille de Verneuil, fut obligé de vendre cette Ville à Jean V. Duc de Bretagne, pour payer sa rançon au Duc de Bethfort. Il faloit que cette petite Ville fût autrefois bien riche, puisque Mezeray rapporte sur l'an 1448. qu'un Capitaine Anglois, nommé François de Surienne, la surprit sur le Duc de Bretagne, & qu'il y fit un butin de plus de seize cens mille écus. C'est ici la Patrie de René le Païs, Auteur du Livre intitulé, *Amitiez*, *Amours*, *&* *Amourettes*, qui est le Rudiment ordinaire des jeunes Amoureux de Province. C'est-là qu'ils puisent leurs sentimens & leurs expressions.

S. Aubin de Cormier est une petite Ville qui fut bâtie vers l'an 1222. par Pierre Mauclerc Duc de Bretagne. Deux raisons porterent ce Prince à bâtir une Ville en cet endroit. La premiere, parce qu'il s'y plaisoit beaucoup à cause de la commodité de la chasse, & l'autre pour fermer l'entrée de la Bretagne du côté du Maine. Cette Ville fut assiégée, & prise par les François en 1487. mais elle est principalement connue par la bataille qui s'y donna le 28. de Juillet 1488. dans laquelle le Duc d'Orléans & le Prince d'Orange qui étoient du côté des Bretons, furent faits prisonniers par les François.

RENNES, *Condate*, *Civitas Redonum*, *Redonæ*. Cette Ville qui est la Capitale de la Bretagne, est sur la riviere de Vilaine, dans laquelle vient ici se perdre celle de l'Isle. Cette Ville est ancienne, & le siége d'un Evêque, & d'un Parlement qui la rend fort peuplée, & une des plus considerables de tout le Royaume. La Vilaine est navigable jusqu'à Redon, & la mer, par le moyen des écluses qui y ont été construites, ce qui sert à porter à Rennes le vin, le bois, l'ardoise, & la pierre à bâtir. Cette riviere partage la Ville en deux. L'Histoire raporte que le Comte de Richemont étant à Rennes, il examina les fortifications de cette Ville qu'il trouva trop petite, & les fauxbourgs trop grands. Il proposa au Duc Jean son frere, d'augmenter l'enceinte des murs. Le Duc s'en raporta entierement au Comte, qui trouva les habitans si disposez à exécuter son plan, qu'en huit mois il y eut de très-beaux fossez faits, qui furent ensuite fortifiez de tours, de murs & de bons remparts, tels qu'on les voit aujourd'hui.

L'Eglise de S. Pierre qui est la Cathédrale, & ses hautes tours, sont ce qui se présente aux premiers regards. La grand-Place est décorée par le Palais où le Parlement tient ses séances. Cet édifice consiste en une grande cour bordée de galeries, & de boutiques de Marchands, & en quatre gros pavillons. Le grand escalier est estimé.

La maison où le Présidial tient ses séances, est dans le grand marché de la Ville que l'on appelle *le Champ Jaquet*. C'est un ancien bâtiment qui servoit autrefois de Palais aux Gouverneurs. Une tour qui étoit anciennement un Temple de fausses divinités, servoit en dernier lieu à ſoûtenir l'horloge de la Ville, dont la cloche avoit ſix pieds de haut, & huit de large. C'eſt dans la Place que l'on appelle *la grande Cohue*, que ſe font les exécutions des criminels. La Place de *la Pompe* a pris ſon nom d'une fontaine qui eſt au milieu. Les rues de Rennes ſont toujours mal propres, parce qu'elles ſont étroites, & les maiſons fort hautes qui empêchent le ſoleil de les ſecher ; ainſi Marbodus avoit raiſon de dire que cette Ville étoit *ſine lumine ſolis*.

L'on paſſe ici la Vilaine ſur trois ponts, dont le plus beau ſe nomme *le Pont-neuf*, & communique la Ville haute à la baſſe. Le College des Jéſuites eſt dans cette derniere. C'eſt une très-belle maiſon qui fut fondée en 1603. par la Ville. L'Egliſe eſt à l'Italienne, & un édifice digne de la curioſité des Voyageurs. Les fauxbourgs de Rennes ſont plus grands que la Ville, ſur-tout depuis qu'elle a été déſolée par un incendie d'une vivacité & d'une rapidité ſurprenante. La nuit du 22. Décembre 1720. un Menuiſier yvre ayant mis le feu dans ſa boutique au milieu de la rue *Triſtin*, les flâmes gagnerent bientôt les maiſons voiſines. Elles gagnerent la charpente de l'horloge, qui tomba le 23. à deux heures apres minuit avec un bruit extraordinaire. Le feu continua jusqu'au 29. & consuma, à ce qu'on dit, huit cens cinquante maisons dans l'étendue d'environ 21600. toises quarrées.

Bedé.	3. l.
Montauban.	3. l.
Broon.	4. l.
Lamballe.	5. l.
S. Brieuc.	4. l.
Chastelaudren.	3. l.
Guingamp.	3. l.
Belle-Isle.	4. l.
Pontou.	3. l.
Morlaix.	4. l.
Landivisiau.	4. l.
Landernau.	3. l.
Brest.	4. l.

Lamballe étoit anciennement la Capitale des *Ambiliates* dont parle Cesar. Elle est divisée en haute & basse Ville. Dans la premiere il y a une grande place, avec un marché couvert; & dans la basse une grande rue habitée par des Tanneurs & des Teinturiers. Cette petite Ville est regardée comme le chef-lieu du Duché de Penthiévre, puisque c'est ici que sont le Château, les archives, & les principaux Officiers de ce Duché. Le fameux François de la Noue Bras-de-fer fut tué au siége de Lamballe l'an 1591.

Saint Brieuc, *Briocum*, *Fanum sancti Brioci*, porte le nom de son premier Evêque. Elle est située auprès de l'embouchure de la riviere de *Gouat* dans un fond environné de montagnes qui lui ôtent la vûe de la mer, quoiqu'elle n'en soit éloignée que d'une demi-lieue, & qu'elle y forme même un petit port. Les Eglises, les rues, & les Places de Saint Brieuc sont assez belles. Cette Ville étant sans fossez & sans murailles, elle est jointe à ses fauxbourgs, hormis du côté des Cordeliers, où l'on en a élevé environ cinquante toises. L'Eglise de S. Michel dans le faubourg du même nom, est la plus grande Paroisse de la Ville. Le Couvent des Cordeliers est bien bâti, & leur jardin est spacieux. Le College en est fort proche, & est entretenu par la Ville. S. Brieuc a produit un Jurisconsulte d'un grand nom, qui est *François Duaren*, Professeur de Droit à Bourges où il mourut en 1559. âgé d'environ cinquante ans.

Guingamp est la Ville la plus considérable du Duché de Penthiévre, & appartient au Prince de ce nom. Cette grande terre est composée de quatre membres principaux, Guingamp, dans l'Evêché de Treguier, Lamballe, Montcontour, & la la Rochesuard, dans celui de S. Brieuc.

Morlaix, *Mons relaxus*, est une Ville située sur une petite riviere dont l'entrée est défendue par le Château de *Toro*, & est considerable par le commerce qui s'y fait. L'Eglise de Nôtre-Dame du mur est la plus remarquable. Elle est très-ancienne & d'une structure particuliere. Les rues des *Nobles* & du Bouvet sont les plus grandes. Le faubourg du Viniec est aussi grand que la Ville. Il est adossé contre des montagnes qui regnent le long de la riviere jusqu'à son embouchure dans la mer. Cette riviere fait ici un port capable de recevoir des navires de plus de 100. tonneaux, & qui est bordé des deux côtez par un quay revêtu de pierres de taille, qui est la plus belle promenade de la Ville. L'on remarque dans ce faubourg le Couvent des Freres Prêcheurs, celui des Capucins, & un Hôpital qui est un des plus superbes bâtimens de la Province. La rade qui est au-devant de la riviere de Morlaix est grande, & un bon mouillage pour les vaisseaux.

J'ai donné les descriptions de Landernau & de Brest dans le Voyage précédent, où le Lecteur peut avoir recours.

On peut aussi aller en poste de Paris à Rennes, & voici la route qu'on suit pour lors. Verſailles, deux poſtes. Neauphle, 2. p. La Queue, p. Houdan, p. & d. Dreux, 2. p. Nonancourt, p. & d. Vertneuil, 2. p. S. Maurice, p. & d. Tourouvre, p. Mortagne, p. Meſle ſur Sarte, p. & d. Le Menil Brou, p. Alençon, p. & d. Prez en Pail, 2 p. & d. Ribay, 2. p. Mayenne, 2. p. Martigny, 2. p. Laval, 2. p. La Gravelle, 2. p. & d. Vitré, p. & d. Rennes, 4. p.

Voyage de Paris à Saint-Malo Port de mer, en Bretagne.

IL faut ſuivre la route que je viens de preſcrire dans le Voyage précédent, juſqu'à Rennes; & de là on peut aller à Saint-Malo par une des deux routes que voici, dont l'une eſt plus longue que l'autre, d'une lieue.

Hedé.	5. l.	*La Chapelle-Sauſay.*	6. l.
S. Pierre.	4. l.	*Dinan.*	4. l.
Châteauneuf.	3. l.	*Châteauneuf.*	3. l.
S. Malo.	2. l.	*S. Malo.*	2. l.

Dinan eſt ſituée ſur une montagne eſcarpée de tous côtez, & eſt défendue par des murailles si épaisses, qu'un carosse pourroit facilement rouler dessus. L'on remarque dans cette Ville un Château qui est assez fort; un Couvent de Dominicains; un de Cordeliers, &c. Il s'y tient tous les ans une foire célebre, la premiere semaine de Carême; c'est un grand abord de Marchands, & de marchandises de tout le Royaume.

A deux lieues de Dinan vers l'ouest, il y a un Village appellé *Corseult*, qui pourroit bien être des restes de l'ancienne Ville des *Curiosolites*. L'analogie du nom, & les indices d'une grande Ville que l'on trouve ici & aux environs, rendent ce sentiment fort vraisemblable.

Châteauneuf est un gros Bourg, avec titre de Marquisat, qui appartient à M. le Marquis de Beringhem premier Ecuyer du Roi.

SAINT-MALO est une des Villes du Royaume la plus avantageusement située pour le commerce. Elle n'est pas ancienne, car ce n'étoit qu'une Abbaye où l'on transfera l'Evêché d'*Alet*, lorsque cette Ville fut ruinée en 1172. La Reine, Anne de Bretagne, donna ses soins afin qu'on l'accrut & qu'on en fit une Ville. On la nomme en latin *Maclovium*, *Maclopolis*, en françois S. Malo, du nom du premier Evêque d'Alet nommé *Ma-*

cutus, *Maclovius*. Cette Ville eſt ſur un rocher, au milieu de la mer, dans la petite Iſle de S. Aaron que l'on a jointe à la terre ferme par le moyen d'une langue de terre qu'on appelle le *Sillon*, à la tête de laquelle eſt un fort Château flanqué de groſſes tours, & accompagné de foſſez & d'un grand baſtion qui eſt l'un des quatre que l'on remarque aux quatre coins de la Ville. Comme cette Place eſt d'une grande importance, on y tient une bonne garniſon, & l'on ferme ſes portes à ſix heures du ſoir, à l'exception de celle de S. Thomas que l'on ne ferme qu'à neuf heures. Toutes les portes étant fermées, on lâche un certain nombre de dogues qui font une bonne patrouille, & empêcheroient qu'on ne fût ſurpris par les ennemis ; ce qui a fait dire à quelques Ecrivains que la Ville de Saint-Malo étoit gardée par des chiens. L'Egliſe Cathédrale, ſous l'invocation de S. Vincent, eſt ſur la place qui porte ſon nom, & qui ſert de marché. La Maiſon de Ville, & le Palais de l'Evêque ſont auſſi ſur cette même place. Celle *de la grande Cohue* eſt bordée de belles maiſons qui ont été rebâties depuis le bombardement. Il y a encore quelques autres Places moins remarquables. Quant aux rues, on peut dire qu'à deux ou trois près, les autres

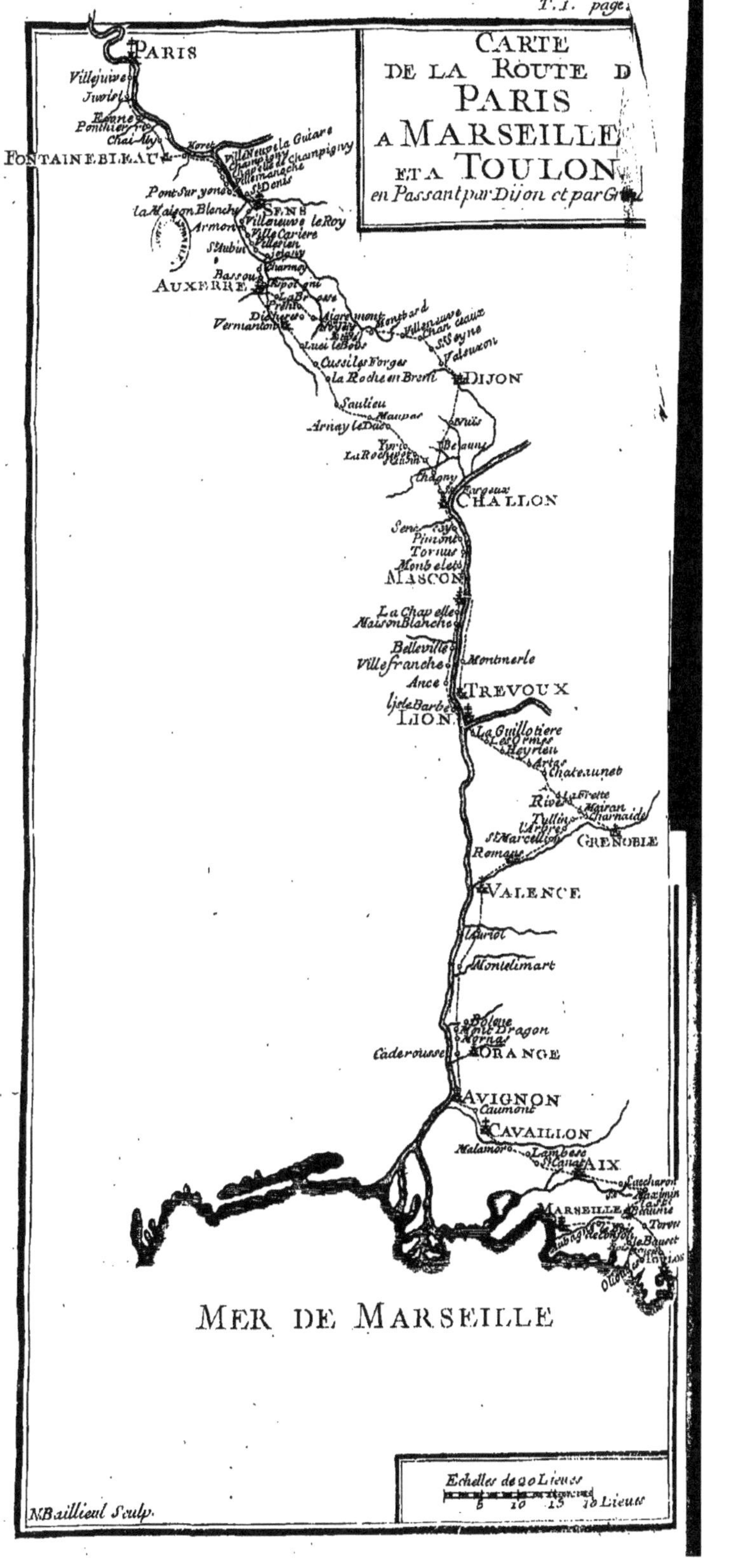
CARTE
DE LA ROUTE D
PARIS
A MARSEILLE
ET A TOULON
en Passant par Dijon et par Gr
PARIS
Villejuive
Fontainebleau
Pont sur yonne
St Denis
SENS
Villeneuve le Roy
Ville Cariere
AUXERRE
Vermanton
Montbard
Lusi le Bois
Cussi les Forges
La Roche en Brenil
DIJON
Saulieu
Arnay le Duc
Nuis
Beaune
Chagny
CHALLON
Tornus
MASCON
La Chapelle
Maison Blanche
Belleville
Villefranche
Montmerle
Ance
TREVOUX
Isle Barbe
LION
La Guillotiere
Les Ormes
Artas
Chateauneuf
Rives
Tullin
St Marcellin
Romans
GRENOBLE
VALENCE
Loriol
Montelimart
Bolene
Mont Dragon
Cadarousse
ORANGE
AVIGNON
Caumont
CAVAILLON
Malamort
Lambesc
St Canat
AIX
MARSEILLE
Toulon
MER DE MARSEILLE
Echelles de 20 Lieues
5 10 15 20 Lieues
N. Baillieul Sculp.

ſont fort étroites. Le port eſt un des meilleurs du Royaume, & des plus fréquentés par les Négocians. Jaques Quartier qui en 1534. découvrit le Canada, étoit de Saint-Malo.

Voyage de Paris à Toulon, & à Marſeille, en paſſant par la Bourgogne, & par Grenoble.

CE Voyage eſt le plus long & un des plus curieux qu'on puiſſe faire en France. On peut aller de Paris à Lyon par deux routes différentes, ou par la Bourgogne, ou par le Nivernois, & le Bourbonnois. Je ſuivrai ici ces deux routes l'une après l'autre.

Premiere Route de Paris à Lyon par la Bourgogne.

Villejuive.	2. l.
Juviſi.	2. l.
Eſſone.	2. l.
Ponthierry.	3. l.
Chailly.	3. l.
Fontainebleau.	2. l.

Eſſone, *Exona*, *Axona*, Bourg fort

ancien ſur la riviere de *Juine*, qui quitte ici ce nom pour prendre celui d'Eſſone. Ce lieu ſubſiſtoit déja du tems de Clovis, puiſque Fortunat contemporain de Grégoire de Tours, en fait mention dans la Vie de S. Germain Evêque de Paris. Il appartenoit au Fiſque, ou Domaine du Roi, & l'on y battoit monnoye avec cette legende, *Exona*, ou *Axſona Fici.* Un titre du Roi Pepin, daté de la xve. année de ſon Regne, confirme la donation que Clotaire III. avoit faite d'Eſſone à l'Abbaye de S. Denis, *Villa cognomine Exona, ſita ſuper fluvium Exonæ in Pago Pariſiaco.* Voy. M. de Valois dans ſa notice des Gaules, & M. le Blanc dans ſon Traité hiſtorique des Monnoyes, p. 48. de l'édition de Hollande.

Fontainebleau eſt un Bourg, avec une Maiſon Royale, ſitué dans le Gatinois, au milieu d'une forêt qu'on appelloit anciennement la forêt *de Biere*, & qui à préſent porte le nom que l'on a donné au Château, à cauſe de la beauté de ſes eaux.

Moret.	2. l.
Fauſſart.	2. l.
Villeneuve la Guiart.	2. l.
Champigni.	1. l. & 1. q.
La Chapelle Champigni.	1. d. l.

Villemanoche.	1. d. l.
Pont ſur Yonne.	1. d. l.
S. Denis.	2. l.
Sens.	1. l.

MORET, *Murittum*, *Muritum*, *Moretum*, petite Ville ſur le Loin, avec titre de Comté. L'an 850. on y tint un Concile, & c'eſt au nom de cette Aſſemblée que Loup Abbé de Ferrieres, écrivit la 115e. de ſes Epîtres. Henri le Grand donna le Domaine de Moret à Jaqueline de Bueil ſon amie, qui le porta dans la maiſon des Marquis de Vardes, de laquelle il a paſſé dans celle de Chabot-Rohan par Madame la Ducheſſe de Rohan, fille unique du dernier Marquis de Vardes. Depuis quelques années Moret appartenoit par engagement à M. de Caumartin. Il y a un Château fort ancien, qui n'eſt preſque qu'un donjon couvert d'une terraſſe. La principale Egliſe eſt ſous l'invocation de Nôtre-Dame; elle eſt grande, aſſez bien bâtie, & proche du marché. Il y a auſſi dans cette petite Ville un Couvent de Religieuſes.

Pont-ſur-Yonne, *Pons ad Icaunam*, eſt une petite Ville ſur la droite de cette riviere, & à deux lieues de Sens. Elle eſt moderne, & très-peu de choſe.

SENS, *Agedincum Senonûm*, *Senones*, Ville Archiépiſcopale ſur la riviere d'Yonne que l'on y paſſe ſur un beau pont de pierre, eſt à quatorze lieues d'Auxerre, à quinze de Troyes, & à vingt-ſix de Paris. L'Egliſe Cathédrale eſt ſous l'invocation de S. Etienne, & eſt grande, puiſqu'on aſſûre qu'elle égale en grandeur celle de Nôtre-Dame de Paris. L'on vante fort un ſoûbaſſement du Maître-Autel qu'on ne montre qu'aux grandes Fêtes. C'eſt une table d'or couverte de pierreries, & ornée de bas-reliefs. C'eſt un ouvrage gothique, mais d'un grand prix pour la matiere. Dans le Chœur ſont les tombeaux des derniers Archevêques, parmi leſquels l'on remarque principalement ceux du Chancelier du Prat, & du Cardinal du Perron. L'on fait encore remarquer dans cette Egliſe le lieu où S. Louis épouſa Marguerite de Provence. Les vitres de cette Egliſe attirent auſſi les regards des Connoiſſeurs, & ont été peintes par Jean Couſin, Peintre fameux pour ces ſortes d'ouvrages, & qui étoit né à *Soucy* près de Sens.

Après la Cathédrale, l'Egliſe de ſaint Pierre le Vif eſt la plus conſiderable. Elle a été bâtie dans le premier cimetiere que les Chrétiens ayent eu dans cette Ville. Un grand nombre de Martyrs, sainte Theodecilde, & quarante Archevêques y ont été enterrez. On compte seize Paroisses dans Sens, cependant cette Ville n'est pas si peuplée qu'elle est grande. La petite riviere de Vanne remplit d'eau ses fossez, & fournit à presque toutes les rues de petits ruisseaux qui les lavent, & servent aux habitans pour différens usages. Il s'est tenu plusieurs Conciles à Sens. Un des plus célébres est celui de l'an 1140. auquel Louis le Jeune assista, & où saint Bernard fit condamner Abeillard, qui en appella au Pape. La Ville de Sens porte pour armes d'azur à la tour d'argent, accompagnée de six fleurs de lys d'or, trois, deux, & une.

La Maison blanche.	1. l.
Villeneuve-le-Roy.	1. l. 1. q.
Armont ou Armaux.	1. l.
Villecarriere.	1. q. de l.
Villesien.	1. q. de l.
S. Aubin.	1. l.
Joigny.	1. l.
Charmoy.	2. l.
Bassou.	1. l. & d.
Epoigny.	1. l. & d.
Auxerre.	1. l.

Villeneuve-le-Roy est une petite Ville du Senonois, située dans une plaine, & sur la riviere d'Yonne qu'on y passe sur un pont de pierre. Elle a été ainsi nommée à cause du Roi Louis VII. son Fondateur. Ce Prince avoit d'abord donné le fond sur lequel elle est à l'Abbaye de S. Marien d'Auxerre, à la priere de S. Bernard : mais ensuite ayant conçu le dessein d'y bâtir une Ville, il donna à cette Abbaye d'autres biens dans le voisinage. L'édifice de l'Eglise Paroissiale, à la réserve du *Portail* & de la *Tour*, paroît être du treiziéme siécle. Cette remarque est tirée d'un Livre intitulé, *Histoire de la prise d'Auxerre par les Huguenots, & de la délivrance de la même Ville, les années* 1567. *&* 1568. &c. par le sieur le Beuf Soûchantre, & Chanoine de l'Eglise de cette Ville. Ce Livre est presque aussi peu connu que s'il n'avoit jamais été imprimé, cependant il renferme quelques petites notes historiques assez bonnes. Les armes de cette petite Ville sont d'azur à trois fleurs de lys d'or, 2. & 1. & trois tours de même, aussi deux, & une.

Joigny, *Joviniacum*, sur la riviere d'Yonne, entre Sens & Auxerre, & à six lieues, ou environ, de l'une & de l'autre de ces deux Villes. Cette petite

Ville que quelques-uns prétendent avoir pris ſon nom de Flave-Jovin Général de la Cavalerie, dont on voit le tombeau dans l'Egliſe de S. Nicaiſe de Reims, eſt le premier Comté de Champagne, & a trois Paroiſſes. Ses armes ſont d'argent, & à la face de gueules.

AUXERRE, ou AUSSERRE, *Auteſſiodurum*, ou *Autiſſiodurum*, eſt une Ville Epiſcopale, ſituée ſur le penchant d'un côteau près de la riviere d'Yonne, qui baigne même une partie de ſes murailles. Sa figure eſt preſque ronde, car elle a onze cens pas de long ſur mille de largeur. Il n'y a que deux Places publiques dans cette Ville, dont l'une eſt au-devant de l'Egliſe Cathédrale, & l'autre eſt appellée *la Place des fontaines.*

L'Egliſe Cathédrale n'a rien d'extraordinaire, mais le Palais Epiſcopal eſt un des beaux qu'il y ait en France. L'Abbaye de S. Germain eſt un lieu où l'on compte juſqu'à ſoixante corps ſaints, & une quantité prodigieuſe de Reliques, ce ſont les Papes Nicolas I. Jean VIII. & Jean IX. qui ont enrichi cette Egliſe de ces précieux reſtes, qui ſont dans des grotes que Conrad frere de l'Imperatrice Judith, & Abbé de S. Germain, fit bâtir en 850. M. Seguier Evêque d'Auxerre fit ouvrir tous les tombeaux en

1636. & fit un procès verbal de l'état où il avoit trouvé les corps saints. L'on conduit d'abord les Curieux au tombeau de saint Héribalde, Prince de la Maison de Baviere, qui sous Charlemagne, Louis le Débonnaire, & Charles le Chauve, eut beaucoup de part au Gouvernement de l'Etat. Il fut Moine, puis Abbé de ce Monastere, & enfin Evêque d'Auxerre, & Archichapelain, c'est-à-dire, grand Aumônier de France. Le tombeau de S. Fraterne, aussi Evêque d'Auxerre, vient ensuite. Il fut martyrisé l'an 481. le 29e. jour de Septembre. S. Abbon, frere de S. Héribalde, Religieux dans ce Monastere, & successeur de son frere dans l'Evêché de cette Ville. M. Seguier rapporte qu'il trouva son corps revêtu d'un cilice, d'un habit religieux, & de ses ornemens Pontificaux. Il ajoûte que son habit est fait de la même maniere que celui des Benedictins d'aujourd'hui, mais que la couleur en est d'un noir naturel, & non pas de teinture. S. Censure Evêque dont le corps fut trouvé avec une châsse remplie de Reliques. Le pilier qui est attenant l'Autel de S. Benoît, porte cette inscription : *Polyandrion*. Il est profond de dix pieds, & est fait comme celui qui est près de S. Pierre de Rome. M. Seguier y trouva trente corps saints,

& les instrumens de leur pénitence, & de leur martyre. S. Romain y est peint, non seulement parce qu'il a été le pere nourricier de S. Benoît, mais aussi parce qu'il y a ici plusieurs de ses Reliques. Près du tombeau de S. Héribalde on voit aussi la figure de S. Gregoire, parce que son corps y a reposé jusqu'en 1370. qu'il fut transporté dans la nef où il est à présent.

A la fenêtre de S. Benoît sont les Reliques qui furent trouvées avec le corps de S. Censure. Dans la Chapelle de sainte Maxime sont les corps de sainte Maxime Dame Italienne, venue en France à la suite du corps de S. Germain lorsqu'on le transporta ici de Ravenne où ce Saint mourut; de S. Optat Evêque d'Auxerre; de S. Santin; & de S. Mémorien, Prêtre.

S. Geran Religieux de l'Abbaye de Soissons, ensuite Evêque d'Auxerre; S. Marrien, Prêtre & Religieux de l'Abbaye qui porte aujourd'hui son nom; S. Aunaire Prince de la premiere race de nos Rois, Religieux & Abbé de ce Monastere, puis Evêque d'Auxerre; & S. Desiré parent de la Reine Brunehaut, ont aussi leur sépulture dans cette Eglise.

Le corps de S. Martin Archevêque de Tours a reposé pendant trente & un ans dans la Chapelle de cette Eglise, qui est sous l'invocation de ce Saint. Les corps de S. Batton, de S. Allode, de S. Urse Evêque d'Auxerre, reposent ici. Cette Chapelle est d'ailleurs remplie de Reliques.

Le corps de S. Germain fut porté ici de Ravenne. Il avoit été mis dans une châsse d'or enrichie de pierreries d'un prix inestimable, mais elle a été enlevée par les Calvinistes, & les Reliques ont été dissipées, de sorte qu'il ne reste plus dans ce tombeau que de la cendre du Saint, & quelques petits ossemens. Cette Chapelle de S. Germain est comme le centre de la sainteté de l'Eglise de cette Abbaye. Il n'y a point de lieu plus rempli de corps saints, & de saintes Reliques. Du côté de l'Epître sont deux corps saints, & de l'autre il y en a trois. Le fond de la Chapelle en est rempli. On y remarque principalement les tombeaux de S. Theodore & de S. Romain, Evêques; celui de S. Loup, Evêque. Quelques-uns ont crû qu'il étoit Archevêque de Besançon, d'autres Evêque de Lausane, mais on ne trouve son nom dans aucun catalogue des Evêques de ces Eglises. Il y a beaucoup d'apparence que c'étoit un Evêque Regionaire ou Corévêque, sans titre d'aucune Eglise, selon l'usage du cinquiéme siécle. Ce qu'il y a de certain, c'est qu'il fut le Directeur de la Princesse Clotilde à laquelle nous devons la conversion de Clovis, & celle des François. Outre les Chapitres & les Abbayes qui sont dans Auxerre, on voit huit Paroisses, & plusieurs Couvens de l'un, ou de l'autre sexe; un College de Jésuites établi en 1618. l'Hôpital de la Madeleine fondé pour les malades & pour les enfans exposez; l'Hôpital général fondé par *Nicolas Colbert* Evêque de cette Ville. Il y a aussi dans Auxerre un Présidial, une Prévôté Royale, une Jurisdiction Consulaire, un Grenier à sel, & une Maitrise particuliere des Eaux & Forêts. Auxerre porte d'azur, billeté d'or, au lion rempant d'or, armé, & lampassé de gueules.

D'Auxerre on va à Châlons sur Saône par deux routes differentes, l'une par Saulieu, & Arnay-le-Duc, & l'autre par Dijon, & par Beaune.

Route par Saulieu.

Vermanton.	5. l.
Luci-le-Bois.	4. l.
Cussi les Forges.	3. l.
La Roche en Breni.	3. l.

Saulieu.	3. l.
Maupas.	3. l.
Arnay-le-Duc.	3. l.
Yvri.	3. l.
La Rochepot.	2. l.
S. Aubin.	1. l.
Chagni.	1. l.
S. Fargeux.	2. l.
Châlons.	1. l.

Vermenton est une petite Ville dont il est parlé dans une Charte de Charles le Simple de l'an 900, ou environ, qui est rapportée dans le premier Tome de la grande Collection du P. Martene. L'Eglise de ce lieu est une des plus anciennes du Diocèse, du moins quant au Portail, qui ressemble assez à celui de saint Germain des Prez, & à celui de Néelle la Reposte.

Luci-le-Bois est un Village qui a pris son nom de *Lucius*, parce qu'il est situé dans un pays tout couvert de Bois. Ceux qui lui ont donné le surnom de *le Bois*, ont ignoré apparemment l'origine de son nom, car s'ils l'avoient sçue, ils auroient évité le pléonasme. Il y a plusieurs autres lieux en Bourgogne qui portent le nom de *Luci*.

SAULIEU, *Sidoleucum*, *Sedelaucum*,

est une petite Ville située sur une élévation, fermée de murailles, & environnée de fossez pleins d'eau. Sa longueur est de cinq cens pas, sa largeur de trois cens cinquante, & son circuit de seize cens. Elle a deux portes, & cinq fauxbourgs dans lesquels il y a un plus grand nombre d'habitans que dans la Ville. L'Eglise Collégiale de S. Andoche est la principale, & celle de S. Saturnin la seule Paroisse qu'il y ait. Elle est à l'extremité du faubourg du même nom. Celle de S. Nicolas n'est qu'une annexe. Dans le faubourg S. Jaques il y a un petit Hôpital pour sept lits. Le College, ou plûtôt l'Ecole publique de la Ville, est dirigée par un Recteur qui a sous lui un Régent, & un Maître à écrire. L'Evêque d'Autun est Seigneur de Saulieu, & la Justice lui appartient tant dans la Ville, que dans les fauxbourgs & banlieue. Les appellations des jugemens de ses Officiers se relevent au Bailliage Royal de Saulieu, qui fut établi au mois de May de l'an 1694. & de là au Parlement de Dijon. Il y a aussi un Grenier à sel à Saulieu.

Arnay-le-Duc est situé dans un vallon, sur la riviere d'Aroux, presque au milieu de la Province. Il y a eu autrefois un Château qui passoit pour fort, mais il n'en reſte qu'une tour qui ſert d'Hôtel de Ville. L'Egliſe Paroiſſiale a été bâtie dans l'enceinte de ce Château. La Ville a trois portes, & un petit faubourg à chacune. Elle a quatre cens cinquante pas de longueur, ſur environ trois cens cinquante de largeur, & quatorze cens de circuit. On voit à l'extrémité du faubourg S. Jaques un petit Prieuré de l'Ordre de S. Benoît, dont l'Egliſe eſt ancienne. Le Prieur a Juſtice dans toute la petite Ville d'Arnay deux fois l'année. C'eſt depuis midi de la veille des Fêtes de S. Jacques & de S. Blaiſe, juſqu'au midi du lendemain. Il n'y a qu'une ſeule Egliſe Paroiſſiale, tant pour la Ville que pour les fauxbourgs : elle eſt ſous l'invocation de ſaint Laurent. L'Hôpital a quelque apparence. Le College eſt à la charge des Jéſuites d'Autun, qui ſont obligez d'y entretenir deux Maîtres pour y enſeigner les baſſes Claſſes. Il y a dans cette petite Ville un Siége particulier du Bailliage d'Auxois, un Grenier à ſel, & une Juſtice Seigneuriale qui appartient à M. le Prince de Lambeſc, Seigneur & Baron d'Arnay-le-Duc.

Yvri eſt à trois lieues d'Arnay-le-Duc, & je n'en parle ici une ſeconde fois, qu'à cauſe qu'on découvrit, il y a quelques années, dans un pré des environs, une colonne antique que l'on croit avoir été érigée en mémoire de la victoire que César remporta sur les Suisses. Cette colonne appartient à M. de S. Micault.

Route d'Auxerre à Châlons par Dijon.

Cette Route est plus longue que l'autre, car elle est de quarante-deux lieues & demie, au lieu que la premiere n'est que de trente-quatre, mais la Ville de Dijon fait qu'elle est beaucoup plus curieuse. C'est aussi celle-ci que tinrent les Princes enfans de France à leur retour de la frontiere d'Espagne en 1701.

La Brosse.	1. l.
Préhi.	2. l.
Dichere.	1. l.
Aigremont.	1. l.
Noyers.	2. l.
Etivé.	3. l. & d.
Montbard.	3. l. & d.

Préhi *Pratelis*, *Pradillum*, *Pradilis.*

NOYERS est situé dans un vallon entouré de montagnes de tous côtez. Cette petite Ville a six cens pas de longueur, & trois cens pas dans sa plus grande largeur. Elle est ceinte de murailles fort anciennes, avec vingt-deux tours bâties de pierre de taille. Elle a deux portes, l'une au midi, & l'autre au nord. La riviere de *Sezin*, ou *Serin*, l'environne de tous côtez, hormis du côté du septentrion. Le College a été fondé en y unissant quelques Chapelles, outre lesquelles la Ville donne trois cens livres à des Peres de la Doctrine Chrétienne qui y enseignent les basses classes. Il y a deux petits Hôpitaux, l'un dans la Ville, & l'autre dans le faubourg. La Justice appartient au Seigneur qui la fait exercer par un Baillif, un Lieutenant, un Procureur Fiscal, &c. Ce Bailliage est *ad instar* des Royaux, & en a les privileges. L'appel des Sentences se releve au Présidial de Semur. Il y a aussi un Grenier à sel à Noyers. Cette Ville porte pour armes de sable, à la Vierge drapée d'azur, & de gueules, tenant son Fils.

MONTBARD, *Mons barrus*, *Mons barri*, est situé sur le penchant d'une petite montagne, sur la gauche de la petite riviere de Brenne. Cette petite Ville qui de loin paroit quelque chose, n'a que sept cens pas de longueur, deux cens cinquante de largeur, & deux mille quatre cens de circuit, en y comprenant le Château. Elle n'a d'autres fortifications que ses murailles, & quelques tours à moitié ruinées. Le Château est un vieux bâtiment fermé par de fortes murailles, & de grosses tours. L'Eglise qui lui servoit de Chapelle est présentement Paroissiale, & est desservie par un Curé qui n'est à proprement parler que le Vicaire perpetuel du Prieur de Courtangi qui est primitif; & par six Prêtres qui ont chacun deux cens livres de revenu. Les Chapelles de saint Jean & de saint Thomas sont encore dans cette Ville. L'Hôpital n'a que quatre ou cinq lits, & ne se soûtient que par les aumônes. La Justice & la Police sont exercées par le Maire dans la Ville, & par le Châtelain au Château. Quoique cette Ville soit du Diocese de Langres, elle est néanmoins du Bailliage de Semur. Il y a un Grenier à sel, & on fait des gans de peau de chiens qui ont quelque réputation. Montbard porte d'azur à deux bards adossez d'argent, & une fleur de lys d'or en chef.

Villeneuve.	4. l.
Chanceaux.	3. l.
S. Seine.	3. petites lieues.
Valsuzon.	2. p. l.
Dijon.	3. l.
Nuis.	4. l.
Beaune.	3. l.
Chagni.	3. l.

Châlon. 3. l. & d.

* *Chanceaux* eſt un petit Bourg dont l'Abbé de Flavigny eſt Seigneur. A trois quarts de lieues de ce Bourg, & à environ cinquante pas du chemin de Paris eſt la ſource de la riviere de Seine.

S. Seine eſt une petite Ville dont une Abbaye de Bénédictins eſt le plus grand ornement.

DIJON, *Divio*, *Dibio*, *Divionenſe Caſtrum*, eſt la Capitale de la Bourgogne. Un Ecrivain * judicieux, & zelé pour ſa patrie, croit que les huit légions que Céſar envoya pour réprimer le ſoulevement des Belges, & pour ſoûtenir la fidelité des Eduens, furent poſtées dans l'endroit où eſt Dijon, & que ce camp fut fermé de murailles, & bâti en forme de Ville, ce qui lui fit donner le nom de *Caſtrum*, qu'il portoit encore du tems de Gregoire de Tours. La Franche-Comté ſe ſouleva du tems de Marc-Aurele, & cet Empereur fit conſtruire à Dijon de nouveaux murs & de nouvelles fortifications. On voit dans les Actes du martyre de S. Benigne que cet Empereur vint à Dijon *ut videret novos muros quos conſtruxerant*. Ces murs ne renfermoient

* M. Baudot.

que l'ancien Dijon qui étoit peu étendu. L'Abbaye de S. Benigne fondée hors de cette enceinte, fut cause qu'on bâtit auprès plusieurs maisons qui formerent à la fin un faubourg où étoient les Paroisses de S. Jean & de S. Philibert. Il se forma ailleurs quelques autres fauxbourgs avec les Paroisses de Nôtre-Dame, de S. Nicolas, de S. Michel, & de S. Pierre.

L'an 1137. la Ville de Dijon fut presque détruite par un incendie. Elle se releva insensiblement, & deux cens ans après cet accident, on l'entoura de nouveaux murs dans lesquels on enferma le Bourg de S. Benigne, & la plus grande partie des autres fauxbourgs.

Cette Ville telle qu'elle est aujourd'hui, forme un ovale presque parfait, & son enceinte est d'une heure de chemin. Gregoire de Tours dans la description qu'il fait de Dijon, remarque que deux petites rivieres baignent ses murs, l'une du côté du midi, qui est l'Ouche; & le Suson du côté du septentrion. Cette derniere entre dans l'Ouche à la sortie des fossez de cette Ville.

Ses fortifications sont un fossé qui est à fond de cuve, accompagné de douze bastions, & d'un fer à cheval qui défend la porte qui est du côté du midi. Les murs sont beaux, & garnis de tours rondes à l'antique. Ils ne ſont interrompus que par le Château qui eſt de figure quarrée, & qui a aux quatre angles quatre groſſes tours rondes, & à l'antique. Il eſt flanqué de deux fers à cheval, l'un au nord qui eſt aſſez grand, & l'autre plus petit, du côté du midi qui regarde la Ville.

L'on entre dans Dijon par quatre portes, dont les avenues ſont riantes & commodes, particulierement celle de la porte d'Ouche, où il y a une chauſſée de près d'un quart de lieue de long, bordée de chaque côté d'un rang d'ormes. Les trois autres ſont la porte de S. Nicolas, qui eſt la plus remarquable; la porte Guillaume qui eſt la plus fréquentée, car c'eſt par là que les courriers, les meſſagers, & les autres voitures qui viennent de Paris, entrent dans Dijon. Il y en avoit une cinquiéme qui étoit appellée la porte au fermeau, mais elle eſt murée.

L'Egliſe de l'Abbaye de S. Benigne eſt la premiere que l'on trouve en entrant par la porte Guillaume. C'eſt un bâtiment gothique qui n'a rien de trop beau. Derriere le Chœur de cette Egliſe eſt une rotonde ancienne, composée de trois voûtes l'une ſur l'autre, ſoûtenues par cent quatre colonnes dont le fuſt eſt d'une ſeule pierre. Ce bâtiment que quel-

quelques-uns croyent avoir été un temple de faux dieux, est vuide dans le milieu, & ne reçoit de jour que par une ouverture d'en haut. Il est aujourd'hui consacré par plusieurs Chapelles qu'on y a pratiquées, par la dévotion qu'on a à un Crucifix qui a autrefois parlé, selon une vieille tradition. L'on voit aussi en ce même lieu plusieurs tombeaux qu'on croit être des premiers Chrétiens.

Près de là sont les deux Paroisses de S. Philibert & de S. Jean. La premiere est la Paroisse des Vignerons qui font un corps très-considerable dans Dijon, & qui étoit autrefois très-redoutable dans cette Ville. L'Eglise de S. Jean est remarquable par l'étendue & la hardiesse de sa voûte qui n'est soûtenue d'aucuns piliers.

La Place de Morimont n'est pas loin de l'Eglise de S. Jean. C'est là que se font les executions. Cette Place a pris le nom de *Morimont*, parce qu'elle est dans sa dépendance.

La Place des Cordeliers est assez grande & réguliere, mais toujours assez mal propre à cause des boues. Les Cordeliers sont bien logez, & leur Eglise est spacieuse & belle. L'on y remarque la statue de la Dame de Saillant qui y est représentée à genoux sur une espece de console faite en forme de gaine. C'est dans ce Couvent que s'assemblent les trois ordres des Etats de Bourgogne; chaque ordre y a sa salle particuliere.

La Place qui est devant l'Eglise Collégiale de S. Etienne, est une des promenades de la Ville.

La Sainte Chapelle a été fondée en 1172. par Hugues III. Duc de Bourgogne. Le Chœur n'est orné que des armoiries des Chevaliers de la Toison d'or que Philippe le Bon Duc de Bourgogne y assembla pour un Chapitre qu'il tint à la naissance de Charles Comte de Charolois son fils. Ce qu'on remarque dans cette Eglise de plus précieux, c'est le présent que lui fit Philippe le Bon de l'*Hostie* miraculeuse que le Pape Eugene IV. lui avoit envoyée à Lisle en Flandre, en reconnoissance du secours que ce Prince lui avoit donné contre les ennemis de son exhaltation. On voit sur cette Hostie plusieurs taches du sang qui en sortit par autant de coups de couteau, qui, selon la tradition, lui furent donnez par un Juif. Ce précieux trésor qui subsiste sans alteration depuis si longtems, est gardé dans un coffre d'or qui fut donné par le Duc d'Epernon, dans le tems qu'il étoit Gouverneur de Bourgogne. Lorsqu'on expose cette Hostie aux yeux des Fideles, on la met dans un vaisseau d'or du poids de cinquante-un marcs, garni de pierreries, & de la couronne d'or que Louis XI. porta le jour de son Sacre, & dont il fit présent à la sainte Hostie. Dans une Chapelle qui est du côté de l'Evangile, est le tombeau de Gaspard de Saulx Seigneur de Tavannes, Marêchal de France, mort en 1570. Dans la Nef l'on voit contre un pilier à main gauche une figure de pierre qui représente un homme à genoux, vêtu d'une longue robe, ayant une ceinture de laquelle pend une grosse bourse quarrée. C'est la figure d'un Marchand Génois nommé *Digue Sponde*, qui prêta une somme considerable à un Duc de Bourgogne qui alloit faire la guerre aux Infideles. Ce Marchand ayant ensuite fait don de cette somme au Duc, celui-ci par reconnoissance fit ériger ce monument à sa mémoire.

Il n'y a que sept Paroisses dans Dijon, & Corneille étoit fort mal instruit lorsqu'il a écrit qu'il y en avoit seize. Celle de Nôtre-Dame est la plus considerable. Celle de S. Michel, celle de S. Nicolas, celle de S. Jean, celle de S. Pierre, celle de S. Médard, qui a été transferée dans l'Eglise Collégiale de saint Etienne, & celle de S. Philibert. L'Eglise de *Nôtre-Dame* a pris son nom d'une Image de la Vierge, qui en 1513. délivra cette Ville de la fureur des Suisses, qui après la victoire de Novarre assiégerent Dijon, & en avoient déja pillé & brûlé les fauxbourgs. En mémoire de cette délivrance il se fait tous les ans une Procession générale.

Le Portail de l'Eglise de S. Michel mérite d'être remarqué pour la beauté de l'architecture & de la sculpture, & à cause de ses deux tours couvertes en dôme.

L'Hôpital du S. Esprit dans le faubourg d'Ouche, fut fondé par Eudes III. Duc de Bourgogne de la premiere race, pour retirer les pelerins, nourrir & élever les enfans exposez, qui sont ici gouvernez par des Sœurs hospitalieres de l'Ordre du S. Esprit de Montpellier. Celui de Nôtre-Dame de la Charité est aussi dans le faubourg d'Ouche, & fut commencé en 1502. L'on y retire plus de cinq cens pauvres de tout âge & de tout sexe, qui sont servis par une Communauté de vingt Religieuses. Cet Hôpital est administré par un Président & deux Conseillers du Parlement, dont l'administration ne dure que deux ans; par deux Maîtres des Comptes, par un Trésorier de France, & par les Maire

& Echevins. Outre ces Hôpitaux, il y en a un troisiéme qui est dans la Ville sur la Paroisse de S. Philibert. Il porte le nom de sainte Anne, & est destiné pour l'éducation des pauvres orphelines. C'est Pierre Odebert Président au Parlement de cette Ville, & Odette Maillard sa femme, qui en sont les fondateurs.

La Chartreuse est à l'extrémité de ce faubourg, & à l'occident. Elle fut fondée en 1383. par Philippe le Hardi Duc de Bourgogne. C'est dans cette Eglise que sont inhumez les corps des derniers Ducs de Bourgogne, ceux des Duchesses leurs femmes, & des Princes & Princesses leurs enfans : mais on ne voit les représentations que de Philippe le Hardi, de Jean sans peur, avec Marguerite de Baviere sa femme. Ces deux tombeaux sont d'une grande beauté, & une des principales curiosités qu'on montre aux Voyageurs.

Le Couvent des Dominiquains a été fondé par Alix de Vergy Duchesse de Bourgogne, en 1237. A l'entrée de leur maison il y a une grande salle où les habitans de cette Ville s'assemblent pour l'élection du Maire.

La Maison des Jésuites est une des plus belles qu'il y ait en France. Elle doit son établissement à Odinet Gaudran Président au Parlement de cette Ville, lequel en 1581. fonda ce College pour toutes les Classes jusqu'à la Théologie. Pierre Odebert autre Président du même Parlement, ajoûta à cette fondation en 1684. celle de quatre Régens de Théologie. Cette Maison possede la Bibliotheque de Charles Fevret Conseiller-Clerc au Parlement de Bourgogne, qui la donna aux Jésuites, à condition qu'elle seroit publique. Outre ces Maisons Religieuses, il y en a plusieurs autres. Le Couvent des Ursulines est riche de plus de quarante mille livres de rente, & sa Communauté est fort nombreuse.

Le Logis du Roi étoit le Château des Ducs de Bourgogne. Il est magnifique, & bien logeable. Salle des Gardes, grands appartemens, rien n'y manque. La piece que l'on appelle la salle des Etats, est destinée à faire l'ouverture de ces Assemblées, & a été bâtie sous le gouvernement du dernier Prince de Condé. Ce Palais est situé sur *la Place Royale* qui est ornée d'une statue équestre de Louis le Grand, qui a été faite à Paris par le Hongre. Cette Place est percée en plusieurs endroits qui répondent à autant de rues, dont l'une conduit au Palais. C'est ici qu'on fait les réjouissances publiques.

Le Palais est un grand bâtiment à l'antique. Au frontispice est un vestibule soûtenu par quatre colonnes, & élevé sur un perron de plusieurs marches. Charles IX. fit bâtir la grande salle qui a des boutiques de chaque côté, où l'on vend de toutes sortes de marchandises. La grand'Chambre est pour les Audiences. Plafond, dorures & peintures, rien n'y est épargné, aussi est-ce Louis XII. qui la fit bâtir.

Le bâtiment de l'Hôtel de Ville est peu de chose. Le Maire est élû tous les deux ans, au mois de Juin, par les habitans des sept Paroisses. Il prend la qualité de *Vicomte-Mayeur*, c'est-à-dire, de Vicomte-Maire. Robert II. Duc de Bourgogne acquit au mois de Novembre de l'an 1276. la Vicomté de Dijon de Guillaume de Chanlite Seigneur de Pontallier, & au mois de Décembre de l'an 1284. il la remit aux Maire & Echevins de Dijon par transaction qui fut confirmée par Philippe le Hardi.

Le Maire est chef des armes, & en cette qualité il a sous lui les sept Capitaines des sept quartiers de la Ville, sept Lieutenans, & sept Enseignes.

La Ville de Dijon a produit un grand nombre de gens de lettres, parmi lesquels Claude Saumaise, Etienne Perard,

Charles Fevret, Benigne Boſſuet Evêque de Meaux, & une des plus grandes lumieres de l'Egliſe Gallicane, & Bernard de la Monnoye grand Poëte, & grand Critique, ſont ceux dont le mérite a paru avec plus d'éclat.

Cette Ville a trois fauxbourgs, celui de la porte d'Ouche, celui de S. Nicolas, & celui de S. Pierre. Toutes les avenues en ſont riantes, & plantées d'arbres qui forment autant de cours.

Le plus beau eſt ſur la droite du chemin de Dijon à Auxonne. Il a un quart de lieue de long, & eſt planté de trois allées de tilleuls. Ces allées ſont interrompues dans le milieu de leur longueur, par un rond grand & ſpacieux bordé de rangs d'arbres dans le même ordre que les allées. Ce cours ſe termine par un grand parc fermé de murailles de trois côtez. Il eſt très-bien planté, & terminé par la riviere d'Ouche. On le nomme *le Parc de la Colombiere*, du nom d'une maiſon qui eſt au-delà de la riviere. Il appartient à M. le Duc de Bourbon.

Un autre cours eſt ſur le chemin d'Auxonne & parallele à celui dont je viens de parler.

Un troiſiéme eſt ſur le chemin de Beaune.

Le quatriéme conduit depuis le faubourg d'Ouche jusqu'aux Chartreux.

Le cinquiéme a été planté en 1716. a 350. toises de long, & regne sur le rempart depuis la porte S. Pierre jusqu'au bastion de la porte d'Ouche.

La Ville de Dijon porte pour armes de gueules, au chef chargé des deux écus de Bourgogne, dont l'un est bandé d'or & d'azur, de six pieces, à la bordure de gueules, qui sont les armes que prit le Duc Robert; & l'autre est d'azur semé de fleurs de lys d'or sans nombre, à la bordure componée d'argent & de gueules, que prit Philippe le Hardi fils du Roi Jean, & qu'il mit au premier quartier de son écu.

Nuys, est une petite Ville sur un ruisseau appellé le Muzin, & située au bas d'une montagne. Son enceinte n'est que d'onze cens pas, dans lequel espace sont enfermées cent trente maisons fort serrées. Elle est fermée de murailles garnies de six tours, cinq rondes, & une quarrée. Il y a encore quelques restes de fortifications, & deux portes, l'une au midi, & l'autre au septentrion. On ne peut rien dire de certain de l'ancienneté de cette petite Ville qui tient cependant le troisiéme rang aux Etats de Bourgogne. La Seigneurie de Nuys appartient à M. le Prince de Conty, comme Engagiste,

& en cette qualité il a toujours nommé le Gouverneur, qui sur sa présentation obtient des provisions du Roi. La principale Eglise est la Collégiale de S. Denis, qui fut cedée à ce Chapitre, lorsqu'il y fut transferé du Château de Vergy en 1609. après que le Roi Henri le Grand l'eut fait démolir. L'Eglise Paroissiale est sous le titre de S. Symphorien. Les Chanoines de S. Denis en sont les Curés primitifs, & nomment un d'entre eux pour faire les fonctions curiales. Il y a aussi un Couvent de Capucins, un d'Ursulines, un Hôpital, un Bailliage, une Prévôté Royale, & un Grenier à sel.

BEAUNE, *Belnum*, *Belna*, sur la riviere de Bougeoise qui prend sa source à cinq cens pas de cette Ville. Quelques Auteurs ont crû que c'étoit la *Bibracte* dont parle César, mais M. de Valois dit que c'est sans raison, Beaune étant une petite Ville que l'on ne découvre que dans les chroniques des Monasteres de Bourgogne. La figure de cette Ville est presque ovale. Elle a deux cens douze toises de long, cent quatre-vingt-quinze de large, & sept cens quatre-vingt de circuit. Les fossez en sont beaux, & les murs assez bons. Les parapets en sont ruinez en plusieurs endroits. Elle est fortifiée par quatre bastions, deux ravelins, & six boulevarts revêtus d'un mur dont les pierres ſont taillées en pointes de diamants. Trois des boulevarts ſont preſque ruinez. L'on entre dans la Ville par quatre portes, qui ſont nommées de S. Nicolas, de S. Martin, de la Bretonnerie, & de la Madeleine. Il y a une Collégiale dont j'ai parlé ailleurs ; deux Paroiſſes ſans compter les trois qui ſont dans les fauxbourgs, & deux Hôpitaux. Celui qui eſt pour les malades a été fondé par Nicolas Rollin Chancelier de Philippe Duc de Bourgogne en 1443. Ce bâtiment eſt vaſte, & magnifique pour le tems de ſa conſtruction. Il y a cinq ſalles pour les malades du commun, & quatre chambres pour les perſonnes de diſtinction qui s'y font porter, & qui y ſont ſervies en payant. Il eſt deſſervi par des Religieuſes, & ſes revenus ſont adminiſtrez par des Maîtres qui n'exercent que pendant trois ans, & qui ſont nommez par le Marquis d'Epinac qui en eſt le Patron, étant deſcendu par femmes du Chancelier Rollin.

L'autre Hôpital eſt général pour des orphelins & des orphelines. On les y occupe à carder & à filer de la laine. Le nombre n'en eſt pas fixe. Outre ces Hôpitaux, il y a encore une chambre des pauvres, dont le Bureau eſt compoſé du Maire qui y préſide, de deux Chanoines, de deux Officiers Royaux, de deux Echevins, & de quatre Bourgeois. Ils ſont changez tous les trois ans. Les revenus ſont employez à faire ſubſiſter de pauvres honteux, & à faire apprendre des métiers aux enfans de l'un ou de l'autre ſexe.

Il y a auſſi un fort beau Collége où les PP. de l'Oratoire enſeignent toutes les claſſes juſqu'à la Philoſophie incluſivement.

Quoique cette Ville n'ait que quatre portes, elle a néanmoins cinq fauxbourgs, dans l'un deſquels il y a une Chartreuſe fondée en 1328. par Eudes IV. Duc de Bourgogne. Les habitans de Dijon & ceux de Beaune ſont en poſſeſſion de ſe railler les uns les autres. Lorſque ceux de Dijon parlent d'un *Niais*, ils ont coutume de dire qu'il eſt de Beaune, ou qu'il faut l'y envoyer. Au reſte cette Ville eſt du Dioceſe d'Autun, & elle porte pour armes d'argent, à une Nôtre-Dame de carnation, habillée de gueules; le manteau d'azur, portant le petit Jeſus auſſi de carnation, tenant un pampre de ſinople avec un raiſin de ſable.

CHALON, *Cabilonum*, eſt ſur les bords de la riviere de Saône, dans une plaine vaſte & fertile. Ce que l'on peut dire de plus certain ſur ſon ancienneté, c'eſt que le Roi Gontran en fit la capitale de son Royaume après la mort du Roi Clotaire I. son pere. Cette Ville étoit autrefois d'une très-petite étendue, mais on l'a agrandie en enfermant les fauxbourgs de S. Jean de Maizel & de S. André dans ses nouveaux murs. La citadelle fut bâtie en 1563. sur une hauteur qui étoit dans le faubourg S. André. Elle a cinq bastions, & en 1671. & 1672. on y ajoûta quelques dehors. On n'a point touché aux fauxbourgs de sainte Marie & de saint Laurent.

Ce dernier est au-delà de la riviere, & a sa communication avec la Ville par un pont de pierre. L'Hôtel-Dieu est dans ce dernier faubourg sur la riviere de Saône, & dans une très-belle situation. Le bâtiment n'est pas fort grand, mais il est bien entendu. L'Hôpital général sous le nom de Charité, est établi depuis quarante ans. L'on y nourrit & éleve cinquante-quatre enfans. Il y a dans cette Ville plusieurs Couvents de l'un & de l'autre sexe; & elle est très-marchande. Il y a aussi un Présidial & un Grenier à sel. Elle porte pour armes d'azur à trois anneaux d'or, deux & un.

A un petit quart de lieue de Châlon est le Prieuré Conventuel de S. Marcel possedé par des Religieux réformez de

Cluni. C'étoit autrefois une Abbaye fondée par le Roi Gontran qui voulut y être enterré. *S.* Desiré & *S.* Sylvestre Evêques de Châlon, ont aussi été inhumez dans cette Eglise. Le fameux Pierre Abeillard mourut dans ce Monastere, & fut inhumé dans la Chapelle de l'Infirmerie. Son corps fut ensuite transporté au Paraclet, & la Chapelle dont je viens de parler, ayant été détruite, & les Religieux voulant conserver ce cenotaphe, le firent mettre dans l'Église, où l'on le voit encore.

L'on va de Châlon à Lion par eau, sur la riviere de Saône, ou par terre; mais la route qu'on fait par eau, est la plus douce, & la plus commode. Voici l'une & l'autre de ces routes.

Route par eau.

Tournus.	5. l.
Mâcon.	5. l.
Montmerle.	6. l.
Trevoux.	6. l.
L'Isle Barbe.	3. l.
Lion.	1. d. l.

TOURNUS, *Tinurcium*, sur la Saône, dépend du Bailliage de Mâcon, quoiqu'elle soit du Diocese de Châlon. La longueur de cette Ville eſt de mille pas, ſa largeur de trois cens quatre-vingt, & ſon circuit de trois mille cent pas, en y comprenant l'Abbaye. L'Abbé eſt Seigneur haut Juſticier de cette Ville. La Juſtice ſe rend dans l'enclos de l'Abbaye, & les appellations ſont portées au Bailliage, & Siege Préſidial de Mâcon. On prétend que les Abbés de Tournus faiſoient autrefois battre monnoye, & que c'eſt de là que la tour de la Monnoye a pris ſon nom. L'Hôpital n'entretient que ſeize lits, & le College, ou Séminaire n'eſt compoſé que de deux Eccléſiaſtiques. Il n'y a rien de remarquable dans Tournus que l'Abbaye, où il y a une Egliſe ſoûterraine qui eſt vénérable par ſon ancienneté, & dans laquelle l'on voit le tombeau de S. Valerien, qu'on prétend avoir annoncé le premier la Foi Chrétienne à Tournus. On trouve aux environs de cette Ville une carriere de pierre dure & jaſpée qui approche fort du marbre, & dont on fait des cheminées très-propres. Tournus porte de gueules à trois tours d'argent, au chef de France.

MACON, *Matiſco Æduorum*, eſt ſituée ſur le penchant d'un côteau, & ſur la riviere de Saône qui la ſépare de la Breſſe, avec laquelle elle communique par le moyen d'un pont qui a trois cens pas de long ſur ſix de large, & treize arches. L'enceinte de Mâcon forme à peu près un demi cercle, & a environ treize cens pas de long, ſix cens quarante de large, & trois mille de circuit. Les rues y ſont étroites, & mal percées, & il n'y a preſque point de places publiques. L'on compte dans cette Ville environ ſix mille perſonnes. L'entrée de Galas à la tête d'une armée allarma toute la Bourgogne, & on commença à Mâcon de nouvelles fortifications qui n'ont point été achevées. On n'a fait que deux baſtions du côté de la porte S. Antoine, dont le plus grand eſt joignant la riviere de Saône, & n'eſt pas terraſſé. L'Egliſe Cathédrale eſt ſous l'invocation de ſaint Vincent. Elle eſt étroite & ſombre, & ſes voûtes ſont aſſez exhauſſées. La ſonnerie de ſes cloches paſſe pour être une des plus harmonieuſes du Royaume. La Collégiale de S. Pierre n'eſt remarquable que par la nobleſſe de ſon Chapitre. Il y a des Cordeliers obſervantins à Mâcon, des Jacobins, des Capucins, des Minimes, un College de Jéſuites, & une Maiſon de Prêtres de l'Oratoire. Il y a auſſi des Couvens de Filles de la Viſitation, d'Urſulines, de Carmelites, & d'Hoſpitalieres qui deſſervent l'Hôtel-Dieu qui a quarante-huit lits, & environ ſix mille livres de rente. La Maiſon de la Charité n'a qu'environ quinze cens livres de rente, & nourrit néanmoins ordinairement cent vingt perſonnes. Mâcon a un Gouverneur particulier, & un Lieutenant de Roi. Pour la Juſtice & les Finances, il y a un Préſidial, une Election, un Grenier à ſel, une Juriſdiction des Traites Foraines, &c.

La Saône forme une Preſqu'iſle au-deſſous du pont de Mâcon, qui eſt toute entourée d'arbriſſeaux. Au milieu eſt une petite prairie fort propre pour donner des fêtes & des réjouiſſances publiques.

Mâcon porte de gueules à trois beſans d'argent, deux, & un.

Montmerle eſt une très-petite Ville ſur le bord de la Saône, de la Principauté ſouveraine de Dombes. Les Minimes ont un Couvent ſur une éminence d'où l'on voit ſans lunettes ſix Provinces, ſix Villes, & plus de deux cens Villages. Les Provinces ſont le Mâconnois, le Forets, le Beaujolois, le Lionnois, la Breſſe, la Principauté de Dombes. Les Villes ſont Villefranche, Beaujeu, Belleville, Macon, Trevoux, & Toiſſei. En ſuivant le cours de la Saône, on compte deux lieues de Montmerle à Trevoux, mais par terre il n'y a que trois quarts de lieue.

TREVOUX, *Trivortium*, a pris ce nom pour avoir été bâtie dans l'endroit où l'un des grands chemins qu'Agrippa avoit fait faire dans les Gaules, se partageoit en trois, & que pour cette raison on appelloit *tres viæ*, *Trivium*. Cette Ville est la Capitale de la Principauté souveraine de Dombes, & est située sur une colline qui s'abaisse jusqu'au bord de la Saône. Le Pape Clement VII. y établit un Chapitre en 1523. Il est composé d'un Doyen qui est Conseiller-né du Parlement, d'un Chantre, d'un Sacristain, & de dix Chanoines, tous Concurés de la Ville. Le Doyenné est à la nomination du Souverain. On voit aussi à Trevoux un Couvent de Religieux du Tiers-Ordre de S. François, un de Carmelites, un d'Ursulines, un Hôpital bâti, & fondé par feue Anne-Marie-Louise d'Orleans, Souveraine de Dombes. *Il n'est pas vrai que les Jésuites ayent ici un Couvent, ni qu'ils y composent & impriment tous les mois le Journal des Sciences & des beaux Arts*, comme le dit l'Auteur d'un Voyage de France imprimé chez Saugrain en 1720. Tout le monde sçait que les PP. Jésuites qui travaillent à ce Journal, demeurent à Paris, & que le Journal dont ils sont les Auteurs, s'est imprimé à Trevoux pendant fort longtems, mais depuis quelques années il s'imprime à Paris. Le Parlement tenoit ses séances à Lion,, mais en 1696. Monseigneur le Duc du Maine le transfera à Trevoux, où il fit bâtir un beau Palais pour le Siege de la Justice. Ce Parlement est composé de trois Présidens, d'un Chevalier d'honneur, de douze Conseillers, dont il y en a deux de Clercs, de trois Maîtres des Requêtes, d'un Procureur Général, de deux Avocats Généraux, & de quatre Secretaires. Ce même Prince a fait établir une Imprimerie dans la même Ville, & a fait tracer le plan d'un beau College. La Chambre du Trésor, l'Hôtel de la Monnoye, & le Palais du Gouverneur sont les autres édifices les plus remarquables de Trevoux.

L'Isle Barbe est au milieu de la riviere de Saône, entre le Village de Cuires, & celui de S. Rambert. Comme ce n'étoit qu'un écueil sterile & sauvage, on le nomma d'abord l'Isle-Barbare, & ensuite par contraction l'*Isle-Barbe*. Elle fut d'abord habitée par des Chrétiens qui fuyoient la persécution de l'Empereur Severe. Longin Gentilhomme du pays bâtit un Monastere à la pointe septentrionale de cette Isle, vers l'an 240. Ce Monastere subsista jusqu'à ce qu'il fut entierement ruiné par les Wisigoths. L'Empereur Charlemagne en fit bâtir un nouveau, & y assembla quatre-vingt-dix Religieux qu'il avoit fait venir du Mont Cassin, & des plus fameux Monasteres de son Royaume. Cet édifice fut encore saccagé & ruiné par les Calvinistes. Cette Abbaye fut sécularisée en 1549. Les Seigneurs du nom de *Montdor* ont donné des Seigneuries considerables à ce Monastere où ils avoient par là acquis une maison, & droit de sépulture. Comme les *Montdor* prétendent descendre du fameux Paladin Rolland, les Seigneurs d'Hoirieu qui étoient les aînés de la Maison de Montdor étoient en possession de venir tous les ans à l'Isle-Barbe le jour de l'Ascension pour exposer au Peuple parmi les Reliques de cette Abbaye, le cor de chasse d'yvoire de ce Preux. Outre l'Eglise Collégiale, il y a une petite Paroisse dans l'Isle-Barbe.

Route de Châlon à Lion, par terre.

Senecey.	3. l.
Pimont.	1. l.
Tournus.	1. l.
Montbelet.	2. l.
Mâcon.	3. l.

La Chapelle.	2. l.
La Maison Blanche.	1. l.
Belleville.	2. l.
Villefranche.	2. l.
Anse.	1. l.
Lion.	4. l.

Belleville est une petite Ville du Beaujolois située sur la riviere d'Ardiere. On y remarque une Abbaye de l'Ordre de S. Augustin, qui fut fondée l'an 1160. par Humbert de Beaujeu.

Villefranche, sur le Morgon, est aujourd'hui la Capitale du Beaujolois, & comme elle est dans une plaine fort fertile, cela a fait dire que *la lieue d'Anse à Villefranche est la meilleure du Royaume.* Cette petite Ville fut fondée par Humbert IVe. du nom, Sire de Beaujeu, vers le commencement du douziéme siecle. Ce Seigneur donna le terrein sur lequel elle est bâtie sous la redevance de trois deniers par toise; & entre les privileges qu'il accorda afin d'y attirer des habitans, il y en avoit un qui permettoit aux maris de battre leurs femmes jusques à effusion de sang, sans être repris, pourvû que la mort ne s'ensuivit pas. Il y a encore dans la banlieue de Villefranche un usage fort singulier. Lorsque le petit peuple croit que les grains sont mûrs, il va les couper sans la permission du proprietaire; il les lie, & se paye de sa peine, en empôrtant la dixiéme gerbe. Cette maniere de moissonner s'appelle *la cherpille*, & a toujours fort déplu aux proprietaires, mais jusqu'à présent ç'a été envain. Au reste Villefranche ne consiste presque qu'en une très-belle rue qui va d'un bout de la Ville à l'autre. Il y a dans cette petite Ville une Election, un Grenier à sel, & une Académie de beaux Esprits qui y fut établie en 1679.

LION, *Lugdunum*, *Lugudunum*, *Lucdunum*, *Lygdunum*, *Lugdunum Segusianorum*. Polype & Tite-Live donnent le nom d'*Isle* au pays qui est enfermé entre le Rhône, la Saône, & les Alpes, & dont la figure triangulaire le fait ressembler au *Delta* d'Egypte, avec néanmoins cette différence qu'en ce lieu de l'Egypte, c'est la mer qui fait la base du triangle, & qu'ici ce sont les montagnes. C'est dans cette petite Isle, au confluent du Rhône & de la Saône, que la Ville de Lion est située. Sa fondation est si ancienne que le tems en est fort incertain. Annius de Viterbe l'attribue à *Lugdus* quatorziéme Roi des Celtes, mais ce sentiment n'a été suivi que par Jean le Maire, & par un petit nombre d'autres

Ecrivains particulierement dévoués à l'erreur & à la fable. D'autres prétendent que cette Ville a été fondée vers l'an de Rome 364. par deux freres nommés *Momorus*, & *Atepomarus*, Princes Gaulois qui regnoient dans la Ville de *Céseron*, aujourd'hui nommée *S. Tuberi*, proche la Ville d'Agde en Languedoc, lesquels ayant été chassez de leur Royaume par des Peuples voisins, remonterent le Rhône jusqu'à l'endroit où la Saône se joint à ce fleuve; & que là ils furent avertis par un oracle d'y bâtir une Ville qu'ils appellerent *Lugdunum*, parce que *Lugos* en leur langue signifioit un *corbeau*, & qu'aussitôt qu'ils avoient jetté les fondemens de cette Ville, ils virent paroître tout d'un coup des corbeaux qui couvroient de leurs aîles tous les arbres des environs.

Le silence de César qui ne parle en aucune façon de cette Ville, & plus encore celui de Polybe, de Tite-Live & de Plutarque, qui ont décrit avec tant de soin la marche d'Annihal, ne laisse aucune réponse raisonnable à ceux qui soûtiennent ce sentiment.

La troisiéme opinion est la plus vraisemblable, & aussi la plus universellement suivie. Elle attribue la fondation de Lion à *Lucius Munatius Plancus*,

Consul Romain, qui vers l'an 709. de Rome, bâtit cette Ville aux habitans de Vienne alliez du Peuple Romain, lesquels s'étoient réfugiez au confluent du Rhône, & de la Saône, après avoir été chassez de leur Ville par les Allobroges, & y conduisit une colonie de Romains pour achever de la peupler.

Le P. Meneſtrier est Auteur d'un quatriéme sentiment qui est une conciliation du second & du troisiéme, que je viens de rapporter. Il prétend que *Momorus* & *Atepomarus*, bâtirent une Ville sur la montagne de Fourviere, & que trois ou quatre siecles après, *Plancus* en bâtit une autre au-dessous de l'ancienne, dans la plaine qui est au confluent du Rhône & de la Saône. On fit au P. Meneſtrier plusieurs observations très-solides ausquelles il répondit de son mieux, mais je ne sçai si sa grande érudition lui permit de sentir toute la force des raisons qu'on lui objectoit. M. Brossette dans son Histoire de Lion, a proposé une difficulté qu'on n'avoit jamais faite au P. Meneſtrier, & laquelle cependant me paroît encore plus forte que les autres.

Les Etymologistes ne sont pas moins partagez sur le nom de *Lugdunum*, que les Historiens le sont sur le tems de la fondation de cette Ville. Les uns veulent

lent que Momore la nomma *Lugdunum* à cause des corbeaux qu'il y avoit vûs, & que *Lugu* en Langue Celtique signifioit un corbeau. D'autres prétendent que *Lugdus* son fondateur lui donna son nom. D'autres, qu'elle a été appellée *Lucdunum* de *Lucius Munatius Plancus*, comme qui diroit *la colline de Lucius.* D'autres enfin soûtiennent qu'elle a été ainsi nommée pour marquer sa situation au soleil levant, *Lucis dunum*, &c.

Valois, *le P. Hardouin*, & nos plus judicieux Critiques rejettent toutes ces étymologies, & disent qu'afin qu'elles pussent être admises, il faudroit que toutes les Villes de France qui portent le nom de *Lugdunum*, ou l'eussent pris des corbeaux qu'on y vit, ou eussent été fondées par *Lugdus* Roi des Gaules, ou rebâties par *Lucius Munatius Plancus*, ou eussent été enfin bâties sur des montagnes exposées au soleil levant; ce qui est ridicule. *Lugdunum* a donc été formé de deux mots Celtiques *Lut*, & *dun*, dont le premier signifie en cette langue *peuple*, & le second *montagne*, comme qui diroit *le peuple*, ou *les habitans de la montagne.*

La situation de Lion la rend l'entrepôt d'un très-grand commerce. Il n'y eut rien de plus célébre dans les Gaules, après que les Romains les eurent conquises, que le temple que soixante peuples des Gaules firent bâtir en l'honneur de la Ville *de Rome*, & *d'Auguste*. Ces peuples donnerent autant de statues, avec leurs inscriptions, pour orner l'Autel qu'ils y avoient fait ériger à ce Prince. Caligula ayant reçû l'honneur de son troisiéme Consulat, pendant qu'il étoit à Lion, ajoûta toutes sortes de jeux, & établit cette fameuse Académie qui s'assembloit devant l'Autel d'Auguste, où les plus excellens Orateurs alloient disputer le prix de l'éloquence, & se soumettoient à la rigueur des loix qu'il avoit faites à ce sujet. Ce Temple & cet Autel étoient dans l'endroit où est l'Abbaye d'*Aisnay*, qu'on a ainsi appellée d'*Athenæum*, nom que l'on donnoit à cette Académie.

La Ville de Lion fut consumée en une nuit par le feu du Ciel, & Seneque * dit avec beaucoup d'esprit en parlant de cet embrasement, qu'il n'y eut qu'une nuit entre une grande Ville & une Ville qui n'étoit plus : *Inter magnam Urbem & nullam, nox una interfuit.* Neron y envoya une somme considerable d'argent pour rétablir cette Ville, & cette somme fut si fidelement & si utilement employée, qu'en moins de vingt ans, Lion se trouva en état de faire tête à la

* Epitre 91.

Ville de Vienne, qui ſuivoit le parti de Galba contre Vitellius.

On voit encore à Lion des reſtes des ouvrages magnifiques dont les Romains avoient décoré cette Ville. Le Théatre où le peuple s'aſſembloit pour voir les ſpectacles, étoit ſur la montagne de *S. Juſt*, dans le terrein qui eſt occupé par le Couvent & les vignes des Minimes. Il ne reſte plus de ce monument que quelques arcades preſque ruinées, & un amas de pierres.

Ils avoient fait conſtruire des aqueducs pour conduire de l'eau du Rhône dans la Ville, & même pour y en faire venir de la riviere de Furan en Forez. Ces derniers avoient ſept ou huit lieues, & venoient aboutir au même quartier de S. Juſt. L'on en voit encore pluſieurs arcades près de *Fourviere*, & dans les Villages de *Sainte-Foy* & de *Champonoſt*. Les réſervoirs qui recevoient ces eaux ſe remarquent en pluſieurs quartiers de la Ville, mais principalement dans le jardin du Monaſtere de la Deſerte, & dans une vigne des Urſulines ſur la montagne de S. Juſt, où l'on voit un de ces réſervoirs tout entier, nommé *la grotte Berelle*.

Le Palais des Gouverneurs & des Empereurs lorſqu'ils étoient à Lion, étoit ſur le penchant de la même montagne dans le terrein qu'occupe aujourd'hui le Monastere des Religieuses de la Visitation, nommé à cause de ce monument *le Couvent de l'Antiquaille.*

Lion est la seconde Ville de France, & ne cede qu'à Paris. Elle est comme au centre de l'Europe, & par le moyen de ses deux rivieres, elle a fait un commerce très-florissant. On tient qu'il y a dans cette Ville quatre mille maisons, & cent mille ames. On y compte cinq Eglises Collégiales, treize Paroisses, quatre Abbayes, quatre Prieurés, environ cinquante Maisons Religieuses, deux Hôpitaux, six portes, & quatre fauxbourgs; celui de Vaise sur la route de Paris; celui de la Croix-rousse vers la Bresse; celui de la Guillotiere vers le Dauphiné; & celui de S. Just, ou de S. Irenée, sur le chemin de Montbrisson.

La Ville de Lion est partagée en trente-six quartiers nommez *Penonages*; parcourons ce qu'il y a de plus remarquable dans ces quartiers.

L'Eglise Archiépiscopale & Primatiale est célebre par son ancienneté & par sa dignité. Elle porta d'abord le nom de S. Etienne, qu'elle quitta dans la suite pour prendre celui de S. Jean. Elle est grande & mal éclairée pour un bâtiment aussi vaste. Le grand Autel est au milieu du Chœur, & la diſpoſition des formes des Chanoines a un air de vénérable antiquité. On remarquera la fameuſe horloge qui eſt à côté du Chœur. C'eſt à préſent un morceau bien dérangé. Elle fut faite par *Nicolas Lippius*, de Bâle, l'an 1598. & rétablie en 1660. par *Guillaume Nourriſſon*, habile horlogeur de Lion, natif d'Ambert en Auvergne.

S. Etienne eſt une Egliſe tout auprès de celle de S. Jean. Elle a la forme des anciennes Egliſes bâties en croix, & dont l'Autel eſt tourné du côté de l'Orient. On y conſerve entre autres Reliques, les chefs de S. Etienne & de S. Irenée.

On va voir par curioſité la groſſe cloche de l'Egliſe de S. Jean. Lorſque la *S. Jean* concourt avec la *Fête-Dieu*, on célebre dans cette Egliſe une eſpece de Jubilé, qui eſt une cérémonie bien ſinguliere. Le concours de ces deux fêtes arriva l'an 1666. que la célébration de ce Jubilé fut continuée pendant trois jours & trois nuits. Le ſaint Sacrement fut expoſé durant tout ce tems-là au Jubé qui eſt au-deſſus de l'Autel. Le Chapitre fit fraper des médailles de bronze pour en conſerver la mémoire, & l'on publia pluſieurs écrits dans leſquels on n'allegua en faveur de ce Jubilé qu'un uſage obſervé depuis pluſieurs ſiécles, toutes les fois que ces deux fêtes se sont rencontrées le même jour.

S. Nizier est une Eglise Paroissiale & Collégiale, qui est située presque au milieu de la Ville, & qui n'est guéres moins belle que celle de S. Jean. Son portail est d'ordre dorique, & du dessein de Philibert de Lorme célébre Architecte, mais il n'est pas achevé. La crypte qui est sous la Chapelle de la Vierge a servi de dépôt aux Reliques de S. Photin, premier Evêque, & de quarante-huit Martyrs de Lion. Le Chœur est rempli de grands tableaux qui représentent la Vie de Jesus-Christ. Ils sont, hormis quatre, de Thomas Blanchet. Celui de la Fragellation est du vieux Palme.

L'Eglise Collégiale de S. Just avoit été bâtie par S. Patient Archevêque de Lion, avec beaucoup de magnificence, comme il paroît par la description qu'en a donné Sidoine Apollinaire, mais elle fut détruite par les Calvinistes en 1562. Environ cent ans après on employa une partie des materiaux à bâtir le Chœur de la nouvelle Eglise de S. Just qui est dans la Ville, au lieu que l'ancienne étoit hors des portes. En 1703. les Chanoines ont fait bâtir la nef & la façade de leur Eglise sur les desseins du sieur de la Monce, avec beaucoup de goût & de régularité.

L'Eglise de S. Irenée est une des plus anciennes, & étoit une des plus magnifiques avant l'an 1562. qu'elle éprouva la fureur des Calvinistes, & fut détruite en partie. Par Lettres Patentes de l'an 1702. cette Eglise & les places Canoniales ont été unies & incorporées à la Congrégation des Chanoines Réguliers de sainte Genevieve. L'on montre ici une partie de la Colonne que l'on dit être celle à laquelle Jesus-Christ fut attaché pendant qu'on le flagelloit ; le sépulcre de S. Irenée, & l'Autel de S. Polycarpe.

L'Eglise de S. Paul est une Collégiale, auprès de laquelle est l'Eglise Paroissiale de S. Laurent que Messieurs Mascrany firent relever de ses ruines l'an 1639. L'on remarque dans l'Eglise de S. Laurent, proche la chaire du Prédicateur, le tombeau & l'épitaphe du fameux Jean Charlier, connu sous le nom de *Gerson*, qui étoit celui du Village où il étoit né. Il étoit Chancelier de l'Université de Paris, & mourut à Lion en 1429.

Les Jésuites ont deux Colleges dans cette Ville.

Le grand est l'un des plus magnifiques du Royaume, & a été bâti sur les desseins de Martel-Ange, Frere Jésuite de Lion. Il est sous l'invocation de la très-sainte Trinité, & voici l'Inscription qu'on y lit :

Collegium Lugdunense Societatis Jesu. Sanctissimæ Trinitati sacrum Templum hoc gentibus apertum omnibus. Increatæ Sapientiæ D. D. ut scientias omnes illi faciat vectigales.

Quatre ordres d'architecture ont été peints dans la cour de ce College. Le Toscan sert de base aux autres ; sa frize n'a point d'autre ornement que l'Inscription Latine que l'on vient de lire. L'ordre Dorique avec tous ses ornemens est placé audessus du Toscan. L'ionique est le troisiéme ; & l'on a mis dans les entre-colonnes de cet ordre les figures symboliques des Sciences que l'on enseigne dans ce College, & que l'on a divisées en trois classes. Les Sciences sacrées composent la premiere ; les humaines la seconde ; & les Arts sçavans la troisiéme. L'ordre Corinthien fait enfin le couronnement de cette peinture, dont l'élévation n'étant point égale en toutes ses faces, a obligé de jetter des termes & des ornemens d'ordre Composite dans les faces qui sont plus élevées. La Bibliotheque de cette Maison est une des plus belles qu'il y ait dans le Royaume, étant composée d'environ quarante mille volumes. Le Vaisseau en est assez vaste, & des mieux situés qu'il y ait en Europe pour la vûe. L'on a élevé sur la façade, & sur une partie de la voûte de l'Eglise, un *Observatoire* ou bâtiment destiné aux observations astronomiques, qui a été bâti sur les desseins, & par les soins du P. Jean de S. Bonnet.

Le petit College a été fondé en *1630.* par Gabrielle de Gadagne de Chevrieres. Ses revenus ont été augmentez par plusieurs donations qu'on lui a faites depuis, & par l'union du Prieuré de S. Romain en Jarêts. L'on remarque dans l'Eglise un grand & excellent tableau de Stella, qui représente J. C. dans le désert.

Outre ces deux Colleges, les Jésuites ont à Lion *la Maison de S. Joseph*, qui est destinée au troisiéme an de Noviciat. Elle a été fondée par le P. François de Canillac, & a reçû des bienfaits du Roi Louis XIII. & de plusieurs Particuliers.

La Maison des Prêtres de l'Oratoire est belle, & bien bâtie. Elle est située sur la colline de la Croix rousse.

A la Place *Confort* l'on voit une pyramide érigée en l'honneur du Roi Henri IV. & sur laquelle les noms de *Dieu* sont gravez en vingt-quatre langues.

Le Couvent des F. F. Prêcheurs est

ſitué ſur cette Place. Le Chœur de leur Egliſe eſt enrichi de marbre. La Chapelle de S. Thomas eſt ſuperbe par ſes colonnes & par ſes autres ornemens. On y remarque un tableau qui repréſente ſaint Thomas, convaincu à la vûe de J. C. reſſuſcité. Ce tableau qui eſt du *Salviati*, eſt d'un ſi grand prix, qu'on dit qu'Anne d'Autriche Reine de France, offrit de le payer avec autant de louis d'or qu'il en faudroit pour le couvrir. Les Princes Jaques, & Pierre de Bourbon, pere, & fils, qui furent tuez à la bataille de Brignais, ont leur tombeau dans le Chœur de cette Egliſe, au côté droit du Sanctuaire. Leurs épitaphes diſent que cette bataille ſe donna l'an 1362.

Les Cordeliers ont le chef de S. Bonaventure dans un beau buſte d'argent. On y voit encore ſa chambre changée en Chapelle, & peinte par le vieux Stella. Elle eſt ſoûtenue par quatre colonnes de marbre gris, & le tableau de l'Autel eſt un S. François de *Vannius*, qui eſt fort eſtimé par les Connoiſſeurs. Cette belle Chapelle & ce beau tableau ſont à l'autre extrémité de la Ville, au Couvent de l'Obſervance. L'une & l'autre ſont excellens pour la peinture, & pour l'architecture.

Les Céleſtins poſſedent les cœurs de

Louis Duc de Savoye, & du Cardinal d'Amboise.

Les Filles de la Visitation de Sainte Marie possedent celui de S. François de Sales leur fondateur, qui mourut dans la petite maison du Jardinier de ce Monastere l'an 1622. Outre ce Couvent qui est auprès de la Place de *Louis le Grand*, ces Religieuses en ont deux autres dans Lion, celui de l'*Antiquaille*, & celui de *Sainte Marie des Chaines*.

Sainte Elisabeth est un grand Monastere. On y voit un fort beau tableau de Stella, & un autre à l'aiguille fait par les Religieuses, & qui est dans son espece un ouvrage parfait.

Saint Pierre est une Abbaye de Filles, & un magnifique bâtiment moderne à trois grandes faces, dont la principale regne sur la Place des Terreaux. Il est décoré en dehors des ordres Dorique, & Composite à pilastres. Au pourtour du jardin regne un grand portique audessus duquel est une terrasse découverte. L'Eglise est un ancien édifice qu'on a embelli par tous les ornemens modernes dont il a été susceptible. L'argenterie de l'Autel est d'un prix très-considerable, & mérite d'être vûe.

Le Couvent des Recolets est situé à mi-côte, audessus de sainte Croix. On y remarque une voûte assez hardie qui soûtient la façade de l'Eglise. On vante fort à Lion ce morceau d'architecture qui a été fait en 1648. par le Frere Valerien Religieux du même Ordre.

Le Couvent des Carmelites a été fondé par la Maison de Villeroy, & on peut dire que c'est une dépense Royale. Le Maître-Autel de leur Eglise est surtout d'une grande richesse. On ne sçait ce qu'on y admire le plus, on l'habileté des ouvriers, ou la magnificence des differentes pieces qui le composent. Le tableau est une descente de Croix copiée d'après le Brun. Le tabernacle a été fait à Rome. Les marbres des petites colonnes de ce tabernacle sont rares & remarquables. La Chapelle des Fondateurs est un chef-d'œuvre de sculpture, & les differens mausolées qu'elle renferme, ne sont pas des pieces moins parfaites. Le tableau de cette Chapelle est excellent. C'est une Nativité, & le plus beau qu'ait fait *Hoüasse*.

Le grand Hôtel-Dieu de Nôtre-Dame de Pitié fut fondé vers le milieu du sixiéme siecle par le Roi Childebert, & la Reine Ultrogothe sa femme. Ce bâtiment a plusieurs fois changé de forme. La grande Infirmerie est sur le dessein de celle du grand Hôpital de Milan. Elle a

560. pieds de long, & est disposée en forme de Croix Greque. Au milieu de cette vaste croisée, s'éleve un dôme de trente-six pieds de diametre, sous lequel est un Autel isolé à quatre faces, qui peut être vû des rangs de lits les plus éloignés. L'Eglise répond à la magnificence de cet édifice; & le portail de cette maison est du Sieur de la Monce qui a employé ici l'ordre Dorique avec goût & élégance. Cette maison est administrée par quatorze Citoyens qui servent pendant deux années. De ces quatorze Administrateurs il y en a deux qui président, dont l'un est Officier de la Cour des Monnoyes de Lion, & l'autre est un des plus fameux Avocats.

L'Hôpital de la Charité a été fondé des libéralités de M. de Marquemont Archevêque de Lion, des Chanoines Comtes de S. Jean, de M. d'Alincourt, Gouverneur, & de plusieurs autres Citoyens. Il est d'une grande étendue, & composé de neuf cours, autour desquelles sont de grands corps de bâtimens destinés au logement des pauvres qui sont séparez suivant leur âge, & suivant leur sexe. Ceux qui sont en état de travailler, sont employez aux manufactures de soye, ou de laine, qu'on a établies dans cette maison. Les greniers à bled méritent d'être vûs. Au fond de l'Eglise l'on remarque deux tombeaux élevés à la mémoire de Jaques Moiron Lieutenant Général de la Sénéchaussée de Lion, & de Simon Fornier Marchand de Lion, qui laisserent leurs biens à cette maison. La direction de cet Hôpital est commise à seize Recteurs qui sont deux ans en fonctions. Les Présidens de ce Bureau sont toujours un Chânoine Comte de S. Jean, un Trésorier de France, & un Avocat.

La Place de Bellecour a quitté ce nom pour en prendre un plus auguste, depuis le 27. de Décembre 1713. qu'on y éleva une statue équestre de Louis le Grand, faite par des Jardins. Il fut ordonné dès lors qu'on appelleroit cette Place dans les discours & dans les Actes, *La Place de Louis le Grand.*

La Place des Terreaux a aussi sa beauté. L'Hôtel de Ville, & l'Abbaye de S. Pierre en font le principal ornement.

L'Hôtel de Ville est en ce genre un des plus beaux morceaux de l'Europe, & fut commencé en 1647. & entierement achevé en 1655. C'est un grand bâtiment quarré-long, composé de sa façade qui regne sur la Place des Terreaux, & de deux aîles en retour qui ont soixante-dix toises de longueur, & finissent sur le jardin. La façade qui est sur la Place, est gâtée au milieu par une tour quarrée de très-mauvais goût, terminée en coupole, & aux angles décorée par deux grands pavillons en avant corps. La grande porte est ornée de deux colonnes ioniques de marbre, & elle conduit à un grand vestibule voûté où l'on remarque les bustes de Philippe le Bel, de Charles VIII. & de Henri IV. Le premier de ces Rois établit le Consulat à Lion : le second l'honora du privilege de la Noblesse : & le troisiéme le réduisit à un Prevôt des Marchands, & à quatre Echevins. L'on voit aussi dans ce vestibule une table antique de bronze partagée en deux, sur laquelle est gravée la harangue que l'Empereur Claude, n'étant encore que Censeur, fit au Sénat de Rome en faveur des Lionnois. Le hazard fit que cette table fut trouvée l'an 1528. en creusant dans la colline de S. Sebastien, pour chercher les eaux d'une fontaine.

Le grand escalier se fait remarquer non seulement par sa grandeur, & par sa belle disposition, mais aussi par les peintures dont *Thomas Blanchet* l'a enrichi. Ce Peintre a représenté ici l'embrasement de Lion, & pour traiter ce sujet d'une maniere plus pathétique, & moins confuse, il l'a divisé en quatre parties, ou tableaux *.

La Place du Change est moins fameuse par son étendue, que parce que les Marchands s'y assemblent tous les jours, & font en paroles & en papiers, presque tout le commerce du Royaume, & des pays étrangers. La loge du Change n'est pas fort grande.

On compte a Lion quatre ponts : un sur le Rhône, & trois sur la Saône.

Le pont du Rhône de Lion, est composé de vingt arches, & fut bâti par les soins du Pape Innocent IV. Il y a trois remarques singulieres à faire sur ce pont qui a cela de particulier, de même que celui du pont S. Esprit, & celui d'Avignon, que son plan n'est pas en droite ligne, & qu'il fait un angle, ou espece de courbure, dont la convexité s'oppose au courant des eaux. En second lieu, on l'avoit d'abord fait si étroit qu'il n'y pouvoit passer qu'une charrette à la fois. Pour remedier à cet inconvenient, on éleva un autre pont semblable tout joignant, & pour donner à ces deux ouvrages la solidité nécessaire, on fit passer d'un côté à l'autre de chaque arcade des barres de

* Ce Blanchet étoit Parisien, & a été un de nos grands Peintres. Le Brun l'appelloit toujours son frere en lui écrivant.

fer, avec des clefs à chaque bout. Troisiémement, comme les arcades n'en étoient pas fort grandes, il arrivoit souvent que celle du milieu se bouchoit; mais il y a environ soixante cinq ans qu'un Architecte plus hardi que les autres, fit couper la pile du milieu, & de deux arches, n'en fit qu'une. Il n'y a eu que le succès qui ait pû justifier cette entreprise.

Des trois ponts sur lesquels on passe la Saône à Lion, il y en a un de pierre, & deux de bois. Le premier est étroit, serré, peu solide, & difficile à monter pour les carrosses, & pour les voitures. Il est composé de quatre arches, ausquelles des rochers qui viennent audessus de l'eau, servent de fondement.

Le Pont de S. Vincent est de bois, & cependant assez estimé à cause de la hardiesse d'une seule arche de charpente qui le forme.

Le cabinet de feu Nicolas Grollier de Serviere est renommé dans toutes les parties de l'Europe, & il y a plus de soixante ans qu'il est l'objet de l'empressement des Voyageurs curieux qui passent par Lion. Les cabinets que l'on voit ailleurs, sont des monumens du goût, ou de la richesse de ceux qui les ont formez, mais celui-ci a cela de particulier, que tout ce qu'on y voit eſt l'ouvrage de l'eſprit inventif de M. de Serviere, & de l'adreſſe de ſes mains. L'on ne peut pas faire un plus magnifique éloge de ce cabinet que de remarquer que pendant le ſéjour que Louis le Grand fit à Lion, il l'honora deux jours de ſuite de ſa préſence. Un petit-fils de l'Auteur de ce merveilleux cabinet en a donné une deſcription exacte & élégante, qui inſtruit également ceux qui l'ont vû, & ceux à qui il eſt inconnu. Il l'a partagée en trois parties. Dans la premiere, il décrit les pieces de tour; dans la ſeconde, les horloges; & dans la troiſiéme, les machines de mechanique.

Outre les monumens d'antiquité dont j'ai déja parlé, l'on découvrit le 12. de Décembre de l'an 1704. en fouillant la terre ſur la montagne de Fourviere, un Autel antique, ou piedeſtal quarré, dont la hauteur eſt d'environ quatre pieds, en y comprenant ſa baze & ſa corniche, & la largeur de chacune des faces eſt d'environ un pied & demi. Sur la face de devant eſt une Inſcription au milieu de laquelle on voit en demi-relief la figure d'une tête de taureau. Sur la face droite eſt une tête de bélier, mais ſans inſcription. Les P P. Colonia, Daniel, Bonani, Jéſuites; & M. Gros de Boze ont publié de ſçavantes Diſſertations pour expliquer ce monument qui fut érigé pour conſerver la mémoire d'un *Taurobole*, ou ſacrifice du taureau à la déeſſe Cybele.

L'an 1707. au mois de Juin, Meſſieurs du Conſulat de Lion firent démolir un monument ancien & célebre, appellé le *Tombeau des deux amans*, qui étoit dans le faubourg de Vaiſe. L'origine de ce tombeau, ou petit temple, a fort exercé les Sçavans. Comme il n'y reſtoit point d'inſcription, & qu'aucun Auteur ancien n'en a parlé, pluſieurs Ecrivains ont donné l'eſſort à leurs conjectures. Les uns ont dit que c'étoit le tombeau de deux amans qui moururent de joye en ſe revoyant après une longue abſence. Les autres que c'étoit le tombeau d'Herode & d'Herodias, qui furent releguez à Lion par Caligula. D'autres croyent que ces deux amans étoient deux Chrétiens, mari & femme, qui avoient vécu enſemble en gardant la chaſteté. M. Spon croyoit que c'étoit un Autel dédié à quelque divinité payenne qu'on adoroit à l'entrée de la Ville. Le P. Meneſtrier jugeoit que ce monument fut conſacré à la mémoire de deux Prêtres du Temple d'Auguſte, nommés l'un & l'autre *Amandus*, par un de leurs affranchis qu'ils avoient institué leur héritier. M. Brossette oppose quelques difficultés au sentiment de ce Jésuite, & en propose un nouveau avec beaucoup de modestie. Il conjecture que ce monument pourroit bien être le tombeau d'un *Amandus*, qui selon une inscription rapportée par M. Spon*, en érigea un à sa sœur bien aimée. Le même M. Brossette déplore avec raison que ce monument après avoir échappé à la fureur des peuples barbares, ait enfin péri par les mains de ceux mêmes qui devoient se faire une espece de religion de le conserver.

L'on a tenu deux Conciles généraux à Lion, l'un y fut assemblé par le Pape Innocent IV. en 1245. & l'autre par le Pape Grégoire X. l'an 1274.

Ceux qui cherchent les plus courts chemins, ou qui sont pressez par leurs affaires, s'embarquent à Lion sur le Rhône, pour aller en Provence, mais ceux qui ne voyagent que pour voir, & pour s'instruire, vont à Grenoble, & de là continuent leur voyage jusqu'à Marseille, & à Toulon. C'est la route que je vais suivre ici présentement, me réservant à parler de l'autre dans l'Itineraire de Paris à Lion par le Nivernois, le Bourbonnois, &c.

* Antiquités de Lion, pag. 123.

Les Ormes.	2. l.
Heyrieu.	2. l.
Artas.	2. l. & d.
Chateaunet.	1. l. & d.
Champier.	1. l. & d.
La Frette.	1. l.
Rives.	2. l.
Charnuicle.	d. l.
Moirans.	d. l.
Grenoble.	3. l.

GRENOBLE, *Cularo*, *Gratianopolis*, après que l'Empereur Gratien l'eut fait rétablir, est sur l'Isere, & la Capitale du Dauphiné. Sur la montagne au pied de laquelle Grenoble est située, est un fort ou réduit assez négligé, appellé la *Bastille.* A mi-côte de cette même montagne, est la *Tour du Rabot* qui est présentement abandonnée. L'Isere coupe Grenoble en deux parties inégales. La moins considerable est fort serrée par le côteau, & s'appelle *S. Laurent* ou *la Perriere.* Elle ne consiste presque qu'en une grande rue. S. Laurent est la Paroisse de ce quartier. Audessus est un Couvent de Filles de la Visitation, appellé *Sainte Marie d'en haut.* Le quartier *de Bonne* est le plus beau de Grenoble; les rues y sont grandes, belles & bien percées. Le

Palais où se tient le Parlement, la Chambre des Comptes, & le Bureau des Finances, est un ancien bâtiment, situé sur une Place presque ronde. La Place nommée *la Grenelle*, est grande & belle. A l'un des bouts est l'Hôtel de Ville, maison fort simple. *L'Hôtel de Lesdiguieres* est un assez grand bâtiment, composé de différens corps de logis joints les uns aux autres. Ils forment un tout qui n'a rien de beau pour l'extérieur, mais dont les dedans sont commodes & magnifiques. Le jardin consiste en un parterre accompagné d'une terrasse, & d'un petit bois. C'est la promenade de la Ville. L'Eglise Cathédrale n'a rien de remarquable, mais le Palais Episcopal est un beau bâtiment qui doit sa beauté au feu Cardinal le Camus Evêque de Grenoble. Les salles sont ornées de tableaux de prix, de la Vie & de la Passion de Jesus-Christ, & des portraits des Evêques de cette Ville. Le Séminaire a été fondé, & établi par ce même Cardinal, & est dirigé par des Prêtres de l'Oratoire. Cette Eminence y fonda aussi cinq places pour autant de pauvres Ecclésiastiques. L'Hôpital général est bien bâti, ayant quatre corps de logis, & des jardins d'une étendue suffisante. Tous les autres Hôpitaux de la Ville ne font qu'un même corps avec celui-ci, & sont sous la même direction. L'Arsenal est une petite citadelle au milieu de la Ville. A Sainte Claire on peut voir les tombeaux de la Connêtable de Lesdiguieres, & de sa fille. Ils sont de marbre, & estimez pour la sculpture. Les draperies surtout en sont parfaitement bien jettées. Le cours & le mail sont d'agréables promenades. Les fortifications de Grenoble sont du Chevalier de Ville. Il y a cinq portes à Grenoble, sçavoir trois du côté de la Ville, & deux au-delà de la riviere, qui sont celles de France, & de S. Laurent. On passe l'Isere à Grenoble sur deux ponts, dont l'un est de pierre, & l'autre de bois. Ce dernier est au-dessous de l'autre, & près de l'Arsenal. La Ville de Grenoble porte pour armes, d'or à trois roses épanouies de gueules, deux, & une.

Pendant qu'un Voyageur curieux est à Grenoble, il doit aller voir la prétendue fontaine brûlante, & la grande Chartreuse.

La fontaine brûlante, ou pour parler plus juste, *le terrain qui brûle*, est à trois lieues de Grenoble, & près du Village de S. Barthelemy. La surface de ce terrain a environ huit pieds de long sur quatre de large. Il ne produit point d'herbe, mais vomit des flâmes rouges & bleues de la hauteur d'un demi pied.

Quand la pluye est forte, ou de longue durée, elle les éteint, mais aussitôt que la terre devient séche, elles renaissent insensiblement. Ces flâmes brûlent le papier, la paille, le bois, & généralement tout ce qu'on leur oppose, excepté la poudre à tirer qui n'y prend point feu quand on y en jette. Il s'exhale de cette terre une odeur de soufre mineral, qu'on sent à quinze cens pas de circonférence; & quoiqu'elle semble brûler, & qu'on ne puisse la toucher sans se brûler aussi, elle ne consume néanmoins rien de son volume. Il ne paroît point d'eau sur le terrain enflammé, mais il est sur le penchant d'un petit vallon où coule un ruisseau qui ne peut pas à présent aller jusqu'aux flammes, quoiqu'il y passât peut-être du tems de S. Augustin, & même du tems de Chorrier, & du Président Boissieux; ce qui a été plus que suffisant pour leur faire prendre le change. Cependant ils ont parlé de la prétendue fontaine ardente avec des circonstances qui ne peuvent jamais avoir été vrayes. Le guide qui conduisoit l'observateur de qui je tiens cette description, lui dit que quelque tems avant la guerre qui finit par la paix de Riswic, ayant conduit des Allemans à ce terrain, ils le trouverent couvert de neige & de glace, & qu'ayant voulu

voulu les faire fondre avec de la paille allumée, la glace creva tout d'un coup avec un bruit extraordinaire, & un tel éclat d'explosion, que sept ou huit Allemans, & le guide, furent culbutez au fond du ruisseau.

La grande Chartreuse est à trois bonnes lieues de Grenoble. L'on va à ce fameux Monastere par deux diférens chemins; l'un appellé *le Sapey*, & l'autre *S. Laurent du pont*. Par le premier l'on passe au Sapey, on monte une montagne sur laquelle on trouve un bois de sapins; de là l'on descend dans la vallée où est le Village de Chartreuse; & après l'avoir traversé, l'on prend à main gauche pour se rendre à la porte du pont par lequel on entre dans l'enclos de la grande Chartreuse. Ce pont est sur une petite riviere appellée *le Guier-mort*, qui passe en cet endroit entre deux rochers qui sont fort près l'un de l'autre. Depuis ce pont, qui est éloigné du Monastere de près d'une lieue, l'on monte toujours, & en chemin on trouve la *Courrerie*, où Dom Courrier, c'est-à-dire le Procureur, & les Officiers qui ont quelque rapport à lui, demeurent le plus souvent. Il y a une Imprimerie dans cette maison, & l'on y tient aussi les jeunes gens par qui on fait filer la laine dont on fait les robes des Moines ; car tout ce qui se peut fabriquer dans l'interieur de la maison pour le nécessaire ou l'utile du Monastere, s'y travaille ; & tout cela avec un bel ordre, & beaucoup d'économie.

Le chemin de S. Laurent du pont a été élargi & rendu aussi pratiquable qu'il a été possible. On y a mis des gardes-fous, mais il ne laisse pas d'être encore plus dangereux que l'autre. Le désert de ce côté-là paroît plus affreux. Deux montagnes couvertes d'un bois de pins fort épais, se joignent presque l'une à l'autre, & ne laissent entre elles qu'un passage fort étroit au Guyer-mort, & ce torrent en passant dans tous ces défilez, fait un grand bruit qui augmente l'horreur du lieu. On y va par Vorepe & Pomiers, d'où on passe dans une plaine fort unie.

S. Laurent du pont dont je viens de parler, est une terre qui appartient aux Chartreux, & qui est d'un revenu considerable par les soins qu'ils ont d'y pratiquer des martinets & artifices à fer. Ils y ont aussi fait leurs réservoirs, leurs étangs, & plusieurs autres commoditez.

Les deux portes de l'enclos sont dans des endroits serrez & aisez à défendre. L'on se rend de là à la porte du Monastere qui n'a rien d'affreux que ce qui l'environne. La maison en elle-même est belle & bien entendue. Le Cloître est fort long, mais il va en pente, & ce défaut fait que l'on ne peut pas voir d'un bout à l'autre. On entre dans les cellules, & l'on en admire la propreté. Chacune a son jardin. La Bibliotheque est nombreuse & choisie. La salle du Chapitre général est belle, & ornée de peintures. Les Généraux de l'Ordre sont peints autour du plafond. L'on passe de là dans une galerie où sont représentez sur de grands tableaux les plans des Chartreuses les plus considérables de France & d'Italie. Les chambres où l'on met les étrangers sont petites, & les lits une espece de boëte fort couverte & fort étroite. Les fabriques qui sont autour de la maison méritent d'être vûes. On y trouve menuiserie, corderie, le four, les greniers & les caves où sont les provisions. Tout cela est bien entendu, & tout s'y trouve en abondance. L'Apoticairerie est bien fournie. On voit dans les greniers un tamis d'une invention singuliere, qui sépare quatre sortes de grains en même tems.

Le *spaciment* est l'endroit où les Religieux se promenent les jours de récréation. Ils passent la cour, la robe troussée, le bâton à la main, sans se dire un seul mot, mais dès qu'ils sont dans le *spaci-*

ment, ils s'embrassent, se parlent, & vont se promener dans les bois & les rochers dont ils sont dominez de toutes parts.

La Chapelle de S. Bruno est enfoncée dans le désert, & à vingt pas de cette Chapelle, il y en a une autre qui est sous l'invocation de la Vierge. Elles sont fort propres & bien entretenues.

L'on retourne à Grenoble, & l'on reprend le chemin de la Provence qu'on avoit quitté pour voir la grande Chartreuse. De Grenoble l'on va à

Moirans.	3. l.
Tulins.	1. l.
L'Arbre.	1. l.
S. Marcelin.	2. l.
Romans.	4. l.
Valence.	3. l.

ROMANS, *Romanum*, *Romanis*, est sur l'Isere, & du Diocese de Vienne, mais le faubourg du Péage qui est au delà de la riviere, est du Diocese de Valence. Cette Ville est assez marchande. Il y a une Eglise Collégiale dont le bâtiment est fort ancien, & quelques Couvents. On y remarque un Calvaire modelé sur celui de Jérusalem par Romanet Bossin, qui avoit fait le voyage de la Terre sainté. François I. y mit la premiere pierre en 1520. Romans porte d'azur, au Château tourellé de gueules, ayant une *R* couronnée d'or sur le seuil de la porte.

VALENCE, *Valentia*, *Civitas Valentinorum*, dans la Notice des Provinces, est sur le Rhône, & la Capitale du Duché de Valentinois. Hofman dit qu'elle a été ainsi appellée à cause qu'elle étoit très-forte. *Valentia à viribus & robore.* Cette Ville est d'une grandeur médiocre. L'Eglise Cathédrale est assez jolie, & le Chœur en est plus élevé que la Nef. La Place des Clercs qui est vis-à-vis de cette Eglise est assez grande, mais les maisons qui l'environnent n'en sont pas belles. Il y a encore quelques autres Places dans la Ville, entre autres celle de *la pierre* où se tient le marché. L'Abbaye de S. Ruf est ancienne, & le bâtiment gothique. Le Palais Episcopal est une belle maison. Les vûes du jardin donnent sur le Rhône, & sont fort étendues. La Citadelle fut bâtie sous François I. & n'est qu'une partie de la Ville retranchée interieurement par un front à orillons, & dont la courtine fait l'angle saillant. Tout y est en dèsordre, & il n'y a point de garnison. L'Université fut instituée & établie à Grenoble par le Dauphin Humbert II. l'an 1339. mais Louis XI.

la transfera à Valence en 1452. Dans le Cloître des Dominicains on voit la représentation d'un squelette de géant qui avoit quinze coudées de haut. Une Inscription Latine qu'on fit mettre au même endroit en 1648. nous apprend que ce géant se nommoit *Buardus*, & que c'étoit un Tyran du Vivaretz, dont les os ayant été découverts en 1456. furent enterrez dans ce Cloître. L'on a tenu trois Conciles à Valence; le premier en 373. le second en 584. & le troisiéme en 855. Les armes de Valence sont de gueules à la Croix d'argent, chargée d'une tour d'azur.

Les environs de Valence sont très-agréables, & arrosez par des fontaines dont les eaux sont pures & belles. L'on monte sur un petit côteau qui fait un demi cercle autour de la Ville, & lui sert, pour ainsi dire, de Cirque naturel, aussi exactement fait que si c'étoit un ouvrage de l'Art.

Le Valentin est une Maison de campagne auprès de Valence, où il y a un très-beau parc, au milieu duquel le Château est situé. L'escalier est beau, & conduit dans un très-grand appartement dont les vûes sont charmantes.

L'Auriol. 3. l.

Montelimart.	4. l.
Bolene.	4. l.
Montdragon.	1. l.
Mornart	1. d. l.
Orange.	1. l. & d.
Caderousse.	1. l.
Avignon.	3. l.

Montelimart, sur le *Robiou*, petite Ville qui a pris son nom des Adhemars de Monteil, ses anciens Seigneurs, *Montilium Ademari.* Elle est assez peuplée. Ses habitans furent des premiers à suivre les erreurs de Calvin, & ont marqué plus d'une fois leur attachement pour cette pernicieuse doctrine; mais depuis la révocation de l'Edit de Nantes, ils ont été fideles à Dieu & au Roi. La Citadelle est sur une éminence, & elle a un Gouverneur, Etat Major & garnison. Au reste le P. Labbé s'est trompé lorsqu'il dit que cette Ville étoit sur le Rhône. Elle est sur le Robiou, & à une lieu du Rhône. Les armes de Montelimart sont de gueules au monde d'azur, bandé d'or, & surmonté d'une Croix de même, à la bordure d'azur.

Bolene est une très-petite Ville qui est sur la riviere de Lez, & appartient au Pape. Elle avoit autrefois un Château assez fort qui ne subsiste plus. Il croît quantité de tabac aux environs, & il s'en débite à Bolene beaucoup de grené & à grand marché. Les armes de cette petite Ville sont d'azur, à deux tours d'argent jointes par un mur, & surmontées de deux clefs en sautoir, dont l'une est d'or, & l'autre d'argent, & qui sont nouées de gueules.

Montdragon est une autre petite Ville située aussi sur la riviere de Lez, mais elle appartient au Roi.

ORANGE, *Arausio Cavarum*, *Secundanorum Colonia*, est la Capitale de la Principauté de ce nom. C'est une Ville Episcopale où il y a Université, & qui est située dans une belle plaine arrosée par plusieurs petites rivieres, dont celle d'Eigues porte à cette Ville les denrées que ses habitans font venir des Provinces voisines, cette riviere n'en étant éloignée que d'un petit quart de lieue. La petite riviere de Maine lave outre cela les murailles d'Orange. Parmi les Monumens d'antiquité qu'on trouve dans cette Ville, il y a un Arc de Triomphe qui est un des plus beaux morceaux qui ait échappé aux injures du tems. Plusieurs Sçavans, comme M. de Peyresc, Pontanus, Gronovius, &c. ont crû qu'il avoit été érigé en l'honneur de Domitius Ænobarbus, &

de Quintus Fabius Maximus Æmilianus, après qu'ils eurent vaincu les Allobroges; & ce sentiment est appuyé sur le Chapitre 2. du IIIe. Livre de Florus. Mais on a des raisons encore plus pressantes pour croire que cet Arc de Triomphe a été élevé pour Caius Marius, & Luctatius Catulus, après qu'ils eurent vaincu les Teutons & les Cimbres. On lit sur quelques boucliers qui sont mêlez parmi les trophées d'armes qui sont dans la face méridionale de cet Arc, *Mario & Dacudo*, ce qui me paroît démonstratif pour l'opinion que j'embrasse, sans compter qu'il y a plusieurs représentations dans cet Arc, qui conviennent à Marius mieux qu'à tout autre; & pour ne point quitter cette face, je dirai qu'on y voit la figure d'une femme qui est à une fenêtre, & qui selon toutes les apparences, représente Marthe la Syrienne, cette fameuse Devineresse que Marius consultoit avant que d'entreprendre quelque chose de conséquence. L'on voit encore à Orange un *Cirque*; des *Arenes* qui sont à quatre cens pas de la Ville; un *aqueduc*, & des bains publics qui en sont à deux cens pas. Quant au Cirque, l'égalité & les proportions qu'on remarque dans les Arcs, dans les soubassemens, dans les pilastres, &c. font voir que ce monument étoit digne des Romains, & un des plus réguliers qui nous restent.

La Ville d'Orange est fameuse dans la Religion par trois Conciles qu'on y a tenus. Le premier y fut assemblé l'an 441. sous le Pontificat de Léon, premier du nom. Il étoit composé de dix-sept Evêques, & ce fut Hilaire Evêque d'Arles qui y présida. Le second s'y tint sous le Pape Felix IV. l'an 529. Il étoit composé de quinze Evêques assemblés contre les Semipélagiens, & ce fut Césaire Evêque d'Arles qui y présida. On y fit vingt-cinq Canons où la doctrine de la Grace, du Libre Arbitre & de la Prédestination, est expliquée par les paroles mêmes de S. Augustin. Le troisiéme y fut assemblé sous le Pape Honoré III. l'an 1228. à l'occasion de l'hérésie des Albigeois. Le Légat du Pape y assista, & il y avoit quatorze Evêques. Il y a des personnes qui prétendent qu'on y en a tenu un quatriéme, mais d'autres soûtiennent que ce ne fut qu'une continuation du troisiéme.

Sur la montagne il y avoit un Château que Maurice de Nassau Prince d'Orange fit fortifier d'onze bastions en 1622. mais le Roi fit démolir ces fortifications en 1660. & razer le Château en 1673. Orange porte d'or au cors d'azur, embouché, virollé, & enguiché de gueules.

Caderousse est une petite Ville du Comtat d'Avignon, mais du Diocèse d'Orange, laquelle appartient à la Maison d'Ancesune.

AVIGNON, *Avenio Cavarûm*, est la Ville la plus considerable de ce petit Etat qu'on nomme le Comté, ou *Comtat* d'Avignon, qui appartient au Pape. Ce n'étoit autrefois qu'un Evêché sous la Métropole de Vienne, puis sous celle d'Arles; mais enfin le Pape Sixte IV. l'érigea en Archevêché en 1475. & *Miraus* s'est trompé quand il a dit dans sa Géographie Ecclésiastique que cette érection avoit été faite sous Jules II. Les Evêchés qu'elle a pour Suffragans, sont Cavaillon, Carpentras & Vaison, tous trois dans le Comté & Domaine du Pape. Il n'en est pas de même de toutes les Paroisses du Diocèse d'Avignon, car il y en a vingt qui sont en Provenc e & dans les Etats du Roi. Cette Ville est située sur la gauche du Rhône, & ceinte, à l'antique, de belles murailles flanquées de tours quarrées. Outre le Rhône, la Ville d'Avignon est arrosée par une branche de la riviere de Sorgue. Cette Ville est grande, renferme plusieurs beaux édifices, & a été le séjour des Papes pendant plus de 70. ans : elle sert actuellement de demeure au Vicelégat du Pape, qui y exerce une souveraine puissance pendant le tems de sa Légation qui est de trois ans.

Le Palais est un grand Château bâti à l'antique, & composé de plusieurs tours sur un rocher. C'est ici que le Vicelégat habite, & où il tient sa Cour. La garnison est de trois Compagnies.

Le Petit Palais est habité par l'Archevêque, & est sur le même rocher, mais moins grand, & moins élevé que le Palais.

Nôtre-Dame du Don est l'Eglise Cathédrale. Elle consiste en une Nef, & en des Chapelles qui sont au pourtour, & est richement décorée. Le Chœur est revêtu d'un lambris doré qui renferme quelques tableaux, & neuf médailles d'autant de Papes qui ont fait leur résidence à Avignon. La Chapelle de *Nôtre-Dame du Chapelet* est particulierement décorée de dorures & de peintures. On y voit les tombeaux des Papes Jean XXII. & Benoît XII.

L'Eglise de S. Martial est desservie par des Bénédictins. Le Chœur est décoré d'un ordre Composite avec des bas-reliefs dans les paneaux des piédestaux, & de grandes figures très-belles. Auprès du Maître-Autel, du côté de l'Evangile est le tombeau de S. Martial Evêque, accompagné de figures historiées, le tout de marbre, & d'un beau travail à demi gothique. De l'autre côté est le Catafalque de Gaspard de Simiane de la Coste, Abbé d'Auchi, élû Vicaire général de l'Abbaye de Clugni.

Le Couvent des Célestins est une belle maison, & leur Eglise une des plus dignes d'attention. Au milieu du Chœur est le Mausolée du Pape Clement VII. qui mourut à Avignon le 16. de Septembre de l'an 1394. Dans la Nef, sur la droite, est le tombeau de *S. Benezet*, c'est-à-dire, du petit S. Benoît. C'étoit un jeune berger qui fut le fondateur du pont d'Avignon : ce tombeau est de pierre blanche, & d'une belle ordonnance.

La Chapelle du bienheureux Pierre de Luxembourg est grande & belle, & ornée de grands tableaux qui représentent les principales actions de la vie de ce saint Cardinal qui mourut n'ayant pas encore atteint l'âge de dix-huit ans.

Dans une des salles de ce Couvent on voit un grand squelette peint par le Roi René, avec beaucoup de force, & de dessein. Dans le cercueil qui est à côté, il y a une toile d'araignée qu'il faut toucher, pour être persuadé qu'elle n'est pas véritable. Les faiseurs de voyage se sont souvent trompez sur ce tableau. J'en ai lû un qui le métamorphose en une Chapelle entiere, & plusieurs autres qui disent que c'est le Roi René qui s'est représenté lui-même. Pour peu qu'on sçût déchiffrer les vers qui sont en lettres gothiques dans le même tableau, on seroit convaincu que c'est le squelette d'une femme célebre par sa beauté, & que le Roi René avoit aimée. Cette derniere particularité n'est fondée que sur la tradition, & j'ai même peine à croire que ce Prince eut eu la force de peindre avec des couleurs si affreuses, & si capables d'augmenter ses regrets, un objet qu'il regretoit.

L'Eglise des Peres de la Doctrine Chrétienne est dépositaire du corps de *César de Bus*, Fondateur de cette Congrégation. La lampe d'argent qu'on voit audessus de son tombeau, est un présent du Cardinal de Richelieu, qui n'étoit alors qu'Evêque de Luçon.

La voûte de l'Eglise des Cordeliers passe pour un morceau d'architecture très-hardi. On voit dans cette Eglise le tombeau de la fameuse *Laure de Sade*, si célebre par l'attachement que Petrarque eut pour elle, & par 318. sonnets, & 88. chansons que ce fameux Poëte fit à ſa louange. Elle mourut le 6. d'Avril de l'an 1348. âgée d'environ trente-quatre ans, & fut inhumée dans cette Egliſe. François I. étant à Avignon, fit ouvrir ſon tombeau, où l'on trouva une petite boëte qui renfermoit des vers Italiens écrits de la main de Petrarque, & une médaille de plomb ſur un côté de laquelle on voyoit la figure d'une femme, & ſur l'autre ces quatre lettres M. L. M. J. qui ſignifient en Italien *Madona Lora morta jace* : Madame Laure eſt morte. François I. fit élever le tombeau qu'on y voit aujourd'hui, & l'honora d'une Epitaphe de ſa façon ; la voici.

En petit lieu compris vous pouvez voir
Ce qui comprend beaucoup par renommée :
Plume, labeur, la langue, & le devoir,
Furent vaincus par l'aimant de l'aimée.
O gentille Ame étant tant eſtimée,
Qui te pourra louer qu'en ſe taiſant ?
Car la parole eſt toujours réprimée,
Quand le ſujet ſurmonte le diſant.

La Juiverie eſt un Quartier affecté aux *Juifs* qui y font leur demeure, & qui y ſont clos, & ſéparez des autres habitans. Ce ſont environ ſix cens perſonnes, gens mal propres, & dégoutans, qui exercent ordinairement la fripperie. Leur Synagogue est petite, & a deux étages. Celui d'en bas est pour les femmes, & celui d'en haut pour les hommes. Le lieu est sombre, & décoré de quantité de lampes, d'un Autel, & d'une Tribune. L'on voit dans un coin, audessus de la corniche, une chair où ils prétendent que se trouve *Helie* lorsqu'il assiste à la cérémonie de la Circoncision.

Les Jésuites ont dans cette Ville un fort beau College, & une autre Maison où est le Noviciat de leur Province de Lion. L'Université fut fondée en 1303. par Charles II. Comte de Provence, qui lui accorda plusieurs beaux privileges qui furent confirmez depuis par une Bulle du Pape Boniface VIII.

Le pont qui est sur le Rhône fut bâti de pierre de taille l'an 1127. par l'inspiration d'un petit Berger nommé *Benezet*, duquel on rapporte plusieurs miracles. Une bonne partie de ce pont a été emportée par la violence des eaux, mais elle a été rebâtie de bois.

Les armes d'Avignon sont de gueules à trois clefs d'or posées de face.

Pendant qu'un Voyageur est à Avignon, il doit aller voir la fontaine de Vaucluse qui n'en est qu'à quatre lieues.

Cette fontaine a pris son nom de la

vallée où elle est située, qu'on appelle Vaucluse, *Vallis clausa*, parce quelle est renfermée de collines, & de montagnes. Elle sort d'un antre vaste, & profond comme un puits, & avec une telle abondance d'eau, qu'à cinq cens pas de là elle forme une riviere qu'on appelle la *Sorgue*, & qui porte déja de petits batteaux. Cette riviere est principalement célebre par le séjour que Petrarque, & la belle *Laure de Sade*, ont fait sur ses bords. L'on voit encore, auprès de sa source, des ruines qu'on appelle *le Château de Petrarque.*

Reprenons nôtre route, & disons que d'Avignon l'on va à

Caumont.	2. l.
Cavaillon.	2. l.
Guastabelle.	1. l.
La Maison blanche.	1. l.
Malamor.	1. l.
Lambesc.	2. l.
S. Canat.	1. l.
Aix.	2. l.

CAVAILLON, *Cabellio*, petite Ville Episcopale, située sur la Durance, dans un terrein uni, mais au pied d'un rocher. Il y a dans Cavaillon une Juiverie d'environ quinze familles. Sur le haut de la roche il y a un Hermitage nommé *S. Jaques*. Les armes de la Ville de Cavaillon ſont d'azur, à une tour quarrée, & donjonnée d'argent; & à l'Hermitage S. Jaques de même.

Lambeſc eſt une petite Ville fort jolie qui appartient au Prince de ce nom, de la Maiſon de Lorraine, & l'aîné de la branche d'Armagnac. Il y a un Couvent de Religieux de la Trinité, & un de Religieuſes Urſulines. C'eſt ici que ſe tiennent les Aſſemblées générales de la Province. Les armes de cette Ville ſont d'azur à la Croix de Lorraine d'or. Elle a pris cette Croix à cauſe de ſes Seigneurs.

AIX, *Aquæ Sextiæ*; *Aquæ*, à cauſe de ſes bains, & *Sextiæ*, parce que *Sextius Calvinus* rétablit cette Ville. C'eſt la Capitale de la Provence, & elle eſt à une portée de mouſquet, de la petite riviere d'Arc. Les dehors n'en ſont pas fort agréables, mais en récompenſe la Ville eſt belle, & bien bâtie. En un mot c'eſt une des Villes du Royaume qui imite le mieux Paris, tant pour la beauté de ſes édifices, que pour la politeſſe de ſes habitans. On la trouvera embellie de quantité de fontaines, & de pluſieurs belles places publiques.

Le Cours nommé *d'Orbitelle*, eſt beau,

& la promenade ordinaire de cette Ville. Il est planté de quatre rangs d'arbres qui forment trois allées. Ce Cours est grand, car il a deux cens vingt cannes de longueur, & vingt de largeur. Il est bordé des deux côtez par de belles maisons uniformes, toutes de pierre de taille, & ornées de sculpture, & de balcons. Au milieu il y a quatre bassins, & quatre fontaines agréables qui jettent de l'eau jour & nuit. Elles sont toutes quatre de différente forme, & variées par des ornemens particuliers. L'on entre dans la Ville par huit ou neuf portes. Les rues en général sont bien bâties, & bien pavées, mais mal propres. On trouve à Aix du beau monde, & des gens de mérite. Les curieux y trouveront des Cabinets fort riches. Je fus surpris il y a vingt ans d'en trouver un chez un Marêchal ferrant, nommé *Réboule*. Une des plus belles maisons est celle du Baron de Châteaurenard, dont l'escalier est un des plux beaux qui se voyent. La Place des Prêcheurs est sur le penchant d'une colline. Elle a quatre-vingt cannes de longueur, & est entourée d'arbres, & de maisons de pierre de taille à trois étages. *Le Palais* est à une des extrémitez de la Ville. Il est distribué en plusieurs beaux appartemens dont les deux du rez de chaussée sont occupez par la Chambre des Comptes, & par le Sénéchal. Celui d'en haut eſt pour les Séances du Parlement. La grande ſalle qu'on ſurnomme *des pas-perdus*, eſt la plus grande piece qui ſoit dans toute la Province. Au fond eſt la petite Chapelle ornée de quelques vieilles peintures. La ſalle des Audiences eſt décorée des portraits de tous les Rois de France placez dans des compartimens quarrez. L'on reconnoitra par les ſalamandres que l'on voit ſur le haut des ſieges des Conſeillers, & preſque ſur toutes les anciennes portes du Palais qu'il a été rebâti ſous le regne de François I. qui avoit pris cette deviſe. L'appartement des Tréſoriers Généraux a une jolie façade. On y remarquera une ſtatue à demi-corps du Roi Louis le Grand. Les frontons, le bas relief, & les Inſcriptions repréſentent le ſoleil, & ſes effets. *L'Hôtel de Ville* eſt un aſſez bel édifice, mais il eſt malheureuſement caché par les maiſons d'une rue étroite, dans laquelle il ſe trouve placé. C'eſt un grand bâtiment quarré de pierres de taille, au milieu duquel eſt une grande cour, autour de laquelle il y a trois rangs de fenêtres, & de pilaſtres, l'un ſur l'autre, dont les ordres d'architecture ſont le Toſcan, le Dorique, & l'ionique, qui ſont ſurmontez d'une grande corniche qui regne au dessus. La grande salle du Conseil de Ville, qui est au second étage, est construite dans une bonne proportion. Au haut de la porte est un balcon soûtenu par quatre colonnes Doriques. Sur les côtez on remarque les statues de Charles d'Anjou, & de Louis XI. & audessus le buste de Louis XIV. en marbre. La façade est ornée de trois rangs de pilastres, & de fenêtres. Les deux premiers sont le Dorique, & l'ïonique, & le troisiéme a des especes de cariatides. Cette façade joint la tour de la grande horloge, laquelle tour est quarrée, & fort élevée. On y remarquera la statue à mi-corps de Louis XIII. La Bibliotheque de cet Hôtel est publique pour la commodité des personnes studieuses qui ne sont pas assez à leur aise pour avoir chez elles les livres qui leur sont nécessaires.

La Cathédrale est un assez grand édifice. Le frontispice est, comme à tous les bâtimens gothiques, chargé de petites figures de Prophetes, d'Apôtres, & de Saints, placées sans goût, & sans choix, & d'une miserable execution. La porte est d'un bois rougi, & verni; elle est enjolivée de divers ornemens assez délicats. On l'estime pour un ouvrage de cette nature, & on a feint de la couvrir d'une contreporte ; elle n'eſt découverte qu'à certaines fêtes de l'année. Sur le Maitre-Autel eſt un Crucifiement où l'on verra diverſes figures de bois aſſez eſtimées. L'on remarquera ſurtout à côté de cet Autel le Mauſolée de Charles d'Anjou dernier Comte de Provence. Il eſt repréſenté en figure de marbre blanc, étendu de ſon long, avec divers ornemens, & une Epitaphe. Vis-à-vis de ce tombeau eſt celui d'Hubert de Garde Seigneur de Vins qui fut tué au ſiege de la Ville de Graſſe le 20. de Novembre 1589. Ce Mauſolée eſt auſſi de marbre, & ce fut la Province qui le fit élever en 1590. Dans la Nef on trouvera une petite Chapelle voûtée, très-ancienne, dont l'entrée eſt interdite aux femmes. Tous les ans le jour de la Transfiguration, le Chapitre y vient faire l'Office, & l'on ſe ſert de vin muſcat nouveau. Le Baptiſtaire eſt un morceau très-curieux. Sa figure eſt octogone, avec un dôme ſoûtenu par huit colonnes de jaſpe & de granite avec leurs chapiteaux, & d'ordre Corinthien. Les ſept Autels qui ſont dans autant de faces de l'octogone ont quelques ornemens ; mais les anciens Peintres étoient ſi peu attentifs ſur les circonſtances de nos Myſteres qu'en repréſentant, dans un tableau gothique, Jeſus-Chriſt comme un petit enfant prêt à être incarné, ils lui font dès lors porter la Croix. La Chapelle de Nôtre-Dame de l'Esperance est une dévotion bien fameuse dans Aix. La Vierge est ici représentée tenant d'une main les clefs des huit portes de la Ville. Dans la Sacristie on conserve quelques morceaux précieux. Celui du gril de S. Laurent doit être une piece bien vieille, & bien rare. La chappe de S. Louis Evêque de Toulouse est bleue, & parsemée de fleurs de lys d'or. Parmi l'argenterie on remarque une statue de la Vierge aussi grande que nature. On doit se faire montrer une rose d'or donnée il y a près de 500. ans par le Pape Innocent IV. à Raymond Beranger Comte de Provence. Cette rose est une de celles que les Papes avoient coutume de benir le quatriéme Dimanche de Carême pour les donner aux Princes qui s'étoient signalez en rendant au Saint Siege quelque service important.

Les Prêtres de l'Oratoire ont une jolie Eglise. Des deux côtez regne une gallerie fermée de balustres. Le Maitre-Autel est digne d'attention. Il a trois faces qui occupent le fond, & s'élevent même jusques dans la voûte de l'Eglise. L'architecture est d'ordre Corinthien. Il est de bois doré, & décoré de colonnes, figures, frontons, & autres ornemens. Six tableaux de Mignard accompagnent cet Autel. On en verra encore dans l'Eglise quelques-uns de ce Peintre; & celui qui est dans la Chapelle de Grimaldi, sans avoir un coloris qui appelle le spectateur, a cependant de belles carnations. Dans la cour des Peres on remarquera une petite Chapelle où l'on verra une vingtaine de tableaux, la plûpart de la façon de Daret fameux Peintre de cette Ville, dans lesquels l'on a affecté de représenter une espece de Généalogie, ou d'arrangement des principaux parens, amis, ou disciples de Jesus-Christ, sans oublier les fameux Saints de la Province, comme S. Lazare, S. Maximin, & S. Celidoine. Le plafond de cette Chapelle représente un Ciel fort orné d'Anges, & des plus connus de la Hiérarchie céleste. Dans la Chapelle des Pénitens blancs l'on remarquera un bas-relief de marbre qui représente Nôtre-Dame de Pitié, & qu'on croit être de Michel-Ange. Cette seule opinion peut faire le mérite de l'ouvrage; mais on s'attachera principalement à regarder le plafond de cette Chapelle, sur lequel dans un ovale de trente-deux pieds de diametre dans sa longueur, est représentée la Résurrection. C'est un morceau de Daret, placé dans

dans son vrai point de vûe. Toutes les parties en sont bien exécutées ; l'invention, la perspective, le dessein, le coloris, &c. s'y trouvent exactement suivis, & font assurément un bien riche tableau. Sur l'arc du dôme de cette Chapelle sont les armes du Cardinal de Vendôme Gouverneur de la Province, qui avoit été Recteur, & bienfaicteur de cette Compagnie de Pénitens.

Les Filles de la Visitation de sainte Marie ont un beau Couvent, & une jolie Eglise. L'Autel est d'un beau marbre que la Duchesse de Modene, Laure Martinozzi, fit venir d'Italie avec bien de la dépense.

Dans l'Eglise des Religieuses de saint Dominique on remarquera le tombeau de Charles le Boiteux Comte de Provence, Roi de Naples & de Sicile. Le corps de ce Prince est conservé dans un cercueil de bois de cyprès. L'on ne finiroit point si l'on vouloit compter les Reliques que ces Dames conservent avec bien de la dévotion ; mais un des trente deniers qui furent donnez à Judas, pour le prix du Sang *du Juste*, est une piece fort incertaine.

Le Couvent des Freres Prêcheurs seroit un des plus beaux de la Province, s'il étoit achevé. L'Eglise est grande, &

dans l'épaisseur de la muraille à gauche, est en dépôt le corps de Jeanne de Lorraine, femme de Charles d'Anjou dernier Comte de Provence. Il y a deux cens quarante-deux ans que cette Princesse attend que sa Chapelle soit achevée. Par son testament elle avoit ordonné sa sépulture dans cette Chapelle, mais il y a bien de l'apparence que ses cendres demeureront encore longtems dans l'endroit où elles sont. L'on remarque sur les vitres du Maître-Autel les armes du Maréchal de l'Hôpital, avec les bâtons, les colliers des Ordres, &c. La Confrérie du Rosaire qui est établie dans cette Eglise, a une statue d'argent de la Vierge presque grande comme nature. L'on va voir dans le Cloître les portraits des plus grands hommes de l'Ordre. Ceux qui sont sortis des Maisons illustres sont à gauche, comme Louis de Lorraine Duc de Guise, Etienne de Lusignan, le Prince Othoman fils d'Ibrahim, Jerôme d'Arragon, & Humbert dernier Dauphin. Dans les autres côtez sont les Papes, les Cardinaux, & les Sçavans de l'Ordre, saint Thomas, Grenade, Albert le Grand, & les autres. La galerie qui regne au-dessus du Cloître, est une des plus éclairées qu'il y ait. L'on remarquera, si on veut, une vieille statue de S. Vincent Ferrier. Il a un bonnet noir ſur la tête, & un bâton à la main. La Bibliotheque eſt placée dans l'endroit le plus élevé du Monaſtere. C'eſt de ce côté-là que les vûes d'Aix ſont les plus belles. On découvre aſſez avant dans la campagne. Les collines paroiſſent toutes couvertes d'oliviers & de vignobles. La plaine & les vallées ſont diverſifiées de prairies & de guerets preſque toujours verds, entrecoupées de ruiſſeaux, de torrens, & bordées d'arbres qui font une agréable verdure plus de la moitié de l'année. L'on ne doit pas ſortir de cette Maiſon ſans faire attention à la diſpoſition du Réfectoir & des cuiſines. Elles ſont tournées au nord, & le vent qui vient de ce côté-là étant le plus purifiant, on n'y ſent jamais cette odeur fade qui empoiſonne ordinairement les lieux de cette eſpece, qui n'ont pas la même expoſition.

Dans l'Egliſe des Carmes on voit un vieux tableau, qui par lui-même n'eſt pas à la vérité d'un grand prix, mais qui eſt remarquable, parce qu'il a été peint de la propre main du bon Roi René.

Les Jéſuites ont à Aix une Egliſe toute neuve, & aſſez bien bâtie. On peut y remarquer qu'à droite & à gauche regnent des bas côtez, & qu'elle eſt différente en cela des autres Eglises des Jésuites. La Chapelle de la Congrégation est belle. Le plafond est porté par quatre termes de figures colossales qui sortent d'une gaine de draperie. L'Histoire de la Vierge est peinte de tous côtez dans cette Chapelle, qui d'ailleurs est ornée de huit statues des plus grands personnages de l'Ancien Testament.

Le quartier d'*Orbitelle* est le plus beau de la Ville. Les maisons y sont bien bâties, & les rues tirées au cordeau. Celle de S. Michel seroit une des plus belles d'Aix si elle étoit plus peuplée. Au milieu de cette rue est une fontaine qui donne de l'eau par quatre Dauphins.

Au Bourg S. Jean l'on remarque la grande Eglise de ce nom, qui est à l'Ordre de Malte, & un bâtiment de conséquence. On y voit les tombeaux du beaupere de S. Louis, Raymond Berenger Comte de Provence, & de Beatrix de Savoye sa femme. La Sacristie a de belles Reliques, mais l'anneau que l'on montre, & dans lequel il y a un saphir enchâssé, a ses difficultés. Les uns l'attribuent au bon Zacharie, & les autres veulent qu'il ait servi à S. Jean-Baptiste. L'on remarquera les deux calices des Templiers: ils sont des plus larges, & faits en forme de ces grandes coupes qui étoient en usage dans les anciens banquets. Ou y verra aussi une *subreveste* que les Chevaliers de S. Jean de Jérusalem mettent lorsqu'ils servent par terre pour la Religion.

Aux Carmes Déchaussez l'on voit trois tableaux de Daret. Il y en a un entre autres de S. Jérôme, dans lequel il ne s'est pas seulement contenté de le revêtir de la pourpre, comme font ses confreres les Peintres, mais il a encore admis nettement ce Pere dans le sacré College, & lui a donné un chapeau de Cardinal des plus à la mode.

Le faubourg des Cordeliers est l'abord de toutes les denrées qui descendent de la montagne, & le passage de celles qu'on transporte de Marseille, & de toute la Province, à Lion. Il est orné d'une grande Place qui a plus de cent vingt toises de long sur une largeur bien proportionnée. C'est dans ce faubourg que sont les sources minerales & les bains publics. Ces eaux furent découvertes au commencement de ce siecle. On y a élevé aux dépens de la Ville de grands & beaux édifices pour la commodité des bûveurs. Les médailles, les inscriptions, & les autres monumens antiques qu'on a trouvez en cet endroit, persuadent que c'est ici qu'étoient les bains de *Sextius.*

L'an 1705. l'on y découvrit une pierre d'environ trois pieds de long, & moitié de large. On voit sur cette pierre un Autel au-dessus duquel est un Priape ou *Mentula* d'une grosseur extraordinaire, & sur cette figure sont ces trois lettres, I. H. C. qui signifient *In hortorum custodiam*, ou *Jucundo hortorum custodi.*

Les Chartreux sont à l'extrémité de ce faubourg. Le frontispice de leur Eglise est décoré d'un Ordre d'architecture dont l'entablement est porté par quatre grands pilastres Composites qui laissent au milieu un espace considerable pour le fronton qui est au-dessus de la porte.

Nôtre-Dame *de la Seds* est la plus ancienne Eglise d'Aix. C'est ici qu'étoit autrefois le Siege Episcopal, & le Chapitre de la Cathédrale. Les anciennes Chartes nomment cette Eglise *Ecclesia Nostræ Dominæ Sedis Episcopalis* ; & c'est du mot *Sedis* que par corruption on lui a donné le nom *de la Seds*. Le Chapitre quitta cette Eglise vers l'an 1000. dans le tems des guerres, & vint s'établir dans l'endroit de la Ville le plus peuplé, & donna dans la suite l'Eglise *de la Seds* aux Peres Minimes qui s'y sont établis l'an 1556. C'est une célébre dévotion où l'on trouve toujours un grand concours de peuple. On y voit une Image de la Vierge, copiée sur celle qui est à Rome dans l'Eglise de Sainte Marie Majeure.

Les Capucins n'ont rien que de simple dans leur maison, suivant leur coutume, mais l'on voit dans leur Eglise un Crucifix qu'ils nomment *l'inexpugniable*, & dont on parle fort à Aix.

Le Cours qui est hors la porte de saint Louis, est terminé par la façade de l'Eglise des Recolets, & ce coup d'œil fait un assez bel effet. Les armes du Marêchal de Vitry sont étalées sur ce frontispice, aux clefs de la voûte, & sur les vitres : aussi étoit-il un des grands bienfaicteurs de la maison. Dans le jardin est une grotte de coquillages, dans laquelle on a pratiqué quatre cavernes faites de congellations assez particulieres.

La Charité qui sert d'Hôpital général, est une maison belle & commode.

Parmi les Sçavans que la Ville a produits, l'on distingue Claude Fabri Seigneur de Peyresc, Charles-Annibal Fabrot, Louis Thomassin Prêtre de l'Oratoire, & Joseph Pitton de Tournefort, fameux Botaniste.

Les armes de la Ville d'Aix sont d'or à quatre pals de gueules, au chef tiercé, au premier d'argent, à la croix potencée d'or, accompagnée de quatre croisettes de même; au second d'azur, semé de lys d'or au lambel de gueules; & au troisiéme aussi semé de France à la bordure de gueules.

En partant d'Aix, ceux qui ont la curiosité d'aller voir S. Maximin, & la sainte Baume, avant que d'aller à Toulon & à Marseille, prennent la route qui suit.

Saccharon.	4. l.
S. Maximin.	2. l.
La Sainte Baume.	2. l.
Torves.	3. l.
Boisgencié.	4. l.
Toulon.	3. l.
Olioules.	1. l.
Le Bausset.	2. l.
Le Bois de Coniou.	2. l.
Aubagne.	2. l.
Marseille.	3. l.

S. Maximin est une petite Ville qui a pris son nom de S. Maximin qui y fut enseveli. Il n'y a qu'une seule Paroisse qui étoit autrefois commise aux soins des Bénédictins de l'Abbaye de S. Victor de Marseille; mais depuis elle a été donnée aux Dominicains. Cette Eglise est sous l'invocation de sainte Madeleine dont elle croit avoir la tête, comme aussi plusieurs Reliques de quelques autres Saints.

On garde dans le Trésor une phiole dans laquelle il y a de la poussiere ensanglantée du Sang de Jesus-Christ, que la Madeleine ramassa au pied de la Croix, & qu'elle porta en Provence. On dit que le Vendredi-saint cette poussiere s'éleve en petits bouillons. S. Maximin porte pour armes, d'or à cinq pals de gueules.

La Sainte Baume est un lieu si fameux, qu'il mérite que j'en donne ici la description. C'est une montagne de rochers qui est entre Aix, Marseille & Toulon. Il y a sur cette montagne une grotte où l'on dit que sainte Madeleine fit pénitence pendant trente ans. On y monte en partie sur des chevaux de louage, & en partie à pied. L'endroit de la grotte où la Sainte se retiroit ordinairement, est renfermé par des grilles de fer, & plusieurs lampes & cierges y brûlent jour & nuit. A côté est une fontaine qui ne tarit jamais, & dont l'eau est fort claire & salutaire, à ce qu'on dit, pour plusieurs maladies. L'eau découle de tous côtés de ce rocher, excepté de l'endroit sur lequel reposoit la Sainte, où l'on n'en a jamais vû tomber une seule goutte. De cette grotte on en a fait une jolie petite Eglise; & à côté on a pratiqué un Couvent de Dominicains, capable de loger plus de vingt Religieux. On dit que ce Couvent fut fondé il y a près de cinq cens ans par un Evêque de Mende. Il faut encore monter pour arriver au *S. Pilon*, c'est-à-dire, au saint pilier qui marque l'endroit où l'on dit que la Sainte étoit élevée sept fois le jour par les Anges. Tout auprès est une petite Chapelle bâtie au bord du précipice, dans laquelle il y a un tableau qui représente ce saint enlevement.

TOULON, *Telo*, *Telonium*, *Telo-Martius*, ainsi nommé d'un Tribun de ce nom qui y conduisit une colonie. Le P. Hardouin dont l'esprit égale la vaste érudition, conjecture que Toulon pourroit bien être le *Portus Citharista*, dont il est parlé dans Pline. Sa conjecture est d'autant plus vraisemblable, qu'Antonin dit que ce Port est éloigné de Marseille de trente mille, & c'est précisément la distance qu'il y a de Toulon à Marseille.

Cette Ville est dans une situation admirable, exposée au midi, & couverte au nord par des montagnes qui semblent élevées jusqu'aux nues, qui rendent son Port un des plus grands, & un des plus sûrs qui soient au monde. Il est aussi un des plus connus de l'Europe, & destiné aux vaisseaux de guerre. On le distingue en vieux & nouveau Port.

L'Eglise Cathédrale est peu de chose

pour le bâtiment, & elle n'eſt pas même achevée, mais la Chapelle de Nôtre-Dame eſt fort ornée, & eſt un lieu de dévotion où il y a toujours un grand concours de peuple.

La Ville eſt généralement très-malpropre en beaucoup d'endroits. Dans une des rues il y a une allée d'arbres qui forment une eſpece de Cours, où l'on ſe promene principalement le ſoir. On la nomme la rue aux Arbres, & elle eſt dans le quartier vieux, de même que la Cathédrale & l'Hôtel de Ville. Ce dernier n'a rien de remarquable que les deux termes de pierre qui ſont aux côtez de la grande porte, & qui ſemblent porter un balcon. Ces termes ſont du fameux Puget, & ont fait l'admiration du Cavalier Bernin. Il n'eſt pas vrai que cette maiſon ait été bâtie par le célébre Puget, ni qu'elle mérite l'attention des Architectes, comme le dit l'Auteur du Voyage de la France imprimé chez Saugrain en 1720. mais fort près de l'Hôtel de Ville, & preſque vis-à-vis, eſt la maiſon de feu Puget, qui a été bâtie ſur ſes deſſeins, & qui prouve qu'il étoit auſſi médiocre Architecte, qu'il étoit grand Sculpteur & habile Peintre. On va voir dans cette maiſon un plafond où Puget a peint les Parques d'une maniere qui fait plaisir aux Connoisseurs.

Le Quartier-neuf est bien bâti. Sa place est un quarré long, bordé d'arbres, & c'est ici que les Gardes de la Marine font l'exercice.

La Maison des Jésuites est dans ce quartier, & elle est assez belle. Ils y ont un Séminaire pour les Ecclésiastiques qui servent d'Aumôniers sur les vaisseaux.

Le Parc, ou l'Arsenal, est composé de tous les lieux qui sont nécessaires pour la construction, ou pour l'armement des vaisseaux. On y trouve la *Corderie* qui est un bâtiment surprenant pour sa longueur. Elle est toute voûtée, & à perte de vûe. On y fait les cables, & dans l'étage qui est au-dessus, une infinité d'Ouvriers préparent les filasses & les chanvres. *Les Ecoles* des Gardes de la Marine servent à les faire travailler aux Mathematiques, au Dessein, à faire des armes, à voltiger, & aux autres exercices qui leur conviennent. *La salle d'armes* est un grand magasin où sont les mousquets, fusils, pistolets, hallebardes, & autres armes nécessaires à l'armement des vaisseaux. *La sainte Barbe* est un autre magasin destiné à tous les ustensiles des Canoniers. L'on doit remarquer aussi les lieux où l'on fait *la Menuiserie & la Tonnellerie*, où dans un lieu très-vaste est un nombre infini de futailles pour embarquer les vivres & les boiſſons. A côté eſt le lieu où l'on travaille à la conſtruction de ces futailles. Les maillets ſont un ſi grand bruit, qu'il eſt impoſſible de s'y entendre parler. L'on ſe rend delà au *Parc de l'Artillerie* où il y a des canons en piles comme on met les planches dans les chantiers. Outre les canons, on y voit un nombre prodigieux de bombes, de grenades, de mortiers, de boulets à deux têtes, & de différentes eſpeces, rangez tous dans un ordre à faire plaiſir. Les ancres bordent le tour du canal qui environne le Parc. On découvre delà les forges qui en ſont éloignées, & les cyclopes qui battent le fer. *La ſalle des voiles* eſt fort longue, & les yeux s'égarent par la quantité de choſes qu'on y voit. On y trouve tout ce qui eſt néceſſaire à un Vaiſſeau. Il y a un nombre infini d'Ouvriers qui travaillent; & enfin pour voir tout ce que renferme cet admirable Arſenal, on doit monter au-deſſus de la ſalle des voiles, où l'on poiſſe, & où l'on met le godron aux cables.

La Fonderie des canons ne mérite pas moins d'être vûe. On y voit travailler à toutes les choſes néceſſaires pour fondre le métal, & mettre les moules en état de recevoir la matiere. *La Boulangerie Royale* & les fours, peuvent être vûs en passant. On doit aller ensuite au *Chantier de construction*. Rien n'est plus curieux, ni plus surprenant que de voir lancer à l'eau quelque vaisseau, puisque d'abord qu'on a ôté les étages qui sont au devant de ce vaisseau, & qui arrêtent cette machine, elle va avec un bruit impétueux prendre sa place dans l'eau où l'on croit qu'elle va être engloutie, & s'y tient cependant comme si elle y avoit été bâtie. On ne peut sans beaucoup d'étonnement voir en un quart-d'heure de tems une masse si grosse & si lourde, partir comme d'elle-même avec une rapidité incroyable, & se mettre en mer si facilement.

Toulon est une Place forte, & ses anciennes fortifications sont l'ouvrage du Chevalier de Ville. Elle fut assiégée en 1707. par l'armée des Alliez commandée par le Duc de Savoye, Roi de Sardaigne, mais l'armée du Roi sous les ordres du Maréchal de Tessé, l'obligea de lever le siege. Depuis ce tems-là on a ajoûté de nouvelles fortifications aux anciennes, & on a commencé à bâtir une citadelle qui est avancée. Son Port est un des plus beaux de l'Europe. L'on entre d'abord dans une grande rade la plus sûre qu'il y ait, & dont l'entrée est défendue par un grand nombre de batteries & de forts, parmi lesquels la grosse tour est le plus considérable. Le Port est à une des extrémitez de cette rade. L'entrée en est si étroite, que les vaisseaux n'y peuvent entrer que l'un après l'autre; & elle est défendue par plusieurs bonnes batteries revêtues, & bien munies de canons. La Ville est au fond de ce golfe, & elle embrasse le Port. Il est partagé en deux par une grosse jettée de pierres, & couvert par une partie de l'enceinte de la Ville. On voit quelquefois sur ce Port un spectacle fort divertissant, c'est une espece de joûte qu'on nomme *la Targue.* On arme pour cela plusieurs bâtimens, sur lesquels on met horizontalement une planche large de 9. à 10. pouces, & d'environ quatre pieds de saillie. Le champion qui doit joûter, est debout sur l'extrémité de cette planche, en calçon, tenant de sa main droite une lance sans pointe, & de la gauche une espece de bouclier qu'on nomme *Targue*, & qui donne le nom à ces joûtes. Les bâtimens ayant chacun leur combattant, vont les uns contre les autres à force de rames, & au bruit des trompettes. Les combattans se couvrent de leurs targues, & se présentent leurs lances pour se culbuter. Celui qui en renverse davantage sans s'ébranler, remporte le prix. Outre les Jésuites, il y a à Toulon plusieurs Maisons Religieuses. Le College est dans le quartier vieux, & dirigé par des Prêtres de l'Oratoire. Les armes de la Ville de Toulon sont d'azur, à la Croix d'or.

Olioules est une petite Ville à une lieue de Toulon, qui a pris son nom, à ce que l'on croit, de la quantité d'oliviers qu'on voit aux environs. Les armes de cette Ville sont d'argent à un olivier de sinople.

Le Bausset est une autre petite Ville au milieu des montagnes. Ses armes sont de gueules, à quatre pals d'or, au chef d'azur, chargé d'une fleur de lys d'or.

Aubagne est une petite Ville qui appartient à l'Evêque de Marseille, & qui est située dans son Diocèse.

MARSEILLE, *Massilia*, cette Ville fut bâtie sur le bord de la mer par les Phocéens, Marchands d'Ionie. Lucain se trompe lorsqu'il les fait venir de Grece. Un Jurisconsulte Hollandois nommé *Huberus*, a commis la même faute dans une Histoire universelle qu'il a donnée au Public. C'est une grande Ville, & fort peuplée. On la divise en Ville vieille, & Ville neuve. La vieille n'est rien moins que belle, & est située sur une éminence au-dessus du Port. Les rues en sont sales, & les maisons mal bâties. On y remarquera la *Majour*, où l'Eglise Cathédrale qui est assez grande. On y verra une pierre de marbre, sur laquelle on lit une Inscription Arabe que Laurent d'Arvieu a traduite ainsi :

Dieu est le seul permanent.
C'est ici la sépulture de son serviteur, & Martyr, qui s'étant confié en la misericorde du Dieu très-haut, il la lui a accordée en pardonnant ses fautes. Joseph fils d'Abdallah de la Ville de Metelin, décédé dans la lune Zilhugé.

Ruffi dans son Histoire de Marseille, croit que c'est l'Epitaphe de quelque *Cacis*, ou Prêtre Mahométan de l'Ordre des Amuldenes, qui appellent les peuples en criant du haut des Mosquées. Le même Auteur conjecture que cette Inscription est du tems du Comte Maurant, qui favorisant les Sarrasins qui étoient venus en Provence, leur livra les Villes d'Avignon & de Marseille. Dans une Chapelle qui est derriere le Chœur l'on voit une représentation en demi-relief de Jesus-Christ mort & couché sur le sépulchre, gardé par la Vierge, S. Jean & les trois Maries. Ce monument est de fayence blanche, & assez beau.

Les Acoules est une Paroisse à la porte

de laquelle on voit un Crucifix pour qui on a une dévotion toute particuliere.

La nouvelle Ville au contraire est parfaitement bien bâtie, & bien percée. Elle est séparée de l'ancienne par une des plus belles rues que l'on puisse voir, & qui regne depuis la porte d'Aix jusqu'à la porte de Rome. C'est cette même rue que l'on nomme *le Cours*. Elle a deux rangs d'arbres, & des maisons des deux côtez, toutes de même simétrie, ornées de portiques & de grandes colonnes, avec leurs bases & chapiteaux. On trouve dans ce quartier de belles maisons, entre-autres celle du feu Comte de Grignan, Lieutenant Général, & Commandant dans la Province.

S. Victor est une des plus illustres Abbayes du monde Chrétien. Son antiquité remonte jusqu'aux premieres années du Christianisme. Elle est de l'Ordre de S. Benoît. On voit ici deux Eglises, l'une supérieure, & l'autre inférieure. Elles furent consacrées par S. Leon le Grand dès le cinquiéme siecle. Les Reliques de S. Victor que l'on y conserve, lui ont donné le nom qu'elle porte aujourd'hui, à la place de celui qu'elle portoit autrefois. Elle a souvent été remplie de Sujets d'une éminente vertu, puisqu'elle a donné deux Papes & plusieurs Cardinaux à l'Eglise, & un grand nombre d'Evêques à divers Diocèses. Le Pape Urbain V. étoit Religieux de cette Abbaye, & il en étoit Abbé lorsqu'il fut élevé au Pontificat. C'est lui qui acheva d'embellir cette Maison de la maniere qu'on la voit à présent, toute revêtue de pierres de taille, ornée de plusieurs belles tours quarrées, d'une grosseur & d'une élevation extraordinaires. Ce même Pape qui mourut à Avignon, voulut être enterré en cette Eglise à côté du Maître-Autel, où quantité de lampes brûlent continuellement. Tout le monde convient qu'il n'y a pas en France d'Abbaye qui soit à la fois plus ancienne & plus célébre, ni qui ait plus d'exemptions, & de plus beaux privileges.

L'Eglise inférieure est un souterrein composé de plusieurs Chapelles, au milieu desquelles est celle de *Nôtre-Dame*. Au devant de cette derniere, la voûte est portée par sept grandes colonnes qu'on dit être de pierres fusiles, & dont les bases & les chapiteaux sont d'une espece de granit noir & blanc, & d'Ordre Corinthien. L'intérieur de cette Chapelle est orné d'un nombre infini d'*Ex voto*, & de bijoux de grand prix. C'est dans ce lieu qu'on voit la croix de S. André qui est revêtue d'un ouvrage d'orfévrerie, dont un Camérier de la maiſon apporta le deſſein d'Italie, & qui au goût des Connoiſſeurs, eſt un morceau parfait en ce genre.

Fort près de cette Chapelle eſt une petite grotte, que l'on prétend être la premiere Chapelle des Gaules, où l'on a dit la Meſſe.

A côté eſt l'ouverture d'un autre ſoûterrein, à l'entrée duquel la tradition veut que la Madeleine ait fait pénitence pendant ſept ans, avant que d'aller à la ſainte Baume. Cette voûte s'étend à plus de cinq cens pas ſous la Ville, vers la porte d'Aix, & c'eſt ici qu'ont été inhumez les corps de pluſieurs ſaints Martyrs.

Auprès de la grille de fer de cette grotte on voit dans une niche creuſée dans le mur, une urne canelée, d'une maniere tranſparente, & d'un ouvrage très-curieux. Ce vaſe fut trouvé en creuſant la terre aux environs de cette Abbaye, dans le tems que Henri d'Angoûlême, Grand Prieur de France, étoit Gouverneur de Provence. Le Peuple dit que ce vaſe a ſervi de cruche à la Madeleine lorſqu'elle demeuroit en ce lieu.

Le Cloître eſt petit, & ſa voûte eſt ſoûtenue par quantité de petites colonnes de divers marbres précieux, avec des chapiteaux d'aſſez mauvais goût. J'ai trouvé ſous ce Cloître une Inſcription Payenne, gravée ſur une pierre, la voici :

D. M.

POMPONIAE PRIMICENIAE
ANNIA FELICLA SOROR
KARISSIME.

Tout ce Monaſtere eſt rempli de Tombeaux & d'Inſcriptions, tant des Payens, que des premiers Chrétiens. On les rencontre par tout en grand nombre, & l'on reconnoît celles des Payens à ces deux lettres, D. M.

L'Hôtel de Ville a une belle façade. On y verra quelques ornemens, mais on vante principalement l'Ecuſſon de France, ſoûtenu par deux Anges. Il eſt de la main de Puget, fameux Sculpteur.

L'Hôpital & l'Arſenal, ou la ſalle d'armes, ſont des bâtimens nouveaux. La Corderie eſt le long du Port.

Marſeille a toujours été regardée comme une des plus importantes Villes du Royaume, à cauſe de ſa ſituation ſur la mer méditerranée, & de la commodité de ſon Port qui lui facilite le commerce du Levant, & ſert de retraite ſûre aux galeres du Roi. Mais cette Ville étant commandée par les hauteurs qui l'environnent, Louis XIV. pour la défendre contre les attaques des Etrangers, & pour assûrer le repos des habitans, fit bâtir à l'entrée du Port un Château & une Citadelle, vis-à-vis l'un de l'autre, l'an 1660.

La salle d'armes des galeres est sans contredit la plus belle de l'Europe, ce lieu étant composé de quatre grandes galleries percées des deux côtez dans les extrémités, & remplies de très-belles armes fort proprement entretenues, & très-curieuses. On peut entrer dans les atteliers des Armuriers, où il y a un grand nombre d'Ouvriers occupez. On y voit une infinité de beaux ouvrages, tous estimez en leur genre. On descend delà pour visiter les atteliers des Peintres, Sculpteurs, & les bassins de construction où l'on trouve quelquefois des galleres commencées, le magasin général de la boulangerie, les magasins des voiles, & divers magasins particuliers, qui sont tous dans un grand ordre, & remplis d'Ouvriers.

Le nouvel Arsenal a un beau jardin. On peut visiter les Ecoles Royales d'Hydrographie & de construction, la Corderie où l'on fait tous les cordages des galeres. On doit ensuite entrer dans le nouveau *Bagne* que Louis le Grand établit en 1701. pour y entretenir deux mille forçats invalides. On y voit plus de quatre cens mêtiers sur lesquels ces gens-là fabriquent les draps & autres étoffes, & toiles nécessaires pour les galeres. L'on monte delà au premier étage, où il y a deux grandes salles destinées pour faire coucher ces deux mille invalides sur des *Taulas* couverts de natte. Le magasin de retour est un lieu très-vaste où l'on remet ce qui est hors de service pour les galeres. On monte à la salle des voiles, où plusieurs femmes & filles travaillent aux ornemens des galeres. Puis on entre dans l'attelier des Menuisiers, où le mouvement de tous les instrumens qui servent au métier, ne laissent ni les oreilles, ni les yeux en repos. Après cela il faut remarquer la maniere dont on met à l'eau des caïcs & des felouques, le mouvement du travail d'un grand nombre de calfats qui sont dans l'attelier, & comme on entraîne les grosses piles de bois pour les constructions. Il y a pour cet effet plusieurs Turcs, qui par les cris qu'ils ont accoutumé de faire en travaillant, donnent beaucoup de plaisir. On peut se rendre delà à l'artillerie des forges où l'on voit de gros pierriers. L'attelier de la serrurerie mérite d'être vû,

& on y trouvera plusieurs beaux ouvrages qui sont autant de chefs-d'œuvre. Les magasins de desarmement sont d'une propreté & d'un arrangement extraordinaires. Chaque nature d'agrets & d'ustensiles y est distinguée par espace. Tout près delà sont les bassins où l'on construit les galeres. C'est un agréable spectacle que ces constructions, sur-tout si on en trouve quelqu'une prête à être mise à l'eau. Elle est alors soûtenue en l'air dans un grand bassin long, dans lequel on laisse entrer de l'eau ; & quand il y en a suffisamment, la galere se met à flot. Il n'y a qu'à ouvrir, elle entre aussitôt dans le Port, & l'eau renverse tout ce qui la soûtenoit.

La plaine de S. Michel est très-propre pour les revûes, & pour faire faire l'exercice aux troupes des galeres, qui depuis longtems passent pour être des plus belles qu'il y ait en France.

La Manufacture Royale est pour les étoffes d'or & d'argent. On trouvera dans la salle & dans les chambres plusieurs Ouvriers & Ouvrieres occupez à ces ouvrages, où l'on verra des étoffes les plus riches & les plus belles qu'il y ait, & qui imitent parfaitement les fabriques étrangeres. Les métiers sont dans les salles basses. On passe dans le jardin, & dans

dans la manufacture on voit calendrer les étoffes, comme aussi passer des pieces au feu, & faire le filage de l'or.

La Chartreuse est à une petite demie lieue de la Ville.

Le Marêchal de Vauban a fait le projet d'une nouvelle enceinte pour agrandir Marseille. Il devoit pratiquer des places dans la Ville, en y repoussant l'enceinte qui n'est point fortifiée. Ce Marêchal assûroit que par-là on pourroit rendre Marseille imprenable du côté de la terre. Il avoit aussi projetté une autre Citadelle, dont le fort de Nôtre-Dame de la Garde seroit le donjon. Ce Fort dont Chapelle nous a donné une description très-ingénieuse, & également badine, est sur le sommet d'un rocher presque inaccessible, & si haut élevé que s'il commandoit à tout ce qu'il voit au-dessous de lui, une partie assez considerable du genre humain ne vivroit que sous son bon plaisir. On voit de cet endroit la pleine mer, la Ville & le Port de Marseille, & toutes les bastides des environs de cette Ville. Du Fort on va à Nôtre-Dame de la Garde, Chapelle très-fameuse par la dévotion des gens du pays. Les Voyageurs qui aiment l'histoire naturelle, se feront montrer l'endroit de cette montagne où l'on trouve des filons d'une mine de ſavon qui blanchit le linge comme le ſavon artificiel dont il a auſſi la marbrure.

Les Jéſuites ont ici un Obſervatoire nouvellement conſtruit, & dont la vûe n'a d'autres bornes que celles de l'horiſon.

Le Port eſt d'une figure fort longue, & fort avancé dans les terres. Il occupe preſque toute la longueur de la Ville: Il eſt peu large, & ne peut pas recevoir des vaiſſeaux de guerre. Son entrée eſt défendue par la Citadelle & par le Fort Saint Jean. C'eſt dans ce Port que ſe retirent les galeres du Roi, où elles ſont à l'abri du vent de Nord-oueſt. Les armes de la Ville de Marſeille ſont d'argent à la Croix d'azur.

La route de Paris à Toulon & à Marſeille, par la poſte, en paſſant par la Bourgogne, eſt juſqu'à Villeneuve-la-Guyart, la même que celle que je viens d'indiquer, mais de Villeneuve l'on va à Pont-ſur-Yonne, poſte & demie. Sens, p. & d. Villeneuve le-Roi, poſte & d. Villevallier, p, Joigny, p. Baſſou, p. & d. Auxerre, p. & d. Prey, 2. p. Aigremont, p. & d. Noyers, p. Sauvigné, p. Aixey ſous Rougemont, p. Montbar, p. Eringe, p. & d. Villeneuve, p. Chanceaux, p. & d. S. Seine, p. & d.

Valſuſon, p. & d. Dijon, p. & d. Genvry, p. & d. Nuys, p. Beaune, p. & d. Chagny, p. & d. Châlons, p. & d. Seneſcey, 2. p. Tournus, p. S. Albin, p. & d. Maſcon, p. & d. La Maiſon-Blanche, 2. p. Belleville, p. Ville Franche, p. & d. Les Echelles, p. La Chaux, p. Lyon, poſte Royale. S. Fons, p. Royale. S. Saphorin d'Ozon, p. Vienne, p. & d. Auberive, p. & d. Le Péage de Rouſſillon, p. S. Rambert, p. S. Vallier, p. & d. Tein, p. & d. Sillard, p. Valence, p. La Paillaſſe, p. Lauriol, p. & d. Laine, p. & d. Montelimart, p. Donzére, p. & d. Pierre Latte, p. La Palu, p. Le Pont S. Eſprit, p. Bagnols, p. Lartoiſe, p. Roquemort, p. Avignon, p. S. Andiol, 2. p. Orgon, p. Le Pont-Royal, p. & d. S. Canat, p. & d. Aix, 2. p. Roquevaire, 3. p. Le Bois de Conioul, p & d. Le Beauſſet, p. Toulon, p. & d.

La route de la poſte d'Aix à Marſeille eſt la même que celle qui eſt rapportée à la fin de l'Itineraire ſuivant.

Voyage de Paris à Toulon, & à Marseille, par le Nivernois, le Bourbonnois, &c.

L'On va de Paris à Fontainebleau par la route que j'ai marquée ci-dessus; mais au lieu d'aller de Fontainebleau à Moret, l'on va à Nemours.

Nemours.	4. l.
Soupe.	2. l.
Dardive.	1. l.
Fontenay.	1. l.
Puicalose.	1. l. & d.
Montargis.	1. l. & d.
Nogent.	4. l.
La Bussiere.	3. l.
Briare.	2. l. & d.
Boni.	3. l.
Neuvi.	1. l. & d.
Cosne.	2. l.

Nemours, qu'on appelloit autrefois *Nemox*, & *Nemoux*, en latin *Nemus Nemosium*, *Nemosum*, a pris son nom de sa situation dans la forêt de *Biere*, ou de Fontainebleau, qui apparemment

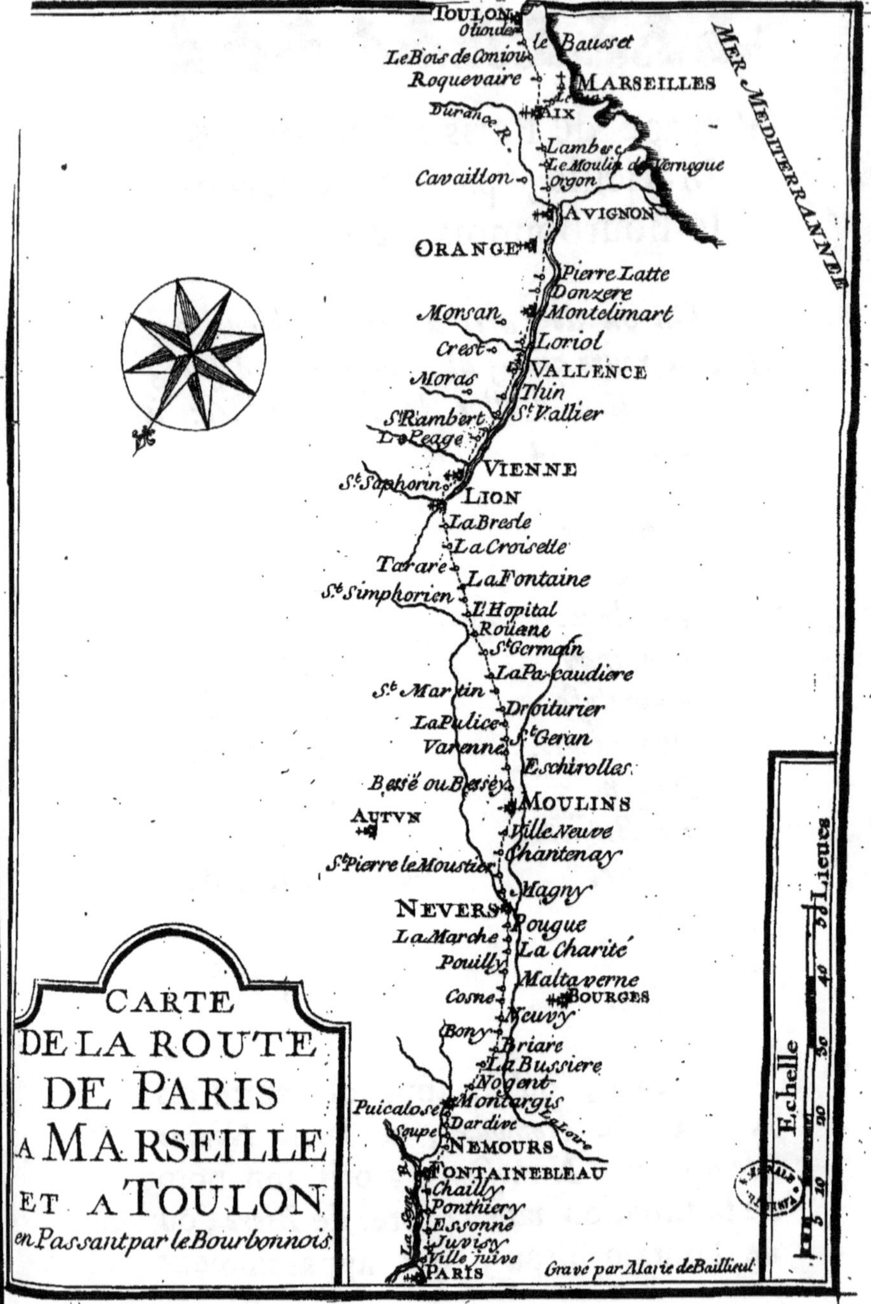

TOULON
le Bausset
Le Bois de Coniou
Roquevaire
MARSEILLES
MER MEDITERRANNEE
AIX
Durance R.
Lambesc
Cavaillon
Orgon
AVIGNON
ORANGE
Pierre Latte
Donzere
Monsan
Montelimart
Crest
Loriol
VALLENCE
Moras
Thin
St Rambert
St Vallier
Le Peage
VIENNE
St Saphorin
LION
La Bresle
La Croisette
Tarare
La Fontaine
St Simphorien
L'Hopital
Roüane
St Germain
La Pacaudiere
St Martin
Droiturier
La Palice
St Geran
Varenne
Eschirolles
Bessé ou Bessey
MOULINS
AUTUN
Ville Neuve
Chantenay
St Pierre le Moustier
Magny
NEVERS
Pougue
La Marche
La Charité
Pouilly
Maltaverne
Cosne
BOURGES
Neuvy
Bony
Briare
La Bussiere
Nogent
Puicaloset
Montargis
Soupe
Dardive
NEMOURS
La Loire
FONTAINEBLEAU
Chailly
Ponthiery
Essonne
Juvisy
Ville juive
PARIS
La Seine R.
CARTE DE LA ROUTE DE PARIS A MARSEILLE ET A TOULON en Passant par le Bourbonnois
Gravé par Marie de Baillieul
Echelle
Lieues
5 10 20 30 40 50

s'étendoit anciennement jusqu'ici, car on n'auroit pas donné le nom de *Nemus* à cette Ville, si elle n'avoit pas été située dans un bois. Nemours est dans le Gâtinois sur la riviere de Loin, entre deux collines. Elle a eu ses Comtes jusqu'en 1404. dont on voit quelques-uns des Tombeaux dans l'Abbaye de la Joye. Charles VI. l'érigea en Duché, en la donnant à Charles II. Roi de Navarre, en échange du Comté d'Evreux, & d'autres Terres qu'il avoit en Normandie, l'an 1404. Louis XII. la retira en 1507. de Gaston de Foix son neveu, & lui céda le Comté de Beaufort. François I. l'engagea en 1528. à la Maison de Savoye Nemours pour la somme de cent mille livres. Louis le Grand la retira en mariant Marie-Jeanne-Baptiste à Charles Emmanuel II. Duc de Savoye, & Marie-Françoise-Isabelle, à Alphonse VI. Roi de Portugal. Il la donna ensuite à Philippe de France son frere unique pour la parfournissement de son appanage, par Lettres Patentes du 24. d'Avril 1672.

Avant que Nemours fut érigé en Duché, ce n'étoit qu'un Château bâti dans une Isle que forme le Loin, & il n'étoit point fermé de murailles. Ce Château n'a pas aujourd'hui grande apparence. Il y a quelques tours rondes fort hautes qui servent de prison à la Ville. Dans la grand-rue est un Marché couvert & la Paroisse de la Ville, appellée le Prieuré de *saint Jean*. Ce Prieuré fut fondé par Louis VII. à son retour de Jérusalem. Il le dota de grands revenus, & lui donna une partie de la machoire supérieure de saint Jean qu'il avoit obtenue de l'Evêque de Sebaste. Le Couvent des Religieuses de sainte Marie est un bâtiment neuf & beau. Dans le faubourg S. Pierre est une autre Paroisse sous l'invocation de cet Prince des Apôtres. Tout auprès est une Abbaye de Filles de l'Ordre de Citeaux, nommée *Nôtre-Dame de la Joye*.

MONTARGIS, *Mons Argisus*, que M. de Valois soupçonne avoir été ainsi appellé par corruption, au lieu de *Mons Argisi*, comme on a dit *Mons Lethericus* pour *Mons Letherici*. Il pousse même sa conjecture plus loin; car il est porté à croire que le premier nom de cette Ville étoit *Mons Ansegisi*, à cause qu'Ansegise Evêque de Sens, qui vivoit l'an 876. l'avoit fait bâtir, & que dans la suite on fit *Mons Argisi*, de *Mons Ansegisi*, & puis *Mons Argisus*. Quoique ce ne soit qu'une conjecture, elle me paroît plus vraisemblable que ce que dit André du Chesne, que cette Ville a été nommée Montargis, comme qui diroit *Mont d'Argus*, parce qu'on voit bien loin tout à l'entour.

Montargis est sur la riviére de Loin, & la Capitale du Gâtinois. Elle fut brûlée en 1528. & depuis rebâtie de neuf. On la surnomme quelquefois *Montargis le Franc*, par rapport à plusieurs privileges que nos Rois lui ont accordé en differens tems. Cette Ville fait partie de l'appanage qui fut donné à Philippe de France frere de Louis le Grand. On y voit un ancien Château qui est dans une situation fort élevée, & qui a été rebâti par le Roi Charles V. La grand-salle est un des plus grands vaisseaux qu'on puisse voir. Elle a vingt-huit toises deux pieds de long, sur huit toises quatre pieds de large. On trouve à Montargis des Couvens de Recolets; de Barnabites qui ont le College; d'Ursulines; de Filles de sainte Marie; de Dominicaines; & de Bénédictines. On remarquera une chose singuliere dans l'Eglise Paroissiale de cette Ville, c'est que les habitans y ont fondé dix Chapelles, & ces Bénéfices sont à la présentation du Conseil de l'Eglise, qui est composé de douze notables ou principaux habitans de la Ville. C'est, je crois, le seul conseil de cette espece qu'il y ait dans le Royaume. Montargis fut bloquée par les troupes

Angloiſes l'an 1418. & réduite à une grande extrémité, lorſque le bâtard d'Orléans les força dans leurs retranchemens, & délivra cette Ville.

BRIARE, *Bribodorum*, *Brivodurum*, petite Ville ſur la Loire, à dix lieues de Montargis. Elle n'a qu'une longue rue, dans laquelle ſont pluſieurs hôtelleries & pluſieurs Marêchaux, à cauſe qu'étant ſur la route de Lion elle eſt fort paſſante. Elle eſt d'ailleurs fort connue par le canal de ſon nom qui, par le moyen de la riviere de Loin, fait la communication de la Loire à la Seine.

Neufvi, en Puiſaye, *Novus vicus*, ſur la Loire, n'eſt qu'un Bourg accompagné d'un Château.

CÔNE, *Cona*, *Conada vicus*, *Conada Caſtellum*, *Condida*, doit ſon nom à ſa ſituation au confluent de la riviere de Loire, & de celle de Noaïm; car c'eſt de Condé, ou Condat, qu'on a formé le nom de Coſne. On trouve dans cette petite Ville une Egliſe Collégiale, dont les Prébendes ſont à la collation de l'Evêque d'Auxerre qui eſt l'Evêque Dioceſain, un Couvent d'Auguſtins, & un de Bénédictines. La Coutellerie de Coſne eſt fort eſtimée, & un des principaux commerces que l'on faſſe dans cette petite Ville.

Maltaverne.	2 l.
Pouilly.	3. l.
La Charité.	2. l. 1. q.
La Marche.	1. l. & d.
Pougues.	1. l. & d.
Nevers.	2. l.
Magni.	2. l. & d.
S. Pierre-le-Moustier.	3. l.
Chantenay.	3. l.
Villeneuve.	2. l.
Moulins.	4. l.

LA CHARITÉ, *Caritas*, s'appelloit anciennement *Seyr*, & sa situation étoit à cinq cens pas audessus de son enceinte actuelle, du côté de la Bourgogne, comme il paroît encore par les fossez & quelques restes de fortifications que l'on voit de ce côté là. Un Seigneur fort puissant, nommé *Rolland*, ayant fondé & fait bâtir un Monastere audessous de la Ville de *Seyr*, du côté de la Loire, vers l'an 700. y appella des Religieux de S. Basile. La sainteté de ces Religieux, la commodité & le voisinage de la Loire, inspirérent aux habitans de *Seyr* le dessein de s'aller établir autour du Monastere. Insensiblement, ils y formerent une petite Ville. Les Vandales ayant fait une irruption dans les Gaules vers l'an 743. ils pillerent la Ville & le Prieuré de la Charité; mais le Roi Pepin à son retour d'Italie rétablit ce Prieuré, & y mit des Religieux qui professoient la Regle de S. Benoît. La Ville & le Prieuré éprouverent encore une seconde fois la fureur des Vandales en 775. Guillaume II. Comte de Nevers, Geofroy Evêque d'Auxerre, & Bernard Deshaillant, tous trois de la Maison de Nevers, les rétablirent, & y mirent des Religieux de Cluny, dont Gerard fut le premier Abbé. Ces trois Seigneurs firent aux Religieux une cession générale de tout ce qu'ils possedoient à *Seyr*, tant au *spirituel* qu'au *temporel*, sans aucune réserve, comme il paroît par les Lettres de ratification de Louis le Gros Roi de France, de l'an 1119. Le Monastere & la Ville ont éprouvé depuis plusieurs changemens. Le nom de *la Charité* qu'elle porte aujourd'hui lui a été donné des grandes charitez que faisoient ses Religieux, dont le Prieur est Seigneur spirituel & temporel de la Ville. On passe ici la Loire sur un beau pont de pierre. Cette petite Ville souffrit beaucoup du tems des guerres des Calvinistes qui s'en rendirent les Maîtres & la brûlerent.

Pougues n'est qu'un Village, mais ses eaux minérales l'ont rendu plus connu que ne le sont plusieurs Villes. Il est situé au pied d'une montagne, & la fontaine minérale est à deux cens pas du Village. C'est un réservoir long qui a trois pieds de diamêtre, & du fond duquel sortent des bouillons d'eau. Ce réservoir est au milieu d'une tour quarrée, proche de laquelle il y a des promenoirs couverts d'un toît soûtenu par des piliers. Les eaux de cette fontaine sont aigretes, vineuses, & ressemblent fort à celles de S. Alban; mais leur acidité n'est pas si piquante. Certaines petites pailles qui nâgent sur cette eau, & qui ressemblent à des raclures de fer, font suffisamment connoître qu'elle est ferrugineuse. Elles ont toujours eu quelque réputation; mais depuis que le Roi les alla prendre au mois de Septembre de l'an 1586. elle s'est fort augmentée.

NEVERS, *Noviodunum Æduorum*, *Nivernum*, *Nevernum*, Capitale du Nivernois & Ville Episcopale, est située au confluent de la riviere de Niévre dans la Loire, & à une lieue audessus de celui de l'Allier & de la Loire. Cette derniere riviere passe ici sous un pont de pierre composé de vingt arches, au bout duquel il y a une levée fort large & fort longue qui rend l'abord de cette Ville du côté de Moulins très-magnifique. Les rues de cette Ville ſont étroites, & le terrein fort inégal. L'Egliſe Cathédrale eſt fort belle, & ſous l'invocation de S. Cyr. Il y a onze Paroiſſes dans cette Ville, & pluſieurs Maiſons Religieuſes. L'on découvrit en 1719. dans l'Abbaye de Nôtre-Dame un tombeau couvert d'une pierre d'environ ſix pieds de long. On y voit une figure en boſſe dont la tête porte une couronne radiale, ou à pointes. Le corps eſt enveloppé d'un drap qui deſcend juſqu'aux pieds, & n'en laiſſe voir que l'extrémité. Les mains ſont approchées l'une de l'autre audeſſous de l'eſtomach. L'on voit auſſi ſur le bas de la figure une épée inclinée de la gauche à la droite, & deux petits Anges à côté de la tête, qui paroiſſent encenſer la figure. On a trouvé dans ce tombeau onze pieces de monnoye, parmi leſquelles il y en a de Charles VII. de François I. d' Henri II. d Henri III. &c. Quelques Antiquaires croyent que ce tombeau eſt celui d'un Comte de Nevers enterré dans cette Egliſe au XIII. ou XIV. ſiecle, & que les pieces de monnoye qui ſont poſterieures au XIV. ſiecle, ont été miſes dans ce monument après coup, ou y ont été cachées comme dans un lieu ſacré & inviolable. L'on compte dans Nevers environ huit mille ames, & mille huit cens feux. Le Château des Ducs est ancien, & fait face à une grande & belle Place, dont les maisons bâties avec symetrie font un aspect fort agréable. La Verrerie & la Fayencerie sont dignes de la curiosité des Voyageurs. Les environs de cette Ville sont agréables. Il y a une promenade publique appellée *le Parc*, qui est assez belle.

S. Pierre le Monstier, ou *le Moûtier*, est une petite Ville à cinq lieues & demie de Nevers, bâtie au pied de la chaussée d'un étang, dans un fond environné de montagnes de tous côtez, hormis de celui du midi, ce qui la rend mal saine. Cette Ville faisoit autrefois partie du Comté de Nevers, mais l'on prétend qu'en 1261. le Prieur de S. Pierre le Moûtier se voyant opprimé par le Comte de Nevers & par des Seigneurs des Provinces voisines, eut recours au Roi à qui il céda la Justice sur toute la Ville, à la réserve de la maison & enclos du Prieuré qui demeurerent sous la Justice du Prieur, de même que les hameaux des Paroisses qui en dépendoient. Depuis ce tems-là, S. Pierre le Moûtier a été *Ville Royale*, où l'on a établi une *Sénéchaussée*, & puis un Présidial. Outre le Prieuré, il y a ici un Couvent d'Augustins, & un de Religieuses Ursulines. On dit qu'il y a dans cette Ville quatre cens trente feux; & environ mille cinq cens perſonnes.

Villeneuve eſt un Bourg du Bourbonnois, & à l'entrée de cette Province. On voit ſur la porte d'une des maiſons de ce lieu les armes de France, avec une Inſcription gravée ſur une pierre. Elle eſt en vieilles rimailles.

Vivent les lys, vive Bourbon;
Vive Henri Quatre de ce nom;
Vive celui
Qui pour ſa révérence,
A fait poſer ici
Les armoiries de la France.
1596.

MOULINS, *Molina*, Capitale du Bourbonnois, eſt ſur le bord de l'Allier dans une plaine agréable & fertile. Cette Ville eſt moderne, & doit ſon origine aux Seigneurs de Bourbon qui faiſoient leur ſéjour dans la petite Ville de Souvigny, à deux lieues de Moulins. Comme ils aimoient la chaſſe, ils s'aſſembloient ſouvent en un endroit où il y avoit une ancienne tour que l'on nomme aujourd'hui *la Tour mal coëffée*, & qui fait partie du Château de Moulins. Ils y bâtirent enſuite un Château. Le ſéjour qu'ils y firent, l'agrément & la commodité du lieu formerent peu à peu une Ville que l'on nomma *Moulins*, à cause qu'il y avoit plusieurs moulins aux environs. Robert Comte de la Marche y fit bâtir un Hôpital, & Louis II. Duc de Bourbon, fit bâtir les pavillons qui ferment la premiere cour joignant la grosse tour. Il mourut en 1419. & ses descendans bâtirent l'Eglise sous l'invocation de Nôtre-Dame, & y fonderent un Chapitre composé d'un Doyen & d'onze Chanoines. Cette Eglise auroit été d'une assez belle architecture, mais il n'y a que le Chœur qui soit achevé. L'on trouve dans cette Ville un College de Jésuites, des Couvens d'Augustins, de Cordeliers, de Dominicains, de Minimes, de Chartreux, de Capucins, de Freres de la Charité, d'Ursulines, de Carmelites, de Filles de la Visitation de Sainte Marie, de Filles de l'Ordre de Citeaux, de Filles de Sainte Clere, d'Hospitalieres de S. Joseph, de Sœurs de la Croix, de Sœurs Grises. Les Couvens des Chartreux & des Filles de la Visitation, sont magnifiques. C'est Madame de Montmorency qui a fait bâtir ce dernier, tel que l'on le voit à présent. Elle s'y retira après la mort de son mari qui fut décapité à Toulouse le 30. d'Octobre de l'an 1632. & après y avoir demeuré enfermée pendant 25. ans, elle s'y rendit Religieuse le 30. de Septembre 1657. & y mourut Supérieure le 5. de Juin de l'an 1666. âgée de soixante-six ans. Les personnes de bon goût y vont admirer le superbe mausolée que cette Duchesse fit élever à Henri Duc de Montmorency, son mari. C'est un des plus excellens morceaux qu'il y ait dans ce genre. Ce Duc y est représenté à moitié couché, & appuyé sur le coude. La Duchesse sa femme est assise à ses pieds, voilée, & en mante. A côté du mausolée sont deux statues, dont l'une représente la valeur, & l'autre la libéralité. Derriere ce monument, & sur la muraille qui le touche, est une espece de portique, avec son fronton, soûtenu par deux colonnes & par deux pilastres. Entre ces deux colonnes sont deux statues, dont l'une représente la noblesse, & l'autre la piété. Au milieu de ce portique est une urne dans laquelle sont les cendres de ce Duc. Deux petits Anges portent des festons qui l'entourent. Audessus du fronton sont les armes de Montmorency. Au reste Moulins est une des plus jolies Villes, & des plus riantes qu'il y ait en France. On la divise en quatre quartiers, qui sont la Ville, la Ville neuve, le faubourg des Carmes, & celui d'Allier. Cette Ville est ouverte, & sans défense. M. de S. Geran dans le tems qu'il en étoit Gouverneur, avoit entrepris d'y faire faire une nouvelle enceinte; mais ce dessein n'eut point son exécution. Quant à l'ancienne enceinte, on abbatit en 1681. les quatre portes de l'ancienne Ville. Il y avoit dans Moulins onze mille trente-neuf personnes, suivant un dénombrement qui fut fait en 1696. lors de l'établissement de la Capitation, ou taxe par tête.

L'on voit ici les ruines d'un pont de pierre bâti en 1684. réparé, en partie, en 1685. & 1686. & tombé en 1689. On entreprit d'en construire un nouveau sur les desseins de Jules Hardouin Mansart en 1706. au mois de Mars; mais à peine fut-il achevé, qu'il fut entraîné par l'impétuosité de la riviere le 8. de Novembre de l'an 1710. à neuf heures & un quart du matin, en sorte qu'il n'en resta qu'une arche, qui se trouvant fendue, fut démolie pour la commodité de la navigation par ordre des Consuls, ou Echevins. L'on voit aussi le long de la riviere d'Allier un cours très-long & très-agréable, planté de qu re rangs d'ormes.

Au reste cette Ville est du Diocèse d'Autun, & il s'y fait un commerce de coutellerie très-considerable.

Bessey.	3. l.
Eschirolles.	2. l.
Varennes.	2. l.
S. Geran.	2. l.
La Palice.	2. l.
Droiturier.	2. l.
S. Martin.	2. l.
La Pacaudiére.	2. l.
S. Germain.	3. l.
Roane.	3. l.
L'Hôpital.	2. l.
S. Simphorien.	2. l.
La Fontaine.	2. l.
Tarare.	3. l.
La Croisette.	2. l.
La Bresle.	2. l.
Lion.	3. l.

ROANE, ROUANE, *Rodumna*, sur la Loire, est une Ville fort ancienne qui est l'entrepôt de presque toutes les marchandises qui descendent par cette riviere. On s'embarque aussi dans *des cabanes*, ou bateaux couverts, pour aller à Orléans, Tours, Nantes, &c. Les Jésuites ont ici un College, & les Capucins, & les Minimes des Couvens.

Tarare est un Bourg fort connu par sa montagne, qui est d'une grande lieue de chemin.

La Bresle est une petite Ville sur la riviere de Tardine dont le débordement fit un grand ravage la nuit du 14. au 15. de Septembre 1715. Il y eut vingt-deux personnes de noyées, neuf maisons rasées jusqu'aux fondemens, deux moulins emportez, & le pont de pierre fut tellement entraîné, qu'à peine resta-t-il quelque vestige de ses fondations.

LION. *On peut voir sa description dans le Voyage de Paris à Toulon, & à Marseille par la Bourgogne, &c.*

On s'embarque sur le Rhône à Lion pour aller à Avignon, & ce trajet se fait en peu de tems à cause de la rapidité de ce fleuve; mais comme en revenant de Provence à Lion, on prend toujours la route de terre, il est à propos de la faire connoître.

S. Saphorin.	2. l.
Vienne.	3. l.
Le Péage.	5. l.
S. Rambert.	2. l.
S. Vallier.	3. l.
Thein.	3. l.
Valence.	4. l.
L'Oriol.	4. l.
Montelimart.	4. l.
Donzere.	3. l.
Pierrelate.	2. l.

Orange.	5. l.
Avignon.	4. l.

VIENNE, *Vienna Allobrogûm*, ſur le Rhône, & ſur la riviere de Jére, *ad Rhodanum*, & *ad Jairam.* La ſituation de cette Ville n'eſt pas belle; car elle eſt haute & baſſe, & reſſerrée par des montagnes qui ſemblent la devoir noyer dans le Rhône. L'on voit dans cette Ville tant de reſtes d'antiquitez Romaines, qu'on ne doit pas douter qu'elle ne ſoit fort ancienne. Non ſeulement elle étoit Colonie Romaine, mais même ſelon toutes les apparences le Siege du Préfet du Prétoire des Gaules; car dans la Notice de l'Empire, elle eſt nommée avant Lion, comme auſſi dans la lettre que les Egliſes de Vienne & de Lion écrivirent à celles d'Aſie & de Phrygie, laquelle eſt rapportée dans l'Hiſtoire Eccléſiaſtique d'Euſebe. L'enceinte des murailles eſt de mille ſept cens quatre vingt toiſes, & le circuit eſt d'environ une lieue & demie. Ses portes principales ſont celles de Lion ou de Montconſeil, du pont du Rhône, d'Avignon, de Pipet, & de S. Martin. Les rues ſont étroites & mal percées. La Cathédrale eſt une fort belle Egliſe, & un ouvrage gothique. Le parvis qui eſt au devant eſt une plate forme ſur laquelle on monte par vingt-huit degrez. Il y a encore trois aûtres marches ſur cette plate forme pour monter dans l'Egliſe. Le frontiſpice eſt aſſez beau, & chargé d'une infinité de figures taillées dans la pierre qui eſt percée à jour en pluſieurs endroits. Il eſt auſſi orné de pluſieurs niches où il y a quelques figures de grandeur naturelle. Deux hautes tours qui ſervent de clocher, ſont élevées chacune ſur quatre piliers. Le vaiſſeau eſt grand & élevé. Sa longueur eſt de cent quatre pas, ſur trente-neuf de large. La voûte eſt ſoûtenue par quarante-huit colonnes, dont vingt-quatre ſont engagées dans le vif du bâtiment. Le Chœur eſt un peu plus élevé que la Nef. A côté du grand Autel on remarquera le tombeau de François Dauphin, fils du Roi François I. ſous une lame de bronze avec une Inſcription. L'Egliſe eſt pavée de grandes pierres, & la voûte eſt azurée, & chargée d'étoiles dorées. Il y a dans cette Ville pluſieurs autres Egliſes, Abbayes & Couvens. L'Abbaye de *ſaint André le bas* eſt d'une excellente architecture. La voûte du Chœur eſt ſoûtenue par deux colonnes de marbre d'une hauteur & d'une beauté ſingulieres. Celle de la Nef eſt portée par des colonnes d'ordre Dorique. Auprès de cette Abbaye on voit une plate forme sur laquelle sont quatre piliers élevez. On la nomme la table ronde, & c'étoit autrefois un azile où les personnes qui s'y étoient réfugiées, & les effets qu'on y avoit transportez étoient en sûreté. *Nôtre-Dame de la Vie* est un bâtiment antique que l'on a changé en Eglise. Il est quarré, & à peu près semblable à celui de Nismes. C'étoit, dit-on, un Prétoire. Il est décoré de colonnes d'ordre Corinthien, mais ces colonnes sont à présent engagées dans le vif du mur qu'on y a construit. On voit près de là l'ancien Palais des Souverains de Vienne; c'est où l'on tient les Justices de la Ville. Le faubourg de sainte Colombe est au-delà du Rhône, & cependant du Lionnois. On y voit une tour assez haute qui commande au pont. Le Palais de l'Archevêque est une maison assez commode. A côté est *la salle des Clementines*, ainsi nommée des Constitutions qu'on y fit pendant la tenue du Concile général auquel le Pape Clément V. présida. Cette salle sert aujourd'hui à serrer le foin d'une Auberge. *L'Abbaye de saint Pierre* est ancienne, & environnée de murailles fort solides. La voûte de la Nef n'est qu'un lambris; celle du Chœur est peinte & soûtenue par deux colonnes fort élevées. L'on n'enterre dans cette Eglise que les Archevêques de Vienne & les Abbez de S. Pierre. On voit ici de même que dans les autres Eglises, & ailleurs dans cette Ville, une quantité surprenante d'Inscriptions antiques. Chorrier a recueilli celles qui avoient été découvertes jusques à lui, & l'on trouve celles qui l'ont été depuis, dans le Voyage Litteraire de deux Religieux Bénédictins, & dans le Voyage Liturgique de M. de Moleon.

Le quinziéme Concile général fut assemblé à Vienne par ordre de Clement V. Ce Pape s'y trouva à la tête de trois cens Prélats, des Patriarches d'Aléxandrie & d'Antioche. Philippe le Bel y vint accompagné de son frere & de ses trois fils, dont l'aîné étoit Roi de Navarre. Il y a des Historiens qui disent que les Rois d'Angleterre & d'Arragon s'y trouverent aussi, mais Sponde le nie formellement. La suppression de l'Ordre des Templiers, & celle des procédures contre la France, furent des décisions de ce Concile, sans parler de plusieurs autres qui regardoient le dogme & les mœurs. Les dehors de Vienne le long du Rhône sont agréables, & forment un beau coup d'œil. A quatre ou cinq cens pas de la Ville de Vienne, hors la porte nommée d'Avignon, on trouve une pyramide antique qu'on appelle *l'Eguille.* Elle est sur une voûte quarrée, soûtenue par quatre piliers, & qui a vingt ou vingt-quatre pieds de heuteur. La pyramide est à peu près aussi haute, & le tout est de grandes pierres fort dures & sans aucun ciment. Il n'y a aucune Inscription, ce qui fait qu'on ne peut pas assurer pour quel usage ce monument a été érigé ; cependant il y a apparence que c'est le tombeau de quelque Romain.

Il y a à Vienne une fabrique d'ancres tant pour les galeres, que pour les vaisseaux, & autres bâtimens de mer. On y fait aussi une quantité de lames d'épée, si prodigieuse qu'on est surpris comment les ouvriers y peuvent suffire.

Tain ou *Thin*, Bourg du Viennois, est sur le Rhône, & principalement connu par ses vins qu'on nomme *Vins de l'Hermitage.* Ils sont produits par une colline qui est audessus de Thin, & ils prennent leur nom d'un Hermitage qui est sur ce côteau. Thin est vis-à-vis de Tournon petite Ville où les Jésuites ont un magnifique College, & une belle Bibliotheque. Thin & Tournon ne sont séparez que par le Rhône que l'on passe ici par le moyen d'un bacq. Un habile Naturaliste de mes amis m'a assuré qu'il

y

y a une mine d'or à l'Hermitage, & que c'eſt de cette mine que ſont entrainées les palioles d'or qu'on trouve dans le Rhône depuis Valence juſqu'à ſon embouchure.

Valence. On peut voir la deſcription de cette Ville dans le Voyage de Paris à Toulon par la Bourgogne, &c.

MONTELIMART, *Montilium Ademari*, ſur le Robiou, a pris ſon nom des *Ademars de Monteil*, ſes anciens Seigneurs. Cette petite Ville eſt aſſez peuplée. Ses habitans furent des premiers à ſuivre les erreurs de Calvin, & ont marqué plus d'une fois leur attachement pour cette pernicieuſe doctrine. Depuis la révocation de l'Edit de Nantes, ils ont été fidelés à Dieu, & au Roi. La Citadelle eſt ſur une éminence, & a un Gouverneur, un Lieutenant de Roi, un Major, & deux Compagnies d'Infanterie pour garniſon. Le P. Labbe s'eſt un peu mépris lorſqu'il a dit que cette Ville étoit ſur le Rhône; car elle eſt ſur le Robiou, & à une lieue du Rhône.

Donzerre eſt un Bourg avec titre de Principauté, & appartient à l'Evêque de Viviers à qui il rapporte environ huit mille livres de rente. On voit ſur une élévation les ruines du Château. Les Evêques de Viviers faiſoient battre ici monnoye à leur coin, & il y a encore une rue qu'on nomme la rue de *l'argenterie*, ou de *l'argentiere*.

Pierrelate est une petite Ville située au pied d'un rocher qui se trouve seul dans une plaine. Elle appartient à M. le Prince de Conty, & a un Gouverneur qui est sans appointemens du Roi.

Orange, & *Avignon* ont été décrites dans le Voyage de Paris à Toulon par la Bourgogne, &c.

Orguon.	4. l.
Le Moulin de Vernegue.	3. l.
Lambesc.	2. l.
Aix.	4. l.

Route de Toulon. *Route de Marseille.*

Route de Toulon		Route de Marseille	
Roquevaire.	5. l.	Le Pin.	3. l.
Le Bois de Coniou.	3. l.	Marseille.	2. l.
Le Bausset.	2. l.		
Olioules.	2. l.		
Toulon.	1. l.		

Orguon est une très-petite Ville sur la Durance, au pied d'une montagne de roche, où il y a un Couvent d'Augustins Déchaussez. Elle appartient à M. le Prince de Lambesc, de la Maison de

Lorraine, & l'aîné de la branche d'Armagnac.

Roquevaire est un gros Bourg, ou une petite Ville, dans une gorge de montagne. Elle se pique d'une antiquité Romaine, & prétend qu'elle s'appelle en Latin *Rupes varii*.

Voyez les descriptions d'Aix, de Marseille, & de Toulon dans le Voyage précédent.

La route de la poste de Paris à Lion, en passant par le Nivernois, & le Bourbonnois, est jusqu'à Fontainebleau la même que celle qui passe par la Bourgogne, & que j'ai rapportée à la fin du Voyage précédent; mais par celle-ci on va de Fontainebleau à Bouron, poste & demie. Nemours, p. Glandelle, p. La Croisiere, p. Fontenay, p. Puy-la-Laude, p. Montargis, p. La Commodité, p. & d. Nogent, p. Les Bezards, p. La Bussiere, p. Belair, p. Briare, p. Ousson, p. Boni, p. Neuvi, p. La Selle, p. Cosne, p. Maltaverne, p. Pouilli, p. Meuves, p. La Charité, p. Barbeloup, p. Pougues, p. & d. Nevers, p. & d. Magni, p. Villars, p. S. Pierre-le-Moûtier, p. Chantenay, p. Villeneuve, p. La Perche, p. Moulins, p. Sannes, p. Bessay, p. Eschirolles, p. Varenne, p. S. Geran, p. & d. La Palice, p. Droiturier, p. S. Martin d'Estraux, p. La Pacaudiere, p. La Fringale, p. & d. Roanne, p. & d. L'Hôpital, p. S. Siphorien, p. La Fontaine, p. Tarare, p. & d. La Croisette, p. La Bresle, p. La Tour, p. & d. Lion, p. & d. S. Fons, p. S. Saphorin, p. Vienne, p. & d. Auberive, p. & d. Le Péage, p. S. Rambert, p. S. Vallier, p. & d. Tein, p. & d. Sillart, p. Valence, p. La Paillasse, p. L'Auriol, p. & d. Laine, p. & d. Montelimart, p. Donzere, p. & d. Pierrelate, p. La Palu, p. Le Pont S. Esprit, p. Bagnols, p. Lartoise, p. Roquemor, p. Avignon, p. S. Andiol, deux postes. Orguon, p.

La route de la poste depuis Orguon jusqu'à Marseille, & à Toulon, est la même que celle que j'ai rapportée à la fin de l'Itineraire de ce Voyage.

Voyage de Paris à Clermont en Auvergne.

IL faut suivre la route que j'ai prescrite ci dessus pour aller de Paris à Lion, en passant par Moulins; & lorsqu'on est à Bessay, l'on va aux

Eschirolles. 1. l.

T. 1. page. 292

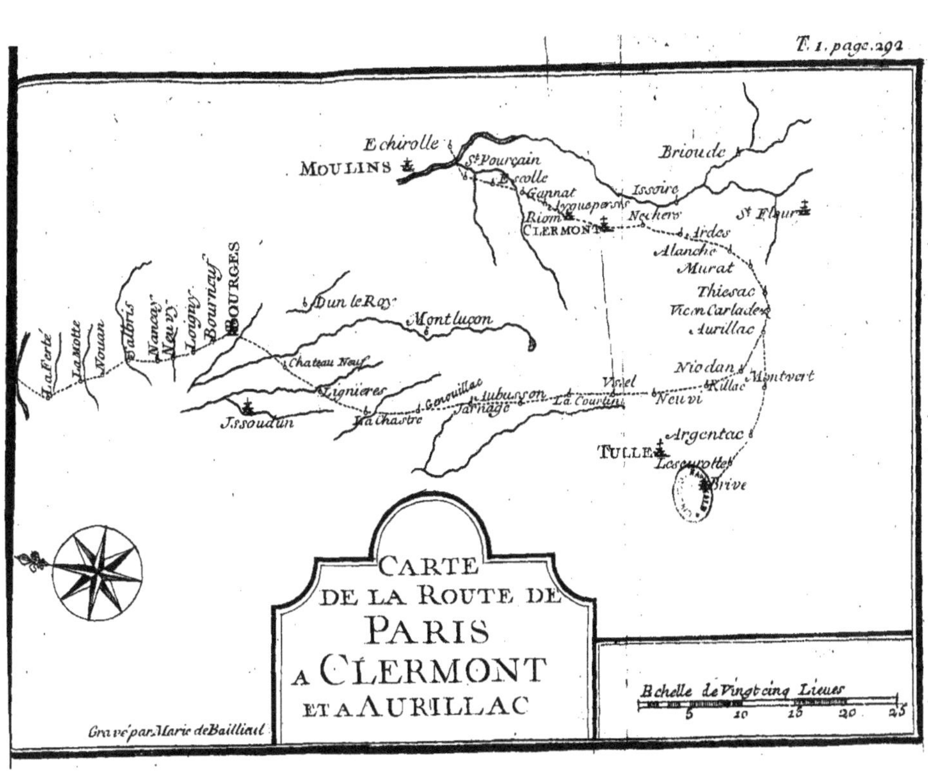
CARTE
DE LA ROUTE DE
PARIS
A CLERMONT
ET A AURILLAC
Gravé par Marie de Bailliaul
Echelle de Vingt cinq Lieues
5 10 15 20 25
MOULINS
Echirolle
St. Pourçain
Escolle
Gannat
Riom
CLERMONT
Brioude
Issoire
St. Flour
Ardes
Alanche
Murat
Thiesac
Vic en Carlades
Aurillac
Niodan
Montvert
Killac
Neuvi
Argentac
TULLE
Brive
BOURGES
Dun le Roy
Montluçon
Chateau Neuf
Lignieres
Issoudun
La Chastre
Genouillac
Aubusson
Jarnage
La Courtine
La Ferté
La Motte
Nouan
Salbris
Nançay
Neuvy
Loigny
Bourneuf

S. Pourſain.	3. l.
Le Maillet de l'Ecole.	2. l.
Gannat.	3. l.
Aigueſperſe.	2. l.
Riom.	3. l.
Clermont.	2. l.

S. POURSAIN, OU S. POURÇAIN, *Sancti Porciani Oppidum*, ſur la petite riviere de Scioule, eſt au milieu du Bourbonnois, quoique quelques Geographes la placent dans l'Auvergne. A la vérité elle eſt du reſſort de Riom, mais ſes habitans y ſont jugez ſelon la Coutume du Bourbonnois. Elle a pris ſon nom de S. Pourçain qui vivoit encore vers l'an 450. Dans l'Egliſe Paroiſſiale de *S. Georges* on voit une ſtatue de pierre qui repréſente un *Ecce-Homo*, & eſt regardée avec juſtice comme un chef-d'œuvre de l'art. Elle eſt de grandeur naturelle, & d'une ſeule pierre de même que la corde qui lui lie les bras, les mains, les jambes, & les pieds. Les muſcles y ſont chacun dans leur action, & l'on y compteroit les veines, & les arteres. Quoique la corde ſoit de la même pierre que la ſtatue, elle en eſt néanmoins détachée en quelques endroits, & paroît nouée avec autant de facilité, & auſſi naturellement que si c'étoit un ruban. *Durand de S. Pourçain*, Evêque du Puy, ensuite de Meaux, qui a fait des Commentaires sur les quatre livres du Maître des Sentences, étoit né dans cette Ville ; comme aussi *Blaise Vigenere*. La Ville de S. Pourçain a donné deux familles qui ont servi utilement l'Etat dans les emplois les plus distinguez : ce sont celle de Seguier & de Guenegaud. Tout le monde ne convient pas que celle de Seguier en soit originaire, mais quelques tombeaux qui sont dans l'Eglise des Cordeliers de S. Pourçain, & la tradition du pays, le prouvent suffisamment.

Gana, ou *Ganat*, est une petite Ville, & la derniere du Bourbonnois, du côté de l'Auvergne. Il y a un Chapitre, un Couvent de Capucins, un d'Augustins, & un de Filles de Nôtre-Dame. L'on compte dans cette Ville environ mille cinq cens habitans, & cinq cens soixante & dix feux.

Aiguesperse, petite Ville qu'un titre du Chapitre d'Artonne de l'an 1150. appelle *Aqua sparsa*, & le Poülier des Maladeries de S. Lazare *Aquæ ceruleæ*, est le chef-lieu du Duché de Montpencier. Ce n'est proprement qu'une longue rue. Il y a cependant deux Eglises Collégiales dont l'une est la Sainte-Chapelle. L'on voit dans cette derniere un tableau de *S. Sebastien*, qu'on vante comme un chef-d'œuvre de l'art. Il est difficile de voir un tableau où il y ait plus d'imagination, & plus de correction que dans celui-ci. Sans parler du S. Sébastien, qui est admirable, il y a deux têtes de bourreaux qui paroissent belles à trois ou quatre pas de distance, mais qui le paroissent infiniment devantage à mesure que l'on les regarde de plus près. On y compte toutes les rides du front, & du visage, & n'étoit que le reste du corps y manque, & que l'attouchement détrompe, l'on croiroit que ce sont des têtes véritables. On voit encore au même endroit un morceau d'architecture en perspective, qu'on a bien de la peine à ne pas croire loin de soi dans le tems même que l'on le touche. Le fameux Michel de l'Hôpital que son mérite éleva à la dignité de Chancelier de France, étoit né dant cette Ville; & Messieurs de Marillac en étoient originaires. Au reste c'est ici la premiere Ville d'Auvergne en venant du côté du Bourbonnois, & l'entrée d'un des plus beaux & des plus fertiles pays qu'il y ait au monde, & duquel on pourroit dire avec raison *qu'il semble que la nature ait voulu rassembler ici sous un point de vûe tous les agrémens.*

RIOM, *Ricomagus*, c'est-à-dire *Riche-Ville.* Elle est très-agréablement située, & bien percée. Philippe-Auguste l'ayant assiégée eut bien de la peine à la prendre, & s'en étant enfin rendu maitre par capitulation, après bien des assauts, il en amena quarante ôtages qu'il retint longtems en prison à Paris. Riom devint fort peuplée sous les Ducs d'Auvergne qui étoient de la Maison de France, fils, & petit fils du Roi Jean. Ils y établirent leur demeure, & y attirerent les plus grands Seigneurs de la Province qui y composoient leur Cour. On y montre encore les Hôtels *de Blot*, *de Fleurat*, *de Montboissier*, & *des anciens Chazerons*, fondus dans Monetay.

Riom est aujourd'hui considerable par sa Sénéchaussée, & son Présidial, dont le ressort est un des plus grands du Royaume; par son Bureau des Finances, par une Chambre des Monnoyes, & par trois Chapitres. Une de ces Eglises Collégiales porte le nom de S. Amable, qui est le patron de la Ville. Elle fut bâtie par ce Saint, & dédiée sous l'invocation de *saint Benigne.* S. Gal qui fut ensuite Evêque d'Auvergne, n'étant encore qu'Archidiacre, & voyant que les miracles qui se faisoient sans cesse au tombeau de saint Amable, y attiroient de toutes parts une si prodigieuse quantité de monde, que l'Eglise de S. Benigne où il avoit été enseveli, étoit trop petite pour contenir tant de peuple, joignit une nouvelle Eglise à l'ancienne. Il fit faire un Autel au haut de cette nouvelle Eglise, sous lequel il fit transporter le corps de saint Amable. Ces deux Eglises n'en faisant plus qu'une, l'ancienne perdit insensiblement le nom de S. Benigne qu'elle portoit, & prit celui de S. Amable. Ce dernier témoigna que ce qu'on avoit fait pour sa gloire lui plaisoit, en continuant de faire une infinité de miracles, & en ne cessant de proteger la Ville de Riom contre ses ennemis visibles, & invisibles. C'est par reconnoissance que les habitans de Riom on mis le tableau de ce saint protecteur sur toutes les portes de la Ville, avec ces mots au-dessus, *hoc hospite tuti* ; & ils assûrent que par son intercession ils sont tous les jours guéris des morsures de serpens, & des chiens enragez, &c. & préservez d'incendie. *Anne du Bourg*, *Genebrard*, *Jaques Sirmond*, Jésuite, *Jean Sirmond* de l'Académie Françoise, *M. Soanen* Evêque de Senez, *l'Abbé Faydit*, & *Augustin Toutée*, Bénédictin, ont tous reconnu la Ville de Riom pour leur patrie.

CLERMONT, *Nemossus*, *Augustonemetum*, *Augustanemetum*, *Urbs Arvernorum*, ou *Arverna*, ne prit le nom de Clermont que dans le IXe. siecle, comme *Loup de Ferrieres*, & *Guillaume de Tyr* le marquent positivement. Quelques habiles Critiques ont prouvé démonstrativement, que *Gergovia* dont il est parlé dans César, n'étoit pas Clermont, mais une Ville située sur une montagne voisine appellée encore aujourd'hui *Gergoye*, & sur laquelle on voit quelques restes d'édifices.

La Ville de Clermont est la Capitale de la Province d'Auvergne, & est située sur une petite éminence entre les rivieres d'*Artier* & de *Bedat*. Cette Ville est riche & très-peuplée, mais les rues y sont fort étroites, & les maisons fort sombres. La rue des Gras est la plus belle de la Ville. L'Eglise Cathédrale est grande, & ressemble à celle de Nôtre-Dame de Paris, à cela près qu'elle n'est pas aussi vaste, & que les deux tours qui sont au frontispice de celle de Paris, sont à une des portes laterales de celle de Clermont. Autour du Chœur sont des figures en relief, qui représentent des histoires de l'ancien & du nouveau Testament. Il y a à Clermont quatre Chapitres, & un grand nombre de Couvens. Le Collége des Jésuites est une maison nouvellement bâtie & magnifique. Le Palais où l'on rend la justice est une maison réparée en partie, & la salle de la Cour des Aydes est assez belle. Il y a jusques à treize différentes portes pour entrer dans la Ville de Clermont. Ce que l'on nomme *la Place*, est un cours nouvellement planté, qui formera un jour une des belles promenades qu'on puisse voir. Le point de vue en est beau, & s'étend sur les côteaux & les marais de Montferrand.

La Place de *Jaude* est aussi une assez belle promenade, au milieu de laquelle est une belle fontaine.

Dans le faubourg de S. Alyre est l'Abbaye de son nom. L'Eglise paroît plûtôt une Citadelle qu'un Temple du Seigneur. C'est une fort grosse masse de pierres, & les dedans sont fort sombres. A la porte du Monastere on voit une porte de fer, meurtrieres, machicoulis, & autres choses de cette nature. On trouve dans le Cloître quantité de petites colonnes de marbre de diférentes couleurs. L'on remarque dans une Chapelle qui est à côté de la porte de ce Cloître un mausolée assez beau : c'est le tombeau d'Etienne Aldebrand Archevêque de Toulouse, & Camerier du Pape Clement VI. lequel mourut le 15. de Mars de l'an 1360. On voit aussi dans ce faubourg *une fontaine* qui pétrifie tout ce qu'on y jette, ou du moins qui y fait des appositions pierreuses si considerables, que ce qu'on y a jetté paroît petrifié. Elle coule à travers un jardin dans lequel elle a formé insensiblement une muraille de plus de cent quarante pas de long, haute de quinze & vingt pieds en certains endroits, & large de dix ou douze. Depuis quelque tems on fait couler l'eau de cette fontaine tantôt dans un endroit de ce jardin, & tantôt dans un autre, afin d'éviter de pareilles petrifications. Comme dans l'endroit où l'eau de cette fontaine se jettoit dans un fossé, il y avoit une planche pour en faciliter le passage, l'eau coula enfin sur cette planche, & y fit peu à peu des appositions pierreuses si considerables, qu'elle en a fait un pont très-curieux qu'on appelle *le pont de la pierre. Savaron*, *Audigier*, *Pascal* & *Domat*, étoient de Clermont, & ont fait honneur à cette Ville par leur sçavoir & par leur esprit. Pascal a été un des plus grands génies qu'il y ait eu. Il étoit né à Clermont, mais sa famille étoit originaire de Cournon.

Le Pui de dome, *Mons dominans*, est à une petite lieue de Clermont, & est une des plus hautes montagnes d'Auvergne. C'est ici que feu M. Pascal fit faire de très-belles expériences sur la pésanteur de l'air. Cette montagne a huit cens dix toises d'élévation sur la surface de la terre.

En continuant ce voyage jusqu'à Aurillac, on aura presque parcouru toute la longueur de l'Auvergne, laquelle est d'environ quarante lieues. Je vais rapporter dans le Voyage suivant la route qu'on suit ordinairement pour aller de Clermont à Aurillac.

Voyage de Paris à Aurillac en Auvergne.

LE Messager établi pour ce voyage, a depuis quelques années changé de route. Autrefois l'on passoit par Bourges, par Aubusson, Ussel, &c. & ce chemin est sans contredit le plus court & le plus beau. Présentement il suit la route indiquée ci-dessous pour aller de Paris à Perpignan, en passant par Toulouse.

Par la premiere ou ancienne route l'on va de Paris à Orleans, & d'Orleans à

La Ferté.	4. l.
La Motte.	3. l.
Nouan.	2. l.

Salbris.	3. l.
Nançay.	4. l.
Neuvi.	1. l.
Loigny.	2. l.
Bourgneuf.	2. l.
Bourges.	3. l.

La Ferté eſt un Bourg, avec un Château, & des jardins entrecoupez de canaux, le tout magnifique, & dans une des plus belles ſituations qu'on puiſſe ſouhaiter. Cette Terre étoit anciennement une Baronie qui fut érigée en Duché-Pairie en faveur de Henri de Senneterre, Maréchal de France, par Lettres du mois de Novembre 1665. regiſtrées le 2. Décembre ſuivant, mais cette Pairie s'eſt éteinte en 1703. par la mort d'Henri de Senneterre, Duc de la Ferté, qui ne laiſſa point d'enfans mâles.

La Motte-Beuvron eſt un Village, ſur le chemin d'Orleans à Bourges, où Anne de Levi de Ventadour, Archevêque de cette Ville, fit bâtir un beau Château. Ce Prélat mourut en 1662.

Salbris, *Salera Bria*, ou *Briva*, c'eſt-à-dire, pont ſur la Saudre.

BOURGES, *Avaricum*, *Biturigæ*, *Bituricæ*, *Avaricum Biturigum*, eſt la Capitale du Berry, & une des plus grandes Villes du Royaume. Quelques-uns ont cru qu'*Avaricum* dont César a parlé dans le septiéme Livre de ses Commentaires, n'est pas la Ville de Bourges, mais celle de *Vierzon*. Mais tout ce que dit ce grand Capitaine d'*Avaricum*, ne peut convenir qu'à la Ville de Bourges, qui est la plus ancienne, la plus grande & la plus forte du Berry. Elle est située entre deux petites rivieres, *l'Evre* & *l'Orron*, sur une colline qui descend en pente douce jusqu'au bord de ces deux rivieres, qui forment presque son enceinte; je dis presque, parce qu'il y a une avenue, qui est celle de la porte Bourbounoux, laquelle n'est arrosée par aucune de ces deux rivieres. Cette Ville est fort spacieuse, & à voir le terrein qu'elle occupe, on la prendroit pour une Ville du premier rang; mais il y en a une grande partie que l'on nomme *le Pré Fichaud*, qui est sans maisons. Le reste n'est pas fort peuplé; & l'on n'y voit presque que des Ecclésiastiques, des Gentilshommes & des Ecoliers; & l'on n'y compte qu'environ quatorze mille huit cens personnes. Il ne s'y fait d'autre commerce que celui qui est nécessaire pour la subsistance des habitans. C'est au privilege de Noblesse accordé par Louis XI. aux Maire & Echevins de Bourges, qu'il faut attribuer le grand nombre des Gentilshommes qui ſont dans cette Ville, & l'indolence que les habitans ont depuis longtems pour le commerce. L'on diſtingue encore aujourd'hui l'ancienne Ville, de la nouvelle. L'ancienne eſt plus élevée que la nouvelle, & on en peut voir les murs preſque tous entiers, qui commencent près du lieu où étoit la groſſe tour, continuent le long de la rue Bourbounoux, & de la porte Gordaine, juſqu'à la porte neuve, delà dans la rue des Arenes, juſqu'à la porte d'Orron, puis à la porte S. Paul, &c. La nouvelle Ville eſt preſque auſſi grande que l'ancienne, & renferme les Paroiſſes de S. Urſin, de S. Jean des Champs, de S. Bonnet, de S. Ambroiſe, de S. Médard, de Sainte Croix, de S. Fulgent, &c. Cette Ville, ainſi que je l'ai dit, étant environnée d'eau, excepté depuis la porte Bourbounoux, juſqu'à celle de S. Paul, étoit défendue de ce côté-là par la groſſe tour, dont les murailles étoient d'une épaiſſeur extraordinaire, conſtruites de pierres très-dures, & taillées en pointe de diamans. Cette tour fut détruite au mois de Décembre de l'an 1651. par ordre du Roi Louis XIV. Les matériaux qui en reſtoient, ont ſervi à la conſtruction du Séminaire. La Ville de Bourges eſt partagée en quatre quartiers ; *de Bourbounoux*, *d'Orron*, *de S. Sulpice* & *de S. Privé*. A chaque quartier commande un Echevin. Le Maire, les quatre Echevins, les Avocat & Procureur de la Ville, & les trente-deux Conseillers, ont le gouvernement de la Ville, des affaires communes, de la Police, & l'administration des deniers & revenus communs. L'on compte dans Bourges seize Paroisses & cinq Chapitres, sans parler de deux qui ont été unis au Séminaire. L'Eglise Cathédrale, Archiépiscopale & Patriarcale, porte le nom de S. Etienne, & c'est le plus bel ouvrage gothique que j'aye vû. Elle est située dans l'endroit de la Ville le plus élevé. Là sur un vaste perron on trouve cinq grandes portes. Aux deux côtez de ce frontispice sont deux belles & hautes tours, l'une ancienne appellée *la Tour sourde*, & l'autre nouvelle qui fut bâtie en la place d'une ancienne qui tomba en 1506. Cette derniere tour est une des plus belles, & des mieux bâties qui se voyent, & a cent quatre-vingt dix-huit pieds de haut. Elle fut commencée l'an 1507. & achevée l'an 1538. sous la conduite de Guillaume de Pellevoisin, un des plus fameux Architectes de ce tems-là. Quant à *la Tour sourde*, elle est appuyée par un pilier d'une grosseur prodigieuse, & par une arcade voûtée qui passe pour un chef-d'œuvre d'architecture. Ces deux morceaux ont été construits pour empêcher qu'elle n'ait le sort de celle qui tomba en 1506.

L'Eglise a dans œuvre cinquante-quatre toises & demie de longueur, vingt-une toises, cinq pieds & demi de largeur, sans y comprendre les Chapelles. La Nef a six toises deux pieds deux pouces de largeur; les deux premieres aîles, quinze pieds & demi; & les deux autres treize pieds & demi. La voûte de la Nef est soûtenuë par des piliers d'ordre Corinthien, qui sont d'une hauteur & d'une légereté surprenantes. Sous le Chœur est une Eglise soûterreine bien voûtée, & soûtenuë par des piliers d'une grosseur prodigieuse.

Le Sainte Chapelle a été bâtie & fondée par Jean de France Duc de Berry, pour servir de Chapelle à son Palais. Les armes de ce Prince qui ont un ours & un cigne pour supports, s'y voyent en plusieurs endroits, avec ces mots, *Oursine le temps venra.* Cette Eglise fut bâtie en 1400. & l'architecture ne cede en rien à celle de la Cathédrale. Le clocher & la couverture ont été consumez par un incendie arrivé au mois de Juillet 1693. &

le Chapitre a fait couvrir cette Eglise de tuiles, en attendant un tems plus favorable pour la remettre dans l'état où elle étoit avant cet accident.

Le Palais avoit été bâti par le même Prince Jean de France Duc ne Berry, & fut réduit en cendres par le même incendie. Une partie de ce bâtiment étoit nommé *le logis du Roi*, & servoit de logement au Gouverneur de la Province. L'autre partie se nommoit *le Palais*, & servoit aux Séances du Présidial, & des autres Jurisdictions Royales de cette Ville. La grand salle étoit une des plus grandes & des plus belles du Royaume. Elle étoit sans piliers, & servoit aux assemblées de la Noblesse lorsqu'elle étoit convoquée. On y tenoit aussi *la Foire de Noel*. C'est dans cette même salle que se tint l'assemblée du Clergé convoquée par Charles VII. & que fut faite *la Pragmatique Sanction* l'an 1438.

Un des beaux droits du Chapitre de la Sainte Chapelle de Bourges, c'est qu'il a tous les ans l'exercice de la Justice Royale dans la Ville, pendant sept jours, à commencer le 16. de May jusqu'au 23. du même mois. Elle est exercée pendant ces sept jours par les Officiers du Chapitre, appellez vulgairement *les Bonnets verds*. On ignore l'origine de ce privilege, mais il y a plus de deux cens ans que ce Chapitre en jouit.

L'Ancien Hôtel de Ville fut bâti l'an 1488. mais cette maison ayant éte acquise par les Jésuites, la Ville choisit l'Hôtel de Jaques Cœur pour y tenir ses assemblées, & depuis ce tems-là c'est l'Hôtel de Ville. Ce Palais fut bâti par Jaques Cœur Argentier du Roi Charles VII. & c'est une des plus belles maisons qu'un particulier ait jamais fait bâtir. Les seules murailles coûterent cent trente-cinq mille livres, somme très-considerable en ce tems-là. Les armes de Jaques Cœur s'y voyent en plusieurs endroits, accompagnées de cette devise : *à vaillans Cœurs, rien impossible.* Cette maison est fort grande, solidement bâtie, & décorée de tous les ornemens d'architecture qui étoient en usage dans ce tems-là. Elle a passé successivement à plusieurs particuliers, & enfin à Jean-Baptiste Colbert Controlleur Général des Finances, le 13. de May de l'an 1679. Ce Ministre la céda aux Maire & Echevins de Bourges, par Contrat du 30. de Janvier de l'an 1682. à la charge d'un écu d'or de cens annuel envers le Marquisat de Châteauneuf, & de quatre en quatre ans d'une médaille d'argent de la valeur de dix livres, sur l'un des côtez de laquelle doivent être les armes du Marquis de Châteauneuf, & de l'autre celles de la Ville de Bourges, avec l'inscription du nom du Marquis de Châteauneuf & du Maire de la Ville, & outre moyennant trente-trois mille livres de deniers d'entrée.

Le Palais Archiépiscopal seroit un des plus beaux qu'il y ait en France, si quelque Archevêque de Bourges vouloit suivre le dessein dont Michel Phelypeaux de la Vrilliere Archevêque de cette Ville a jetté les fondemens, & a même avancé l'exécution.

La Place Bourbon est la plus grande de la Ville. C'est ici qu'étoient les arenes, ou l'amphithéatre. L'on ne sçait pas en quel tems il a été détruit, mais il est constant qu'il en restoit encore des vestiges l'an 1539. puisque la Coutume de Berry défend *de porter aucunes immondices en la fosse des arenes*. Cette fosse fut comblée & applanie en 1620. & l'on y tranfera le Marché. Elle porte le nom de Bourbon, pour avoir été applanie sous le gouvernement de Henri de Bourbon second du nom, Prince de Condé.

Le Séminaire est gouverné par des Directeurs de la Communauté de S. Sulpice de Paris. Le dessein du bâtiment est d'une grande beauté.

Les Jésuites ont dans cette Ville un beau & grand College, & c'est le seul qu'ils ayent dans le Berry. Ils y ont été appellez & fondez en 1675. par Jean Niquet Abbé de S. Gildas. Non seulement ils sont de l'Université, mais même ils sont les seuls qui y enseignent la Théologie. Ils ont pour cela quatre Professeurs pour l'entretien desquels Henri de Bourbon Prince de Condé, donna quatre mille livres de rente l'an 1627. Ce College a été fort agrandi par la jonction de l'ancien Hôtel de Ville, & la concession d'une rue qui séparoit ces deux bâtimens.

Le Couvent des Religieuses de l'Annonciade a été bâti en 1503. des liberalitez de Jeanne de France fille du Roi Louis XI. & femme de Louis Duc d'Orleans qui la répudia. Cette Princesse est Institutrice de tout l'Ordre, & le Couvent de Bourges est le premier. Elle ordonna que son corps fut inhumé dans le Chœur des Sœurs Converses, & sa volonté fut suivie; mais en 1562. trois soldats Calvinistes le déterrerent, & le firent brûler publiquement.

Les Capucins sont dans le faubourg de Bourbounoux, & leur Couvent a une très-belle avenue.

On trouve aussi une fort belle promenade qui commence à la porte *S. Michel* par une demi-lune, & va ſe perdre dans la campagne, Elle eſt formée par quatre rangs d'arbres qui font trois allées, & dont celle du milieu eſt fort large & belle.

Hors la porte d'Orron eſt le jardin du Roi, qui eſt auſſi une promenade aſſez agréable.

Le Mail eſt fort long, & s'étend preſque depuis la porte S. Sulpice juſqu'à celle de S. Ambroiſe.

Philippe Labbe Jéſuite fort connu dans la République des Lettres, *Louis Bourdaloue* auſſi Jéſuite, & un des grands Prédicateurs que la France ait jamais eus; & *Jean de la Chapelle*, de l'Académie Françoiſe, étoient nez dans la Ville de Bourges.

Châteauneuf.	6. l.
Lignieres.	4. l.
La Châtre.	5. l.
Genouillac.	5. l.
Jarnage.	5. l.
Aubuſſon.	5. l.
La Courtine, ou Soudé.	5. l.
Uſſel.	4. l.

Châteauneuf eſt une petite Ville ſur la riviere de Cher. Malgré ſa petiteſſe, elle eſt diviſée en Ville haute & Ville basse. Le Château est dans la haute. Cette maison, qui est celle du Seigneur, est grande & belle, & a été bâtie par Guillaume de l'Aubespine l'un de ses Seigneurs. La Paroisse porte le nom de saint Pierre, & est aussi Collégiale. La Ville basse est située sur le penchant de la colline, & s'étend jusqu'à la riviere de Cher. Cette Seigneurie est une ancienne Baronnie qui a de beaux droits. Le Seigneur y assied la taille avec le Roi sur tous les Bourgeois, manans & habitans, dont les plus riches sont tenus de lui payer la somme de cinq sols au jour & fête de la S. Martin d'hiver; & les autres moins aisez payent selon leurs facultez en diminuant de ladite somme de cinq sols, jusqu'à celle de douze deniers tournois. Cette taxe & cottisation doit être faite par quatre Prud'hommes de la Bourgeoisie. J'ai parlé dans la description de la Ville de Bourges de la redevance que cette Ville doit au Seigneur de Châteauneuf. Cette Baronnie appartient aujourd'hui à Jerôme Phelyppeaux, Comte de Pontchartrain, cidevant Secretaire d'Etat.

Lignieres est une petite Ville du Berry, au midi de Bourges. Elle est entourée de murailles, tours & fossez. L'Eglise de Nôtre-Dame est Collégiale. Le Châ-

teau

teau a été bâti par Jerôme de Nouveau. Les Seigneurs ont toujours porté les titres de *Sire*, de *Princes*, & *Barons* de Lignieres.

La Châtre est une autre petite Ville à l'extrémité du Berry, du côté du couchant, au-dessous de laquelle passe la riviere d'Indre. Il y a dans cette Ville l'Eglise Collégiale de S. Germain, un Couvent de Carmes, & un de Capucins. Cette Seigneurie faisoit autrefois partie de la *Principauté Deoloise*, & fut donnée en appanage à Ebbes fils de Raoul le Chauve, Seigneur de Châteauroux. Il prit le nom de son appanage, & on croit que de lui sont descendus les Seigneurs du nom de *la Châtre*, dont l'un d'eux s'étant croisé fut fait prisonnier, & obligé de vendre sa terre pour se racheter. Elle a été depuis plusieurs fois réunie au fief dominant, & pour la derniere fois l'an 1614. au mois de Fevrier, qu'elle fut achetée de Catherine Huraut, & d'Antoine d'Aumont son mari, par Henry de Bourbon, second du nom, Prince de Condé.

Genouillac n'est qu'un Village dans la Province de la Marche.

Jarnage est une petite Ville de la Marche qui est décorée d'une Prévôté Royale dont le ressort est si mêlé avec celui des

Prévôtez d'Ahun, de Chenerailles ; qu'il est libre aux parties de porter leurs procès pardevant l'un de ces trois Prévôts. Ces trois Prévôtez, & celles de Drouilles, de Felletin & d'Aubusson, furent cédées par Louis XIV. au feu Maréchal Duc de la Feuillade. Le Maréchal Duc second de ce nom, en nommoit les Officiers, mais ils ont toujours été pourvûs par le Roi.

AUBUSSON, *Albucio*, est sur la Creuse, & aussi dans la Marche. C'est une petite Ville située le long de la riviere de Creuse dans un fond bordé de rochers, & de montagnes. Sa manufacture de tapisseries la rend fort peuplée & marchande. Elle a donné le nom à une Maison illustre de laquelle étoient issus les deux Maréchaux Ducs la Feuillade.

La Courtine est une montagne qu'on trouve dans le Limousin, après être sorti de la Marche. Il n'y a qu'une maison dans cette montagne, dans un endroit nommé *Soudé*. L'on ne fait que diner dans ce lieu où l'on ne s'arrête même que par nécessité. Au reste c'est au pied de cette montagne que la riviere de *Vezere* a sa source.

Ussel est une petite Ville qui est le chef lieu du Duché de Ventadour. L'on y compte environ cinq cens cinquante feux, & deux mille habitans.

Neuvi.	4. l.
Rillac.	5. l.
Niodan.	4. l.
Aurillac.	4. l.

Neuvi eſt un gros Bourg, qui eſt encore du Limouſin, mais à quatre lieues de là l'on paſſe la Dordogne en un endroit appellé la *Ferriere*; & cette riviere fait la ſéparation du Limouſin & de l'Auvergne. La Ferriere eſt à une mortelle lieue de Rillac.

AURILLAC, *Aureliacum*, eſt ſituée dans un vallon ſur la petite riviere de *Jordane*. Il y a beaucoup d'apparence que cette Ville s'eſt formée à l'occaſion de l'Abbaye que Geraud Seigneur d'Aurillac y fonda l'an 894. Cette Ville eſt aujourd'hui une des plus conſiderables de la Province d'Auvergne, ne le cedant qu'à Clermont & à Riom. L'Egliſe Collegiale fut miſe ſous l'invocation de S. Pierre par le Comte Geraud. Les Calviniſtes en ont détruit une partie, mais ce qui en reſte fait voir qu'elle étoit fort vaſte. Les Jéſuites ont un College dans cette Ville, & leur maiſon a beaucoup d'apparence, mais l'architecture n'en eſt ni belle ni ſolide. Par la porte *des Fargues*, l'on va dans une Iſle appellée *le Gravier*, qui eſt plantée de pluſieurs allées de tilleuls.

C'eſt la promenade publique, & une des plus gracieuſes qu'il y ait en France. La porte & le faubourg *des Freres*, ont pris leur nom ou d'un Couvent de Cordeliers appellez *Freres mineurs*, ou de ce qu'il y a deux Couvents de Moines. Quoique ce faubourg ne conſiſte qu'en une grande rue, le coup d'œil en eſt cependant magnifique à cauſe de quatre Couvents dont il eſt décoré. D'un côté ſont les Cordeliers & les Carmes, & de l'autre deux Couvents de Filles. Ces quatre maiſons ſont très-bien bâties, & ont de beaux enclos. Le Réfectoire des Carmes eſt une des merveilles du pays pour ſa grandeur & ſa propreté. L'Abbé eſt Comte, & Seigneur d'Aurillac, tant pour le ſpirituel que le temporel. Il y a la Juriſdiction Epiſcopale, comme auſſi la haute Juſtice, nonſeulement dans la Ville & ſes fauxbourgs, mais même audelà, dans l'étendue qu'on nomme *des quatre Croix*. Le Château du Seigneur Abbé eſt dans le faubourg de *S. Eſtephé*, c'eſt-à-dire de S. Etienne. Il eſt fort élevé & commande la Ville. Ceux qui ont donné des deſcriptions des Villes de France, ſe ſont tous copiez ſi aveuglément, qu'ils mettent ce Château dans la Ville. A cette faute un Sçavant illuſtre *qui a embraſſé toutes les ſciences*, en a ajoûté une autre; car il dit qu'il appartient au Roi. Cette Ville a eu l'honneur & l'avantage d'être le berceau du feu Marêchal Duc de Noailles. Ce Seigneur dont la faveur a été aussi longue que sa vie, n'a jamais cessé de donner des marques de bienveillance, & de protection à la Ville qui l'avoit vû naître.

Par la seconde route qui est celle qu'on suit aujourd'hui, on va de Paris à Brive, & l'on passe par les lieux que j'indiquerai dans le Voyage suivant; & lorsqu'on est à Brive, l'on prend un nouveau Messager qui vous conduit à Aurillac. L'on va de Brive à

Lescurote.	3. l.
Argentat.	3. l.
Montvert.	4. l.
Aurillac.	4. l.

La route de la poste de Paris à Aurillac est aussi la même qui est rapportée à la fin du Voyage qui suit, jusqu'à Uzerches, mais ici on quitte le chemin de Toulouse, & l'on va à la Graulliere, poste. Tulle, p. La Garde, p. Argentat, p. & d. Le Fossat, p. Montverr, p. S. Paul des Landes, p. Aurillac, p.

L'on compte vingt, ou même ving-une

grandes lieues d'Aurillac à Clermont. Comme la basse & la haute Auvergne sont séparées par de hautes montagnes, le chemin est très-rude, & quelquefois même inpraticable. La route la plus courte est celle du Cantal ou celle du Lioran, mais on ne peut passer par le Cantal que pendant quatre mois de l'année; car d'une fois qu'il commence à y tomber de la neige, il faut prendre un autre chemin. Celui du Lioran n'est absolument fermé que dans le tems des grandes neiges; & pour lors l'on est obligé pour aller d'Aurillac à Clermont, de côtoyer le Limousin par bord, &c. La route du Lioran étant la plus ordinaire, c'est aussi celle que je vais indiquer ici. On va d'Aurillac à

Vic en Carladez.	2. l.
Thiésac.	1. l.
Murat.	3. l.
Alanche.	2. l.
Ardes.	5. l.
Nechers.	4. l.
Clermont.	4. l.

Vic en Carladez est sur la riviere de Cére. C'est un beau & gros Bourg qui est le chef-lieu du Vicomté de Carladez, ainsi nommé de *Carlat*, Château fort renommé dans nôtre Histoire. Le Roi donna en 1643. la Vicomté de Carladez, le Duché de Valentinois, & quelques autres Seigneuries au Prince de Monaco pour le dédommager de celles qu'il possedoit dans le Royaume de Naples, & dans le Milanois. Il y a dans Vic une Eglise Paroissiale, un Couvent de Filles, & une Chapelle nommée le Calvaire qui est au sortir du Bourg, sur le chemin de Thiésac. Vic est principalement connu & fréquenté à cause de ses Jurisdictions, & de ses eaux minerales qu'on y va boire aux mois d'Août & de Septembre.

Sur le chemin de Vic à Thiésac l'on fait remarquer sur une éminence, les ruines du Château de Muret qui étoit une Châtellenie de la Vicomté de Carladez, laquelle appartenoit à des Seigneurs du nom de Tournemire. Ce Château fut démoli en 1574. & la Châtellenie fut confisquée, & réunie au fief dominant pour forfaiture.

Thiésac est un Bourg qui n'a rien de remarquable.

Murat est une petite Ville, chef de la Vicomté de ce nom. Elle est située sur la riviere d'Alagnon, au pied d'un rocher sur le haut duquel on voit encore les ruines d'un Château. Cette Ville n'est pas ancienne; car ce fut Guillaume Vicomte de Murat depuis l'an 1272.

jusqu'en 1305. qui permit aux habitans de s'ériger en Corps de Communauté, de faire des Consuls, & de faire édifier murailles. Ce même Vicomte donna aux habitans de cette Communauté des deniers patrimoniaux & d'octroi. Il y avoit anciennement dans Murat une Eglise Paroissiale sous l'invocation de Nôtre-Dame, & desservie par une petite Communauté de Prêtres, mais vers l'an 1371. elle fut érigée en Collégiale par Dieudonné de Cardaillac, troisiéme Evêque de S. Flour, Pons de Cardaillac étant pour lors Vicomte de Murat. Bernard d'Armagnac, Connêtable de France, ayant uni la Vicomté de Murat à celle de Carlat, fonda auprès de Murat un Couvent de Religieux de l'Ordre de S. François. Les Cordeliers ont occupé ce Couvent jusqu'au tems que la réforme des Recolets fut approuvée & établie. Pour lors ils céderent à ces Réformateurs les Couvents de Murat & de Tulle qui sont les deux plus anciens de cette Réforme.

Alanche est une petite Ville située dans un vallon, à la sortie des montagnes *du Luguet & de la Godivelle.* L'Eglise Paroissiale est sous l'invocation de S. Jean-Baptiste, & est un Prieuré fort ancien, dans le Diocese de Clermont. Cette Eglise ſe eſt belle, & le clocher eſt couvert de plomb. La Ville d'Alanche eſt une Châtellenie dependante du Duché de Mercœur. Le Château étoit au lieu de Maliargue, mais il n'en reſte plus que des mazures.

Ardes eſt une petite Ville ſituée au pied de la montagne du Luguet, & le chef-lieu du Duché de Mercœur. L'Egliſe Paroiſſiale a une Communauté de Prêtres très-bien établie, & poſſede les corps de S. *Dizans*, ou *Dizeins*, Evêque de Saintes, & de S. Adrien, qui vivoient du tems de Pepin pere de Charlemagne. Leurs Reliques ſont dans des Reliquaires de bois de noyer argenté & doré. Les Recolets ont auſſi un Couvent à Ardes. Auprès de cette Ville il y a une fontaine qui porte le nom de S. Dizans où l'on lave les enfans pour les fortifier, à cauſe que ce Saint pendant qu'il vivoit reſſuſcita pluſieurs enfans morts, & leur donna le bâtême, ainſi qu'il eſt rapporté dans ſa Vie. La Ville d'Ardes eſt aſſez marchande, & ſert d'entrepôt pour le commerce qui ſe fait entre la haute & la baſſe Auvergne.

Nechers n'eſt remarquable que par un fort beau Château que M. d'Eſteing Evêque de S. Flour a fait bâtir tout auprès.

Fin du Tome premier.

Fautes à corriger dans le Tome premier.

PAge 13. *ligne* 17. matéreaux, *lisez* materiaux.

P. 27. *ligne* 14. Clain, *lisez* Clan.

P. 27. *ligne* 6. Niort, p. *lisez* Niort, p. & d.

P. 102. *ligne* 12. Chartes, *lisez* Chartres.

P. 120. *ligne* 11. Actions publiques, *lisez* Actes publics.

P. 124. *ligne* 29. Courville, 2. p. *lisez* Courville, p. & d.

P. 266. *lignes* 26. & 27. *ôtez* Aigremont, p. & d. *& après* Noyers, p. *ajoûtés* Licheres, p. & d.

P. 290. *ligne* 18. le Pin. 3. l. *lisez* 4. l.

même page *ligne* 19. Marseille. 2. l. *lisez* 3. l.

Fautes à corriger dans le Tome second.

PAge 13. à commencer à la *ligne* 19. il faut lire ainsi :

Cressensac.	4. l.
Souillac.	4. l.
Peyrat.	3. l.
Freissinet.	3. l.
Le Vert.	2. l.
S. Pierre la feüille.	2. l.
Cahors.	2. l. &c.

Page 43. *Il faut supprimer les sept dernieres lignes de cette page.*

Page 79. *ligne* 4. & 5. fait souvent, *lisez* faisoit.

P. 81. *ligne* 15. Greoire, *lisez* Gregoire.

www.ingramcontent.com/pod-product-compliance
Lightning Source LLC
LaVergne TN
LVHW020534230826
846091LV00002B/272

* 9 7 8 2 0 1 9 1 5 3 3 9 7 *